思想政治教育研究文库

——

新时代德育工作理论与实践

——以赣南师范大学为视角

孙弘安　主编

光明日报出版社

图书在版编目（CIP）数据

新时代德育工作理论与实践：以赣南师范大学为视
角／孙弘安主编. -- 北京：光明日报出版社，2021.4
ISBN 978－7－5194－5897－3

Ⅰ.①新… Ⅱ.①孙… Ⅲ.①师范大学—德育工作—
研究—赣州 Ⅳ.①G651

中国版本图书馆 CIP 数据核字（2021）第 057813 号

新时代德育工作理论与实践——以赣南师范大学为视角
XINSHIDAI DEYU GONGZUO LILUN YU SHIJIAN
——YI GANNAN SHIFAN DAXUE WEI SHIJIAO

主　　编：孙弘安

责任编辑：史　宁　　　　　　　　　责任校对：陈永娟
封面设计：中联华文　　　　　　　　责任印制：曹　净

出版发行：光明日报出版社

地　　址：北京市西城区永安路 106 号，100050

电　　话：010－63169890（咨询），63131930（邮购）

传　　真：010－63131930

网　　址：http：//book. gmw. cn

E - mail：shining@ gmw. cn

法律顾问：北京德恒律师事务所龚柳方律师

印　　刷：三河市华东印刷有限公司

装　　订：三河市华东印刷有限公司

本书如有破损、缺页、装订错误，请与本社联系调换，电话：010－63131930

开　　本：170mm×240mm

字　　数：312 千字　　　　　　　　印　　张：18.5

版　　次：2021 年 4 月第 1 版　　　　印　　次：2021 年 4 月第 1 次印刷

书　　号：ISBN 978－7－5194－5897－3

定　　价：98.00 元

本书编委会

孙弘安　　胡龙华　　肖笃森

谢　康　　彭绪铭　　魏美春

前　言

　　赣南是全国著名的革命老区。作为地处赣南革命老区的一所本科师范院校，赣南师范大学高度重视并充分发挥红色资源在学校育人中的积极作用，大力开展红色文化育人工作，形成了具有示范效应的红色文化育人工作品牌。

　　学校红色文化育人的主要路径有：

　　一是融入课堂教学。坚持把培养具有苏区精神特质的红色传人作为人才培养的目标追求，成立了红色文化学院，开设红色课程，出版红色教材，举办红土地论坛，牢牢把握"第一课堂"主业，不断增强红色文化育人的主导力。

　　二是融入日常思政。坚持把红色文化融入大学生思想政治教育和日常管理，常态开展"讲红色故事、唱红色歌谣、诵红色经典、演红色剧目、树红色典型"活动，牢牢把握"三全育人"要求，不断增强红色文化育人的渗透力。

　　三是融入校园文化。坚持以红色文化引领校园精神文明，将弘扬红色文化与课外活动相结合，与环境建设相结合，与网络传播相结合，牢牢把握"以文化人"特点，不断增强红色文化育人的感染力。

　　四是融入社会实践。坚持"立足红土地办学、以苏区精神育人、为苏区振兴服务、做苏区精神传人"的办学传统，把培养具有苏区精神特质的社会主义建设者作为办学的落脚点，积极组织在校生走苏区、看变化、强本领、筑梦想，大力号召毕业生扎根基层，助力苏区振兴，牢牢把握"实践育人"关键，不断增强红色文化育人的实效性。

　　学校红色文化育人的主要做法有：

　　一是编著出版一套苏区精神教育校本教材——《中央苏区历史大讲坛》。组织苏区精神研究和教学方面的专家学者，在整合苏区精神研究成果的基础上，结合新形势下加强和改进大学生思想政治教育的需要，遵循通俗易懂、图文并茂、传承创新的编著原则，出版了一部高质量的苏区精神教育校本教材——

《中央苏区历史大讲坛》。依托该教材,学校将苏区精神的学习纳入了日常教学安排,从而使苏区精神深入学生课堂和学生头脑。

二是培育一批红色班级。以具有光荣传统的原赣南苏区地域或具有优秀品质、做出突出贡献的原赣南苏区时期的著名历史人物对红色班级进行命名。近年来,我们先后命名并建设了瑞金班、兴国班、于都班、会昌班、宁都班、石城班、寻乌班、博生班、泽覃班、伯坚班、赞贤班、公略班、肖华班、传珠班等15个红色班级。各红色班级坚持理想信念教育和班风学风建设相结合,推出了"红歌人人唱""红色故事会""红色趣味运动会""红色先锋号""大学生行为艺术展示"等活动,并示范带动红色教育在基层班级的全面开展,成为一道道活跃在校园的班级风景线。学校报送的《建设"红色班级",打造大学生党建品牌》获批江西省高校基层党建工作重点项目。

三是建设一个红色网站——红井水网。按照思想性、教育性、学术性相结合的原则,学校建成了融学习、展示、宣传、交流等功能,深受大学生们欢迎和喜爱的红色网站——红井水网。同时,重点组建和培养一支网站工作人员队伍、网络宣传员队伍和一批大学生"网络红军",加强网站的科学管理和更新维护,确保网站的"红"与"热",不断增强网站的亲和力、吸引力和生命力。通过几年的努力,红井水网已成为我校大学生思想政治教育的网络主阵地。

四是编撰出版一套红色教育故事丛书——《红色记忆》。学校组织广大学生,利用寒暑期社会实践,深入当年中央苏区革命根据地,寻访革命前辈和革命烈士后代,瞻仰革命旧居旧址,查阅地方党史文献,收集整理中央苏区红色故事,在此基础上编撰出版了一套红色教育故事丛书——《红色记忆》。丛书已出版三辑,收录了300余篇红色故事,既是融历史性、教育性、趣味性于一体的大学生课外读物,也是大学生研究苏区历史、弘扬苏区文化的重要资料。

五是办好学习践行苏区精神的校园刊物——《红色青春》。以"传承苏区精神,引领学子成长"为办刊宗旨,以动态介绍学校开展苏区精神教育的进展情况,交流学生学习践行苏区精神的体会文章,展示学校苏区精神进校园的成果和成效为主要内容,每季度向校内班级刊发一期《红色青春》。《红色青春》作为大学生身边的红色杂志,已成为学生学习践行苏区精神的文化园地,缅怀革命先烈、抒发青春豪情、修身励志成才的精神家园,宣传我校推进苏区精神进校园工作的重要窗口。

六是成立一个大学生学习研究苏区精神的学生社团——"大学生思源协会"。其中"思源"二字,取意于"饮水思源":引导教育同学们缅怀革命先烈、传承苏区精神、争做红色传人；引导教育同学们感恩党、感恩祖国、感恩社会，珍惜幸福今天，扬理性爱国之情，立报国成才之志。通过自主常态地开展苏区精神学习研究活动，宣讲苏区精神，传播苏区红色文化，为扩大学校红色教育的影响度和美誉度做出了积极探索。

七是编排一台反映中央苏区题材的音乐舞蹈史诗——《人民共和国从这里走来》。其中包括《红四军转战到赣南》《八月桂花遍地开》《苏区干部好作风》《千层底》《八字参军》《血沃红土》《长征从这里出发》《站在长征的起点》等歌舞剧目。这些剧目以展示中央苏区革命根据地的历史和苏区干部群众的优良作风以及突出"围剿"重围的悲壮情景，再现苏区今天改革发展所取得的成就为主线，热情讴歌伟大的苏区人民和苏区精神，成为师生的文化盛宴，成为大学生接受爱国主义教育和革命传统教育的生动课堂。

八是打造一项红色主题校园文化精品项目——"唱红歌·诵经典"主题校园文化活动。学校每年将该项目分两个篇章进行，在每年的"一二·九"期间，集中举办全校性的大学生红歌会，开展"红歌人人唱"活动；在每年的"五四"青年节期间，集中举办全校性的大学生红色经典朗诵比赛，开展"红色经典人人诵"活动。通过开展一年一度的"唱红歌·诵经典"主题校园文化活动，推动校园传唱红色歌曲、吟诵红色经典的普及，使广大青年学生在该项活动的参与中受教育、受熏陶、受锻炼，在浓郁的红色文化氛围中健康成长成才。

九是建好一组红色文化主题展馆。学校建成了一座"中央苏区历史博物馆"。该馆占地近700平方米，分中央苏区的开辟与形成、中央苏区的土地革命、中央苏区党的建设等十六个部分，全景展现中央苏区革命历史。同时还建成了一座"中央苏区红色文化育人探索与实践成果展馆"。该馆分"立足红土地办学""以苏区精神育人""为苏区振兴服务""做苏区精神传人"四个部分全面展示学校建校以来特别是近十年来大力推进"红色资源进校园"、坚持以红色文化办学育人的实践探索及取得的可喜成果。两馆作为学校苏区精神教育的有形化载体，互相映衬，成为"历史版"和"现实版"的生动教材。两馆先后被确定为"全省大学生爱国主义教育基地""全省青少年革命传统教育基地"。

十是建设好一批校外苏区精神学习实践基地。实践与体验，是最生动的教育形式。近年来，学校以大学生社会实践为主要形式，以学习践行苏区精神为主要目标，建设了一批校外苏区精神学习实践基地：以瑞金、于都、兴国等原中央苏区核心区域为重点，建立大学生爱国主义教育基地和大学生社会实践基地，组织"百名大学生党员骨干培训班"和"百名大学生骨干培训班"学员前往瑞金、于都、兴国等红色革命故地接受理想信念和革命传统教育。以学校周边学校和社区为重点，建立"红色文化宣讲基地"。依托这些校外基地，学校广泛引导青年大学生在节假日和寒暑假，深入开展红色考察、红色体验和文化科技卫生三下乡服务，从中提高境界，开阔眼界，增强学习实践苏区精神的自觉性和创新性。学校相关做法得到中宣部、教育部、团中央等上级部门的充分肯定，多次评为全国大学生暑期"三下乡"社会实践活动先进单位。

通过纵深推进红色文化育人工作，学校取得了良好的育人成效和特色效应，主要体现在：

一是培养了一大批具有苏区精神特质的红色传人。经过长期的育人实践，广大青年学生将苏区精神逐渐内化为自觉追求，外显为自觉行为，将苏区精神与自身的思想进步、学习提高、生活完善、职业发展结合起来，不断坚定理想信念，不断锤炼意志品格。春风化雨，润物无声，苏区精神滋润着每一位赣师人的心田，深深影响着一个人的思想、观念、品质和人格，苏区精神特质已不知不觉地烙印在每一位师生员工、每一位校友身上。一大批毕业生在苏区精神的感召下主动扎根基层、走向祖国最需要的地方，艰苦奋斗，服务社会，报效国家，赢得了"下得去、用得上、留得住、干得好"的社会美誉。这其中就有中宣部"五个一工程奖"《回家》的主演杜欢、"不爱都市爱山村"的优秀特岗教师曾志茹、全国首届"最美青年科技工作者"的易龙、第十届中国优秀志愿者个人奖获得者曹永祺等代表。

二是形成了以红色文化为主流的高校校园文化。多年来，学校立足红土地办学，紧紧抓住"红色思想引领，红色文化熏陶，红色实践锤炼"三条主线，扎实推进红色文化育人，将丰富独特的红色资源自然融入校园文化，贯穿于人才培养的全过程，形成了鲜明的校园文化建设特色，学校的育人载体、育人环境等进一步打上了苏区精神的文化符号。红色已成为校园文化的主打色。

三是传承和保护了赣南红色资源。通过红色寻访、建设博物馆、编辑红色史料等，极大地传承和保护了赣南红色资源。尤其是学校编辑出版的《红色记忆——中央苏区故事集》《红都女杰传奇——记从瑞金走出的红色女战士》《红军体育文化》等几套丛书，成了苏区研究的珍贵史料；"中央苏区历史博物馆"收藏展出中央苏区历史文物6100件，其中不少部分是国内孤品……这些，都是开展大学生思想政治教育的生动教材和文化遗产。

四是产生了校园文化建设的品牌效应。学校坚持红色文化育人的做法，得到了中央、省市领导和各类媒体的好评。近年来，学校获得首届全国文明校园、全国模范职工之家、全国"五四"红旗团委、全省大学生思想政治教育先进高校等多项荣誉。学校以实施"党建+红色文化育人"工作体系引擎人才培养工作的做法先后受到了中央领导刘云山、刘延东、孟建柱和教育部、团中央、江西省委领导的高度评价，并在新华社《国内动态清样》《教育部加强和改进大学生思想政治教育工作简报》、第二十次全国高校党建工作会议、江西省高校第十九次党建工作会议等重要媒体、会议上多次进行介绍和交流，已经成为新形势下高校利用红色资源开展育人探索与实践的成功案例，受到社会各界的广泛好评。

目　录
CONTENTS

第一篇 01

| 理论探索篇 |

以苏区精神引领文明校园建设①

——赣南师范大学文明校园建设探索与实践

2011 年 11 月 4 日，习近平同志在纪念中央革命根据地创建暨中华苏维埃共和国成立 80 周年座谈会上提出了"坚定信念、求真务实、一心为民、清正廉洁、艰苦奋斗、争创一流、无私奉献"② 为主要内涵的苏区精神，并号召全党和各族人民要始终大力弘扬苏区精神，传承红色基因。党的十九大报告指出，"文化自信是一个国家、一个民族发展中更基本、更深沉、更持久的力量"③。报告提出，"要继承革命文化，发展社会主义先进文化，不忘本来、吸收外来、面向未来，更好构筑中国精神、中国价值、中国力量，为人民提供精神指引"④。

苏区精神，是在以毛泽东为主要代表的中国共产党人的领导下，广大苏区军民共同创造和培育的宝贵精神财富，是中国革命文化的重要内容。作为一所地处赣南老区的高校，赣南师范大学长期以来根植赣南红土，传承苏区精神，励精图治，发愤图强，在人才培养、科学研究、社会服务、文化传承创新、国际交流与合作等方面取得了显著的发展成效，其中在继承革命文化、以苏区精神引领学校精神文明建设（文明校园建设）方面取得了突出成绩，学校于 2009 年开始连续三届被中央文明委授予"全国文明单位"称号。2017 年学校又被中

---

① 本文作者孙弘安。
② 习近平同志在纪念中央革命根据地创建暨中华苏维埃共和国成立 80 周年座谈会上的讲话 [EB/OL]．人民网，2011 – 11 – 05.
③ 习近平在中国共产党第十九次全国代表大会上的报告 [EB/OL]．人民网，2017 – 10 – 28.
④ 习近平在中国共产党第十九次全国代表大会上的报告 [EB/OL]．人民网，2017 – 10 – 28.

央文明委授予"全国文明校园"(首届)称号,并作为获奖代表出席了在人民大会堂举行的表彰大会。

一、以苏区精神引领文明校园建设的重要意义

文明校园建设涵盖学校人才培养、科学研究、社会服务、文化传承创新、国际交流合作以及学校干部队伍思想政治建设、师德师风建设、校园文化建设等诸多方面。作为地处赣南老区的高校,充分发挥当地丰富的红色资源优势,以苏区精神引领文明校园建设具有十分重要的意义。

(一)有利于提升学校文化传承创新工作水平

作为中国共产党在土地革命战争时期政治品格与执政理念的集中体现,苏区精神源于苏区革命斗争,是与中华苏维埃共和国相伴生的独立精神形态,同时又是中华民族精神的继承和发扬,是中华民族精神的重要组成部分。在中华民族数千年漫长的历史长河中,孕育了"天下兴亡,匹夫有责""威武不屈,舍生取义""爱国至上,精忠报国""一身正气,救民于火""敢为天下先"等优秀的民族精神。在革命战争年代,以毛泽东为主要代表的中国共产党人把这种具有深厚积淀的民族精神和时代精神相结合,培育形成了许多具有鲜明时代特色的革命精神,如井冈山精神、苏区精神、长征精神、延安精神等,其中苏区精神是这一系列革命精神链条中不可或缺的重要一环,是一种首创性、原创性的精神形态,是当代民族精神、革命文化的光辉体现,与我们党领导人民在革命、建设、改革中创造的革命文化一道成了中国特色社会主义文化的重要来源。高校是文化传承创新的重要阵地和力量,特别是作为老区高校,充分发挥红色资源优势,坚持以苏区精神引领文明校园建设,既是继承和发扬共产党人优良传统和革命精神的需要,也是推进我国优秀传统文化传承创新的需要,更是推进中国特色社会主义文化建设的需要。

(二)有利于推进学校立德树人工作

习近平总书记强调:"要把红色资源利用好、把红色传统发扬好、把红色基因传承好。"① 江西赣南是孕育形成苏区优良传统和苏区革命精神的红土圣地。苏区时期,毛泽东、朱德、周恩来、邓小平等老一辈无产阶级革命家领导广大苏区军民,创建了以赣南为核心区域的全国最大的中央苏区,成立了中华苏维

---

① 习近平同志在视察南京军区机关时的讲话 [EB/OL]. 中央政府门户网站,2014 - 12 - 15.

埃共和国临时中央政府，进行了轰轰烈烈、波澜壮阔的革命斗争和政权建设的伟大探索。在当时斗争环境极为险恶、物质条件极端匮乏的背景下，广大苏区军民共同创造和培育了诸如艰苦奋斗、创造"第一等工作"、注重调查研究、廉洁奉公等宝贵的精神财富，谱写了光照千秋、彪炳史册的壮丽史诗，留下了极其丰富的红色资源。作为承担人才培养重要职责的高校，充分利用红色资源、发扬苏区传统、传承红色基因、培养红色传人，是高校立德树人的根本任务所在，是高校培养社会主义事业合格建设者和可靠接班人的崇高使命所在。

（三）有利于促进学校引领和服务当地精神文明建设

随着我国高等教育的快速发展和高校办学职能的不断演变，如今高校不再是象牙塔，而是逐渐走向了经济社会发展的中心，并通过科技服务、政策咨询、文化智库等途径，在当地经济、文化、教育、城市建设等各个领域发挥着重要作用。特别是高校利用自身人文社会科学研究、各种文化研究基地优势，在引领和服务当地人文社科研究、文化建设以及精神文明建设等方面的作用日益凸显。就拿我们赣南师范大学来说，学校教育部人文社会科学重点研究基地——中国共产党革命精神与文化资源研究基地，先后出版了一系列关于苏区精神、苏区文化方面的研究成果，获批创办了全国首个专门研究红色文化的学术期刊《红色文化学刊》，承担了国家人文社会科学重大招标项目"中国红色文化百年史研究"等重大课题，不仅有力提升了学校苏区历史文化研究水平，成了全国红色文化研究高地，而且积极引领着赣南苏区精神和红色文化的研究和建设工作，为赣州精神文明建设、创建"全国文明城市"做出了应有的贡献。

二、学校以苏区精神引领文明校园建设的主要做法

（一）坚持以"苏区干部好作风"引领干部队伍建设

"苏区干部好作风，自带干粮去办公，日着草鞋干革命，夜打灯笼访贫农……"20世纪30年代革命战争时期，这首《苏区干部好作风》的歌谣，在苏区上下广为传唱，成为当年苏区干部优良思想作风和过硬工作作风的生动写照。"苏区干部好作风"，作为我们党的历史积淀和光辉传承，是一笔宝贵的精神财富，也是涵养党的事业兴旺发达的琼浆玉液。高校党委是学校的领导核心，承担着管党治党、办学治校的主体责任。长期以来，学校党委充分利用赣南红色资源优势，坚持以"苏区干部好作风"为引领，大力加强各级领导干部的思想政治建设，持续开展"弘扬苏区干部好作风，争做师生满意好干部""建好班子，当好干部"主题教育活动，深入倡导和践行"以生为本，以师为尊"的理念，教育广大干部牢固树立正确的世界观、权力观、事业观，坚持社会主义办学方向，坚定政治立场，明辨大是大非，增强"四个意识"，筑牢思想防线，努力建设团结、务实、清廉、亲民的好班子和忠诚、干净、担当的好干部。学校领导班子自 2011 年以来连续 7 次被省委考核为"好"班子，2016 年江西高校党委书记抓基层党建工作述职评议考核中位列全省高校第一，2017 年江西高校思政工作督查评估中位列全省高校第二。近年来，学校还荣获了"江西省廉政文化建设示范点""省属高校干部作风建设先进单位"等称号。

（二）坚持以"让红色基因代代相传"引领学校红色文化育人工作

在办学育人实践中，学校紧紧围绕"培养什么人、怎样培养人、为谁培养人"这个根本问题，确立了"立足红土地办学，以苏区精神育人，为苏区振兴服务，做苏区精神传人"红色文化育人理念，并紧紧围绕"让红色基因代代相传，培养具有'信念坚定、作风扎实、专业过硬、勇于开拓、甘于奉献'苏区精神特质的红色传人"育人目标，大力推进红色文化育人工作，主要举措有：

1. 深入推进红色文化进方案、进教材、进课堂。学校坚持把培养具有苏区精神特质的红色传人作为人才培养的目标追求，把红色文化纳入人才培养方案。如在各专业通识教育课程模块中开设《中央苏区历史大讲坛》，在思想政治课模块中开设"中央苏区史专题"，在历史学、思想政治教育等专业中开设相应课程等。组织编写了《中央苏区历史大讲坛》《红色文化与大学生社会主义核心价值观读本》《用红色文化引领大学生思想政治教育》等红色教材和专著。坚持把红色文化教育列入思想政治理论课、党团课教学计划，同时面向全校学生常态开设"明湖讲坛"和"苏区研究论坛"，邀请校内外专家学者主讲红色文化专题讲座。

2. 创新搭建形式多样的红色文化育人载体。一是建"红色展馆"。在校园里创办了"中央苏区历史博物馆"和"中央苏区红色文化育人探索与实践成果展"两个主题展馆，获批为"江西省大学生爱国主义教育基地""江西省青少年革命传统教育基地"。近五年来，学校两个"红色展馆"充分发挥红色育人作用，共接待了校内外参观人员 10 万余人次，已成为青少年学生接受爱国主义和革命传统教育的生动课堂。二是建"红色班级"。学校坚持以赣南苏区地名和革命英烈的名字命名，坚持在大一新生中开展"红色班级"创建活动，毕业后依届次接力传承，以此促进班风学风的有形化建设。目前学校建有"瑞金班""兴国班""于都班""赞贤班""公略班"等 10 余个红色班级，其中 2 个红色班级团支部先后获评全国高校践行社会主义核心价值观"示范团支部"和"活力团支部"，《中国教育报》等媒体对学校创建"红色班级"的做法做了专题报道。三是建"红色基地"。以共和国摇篮瑞金、苏区模范县兴国、长征出发地于都等原中央苏区核心区域和井冈山为依托，与地方共建了 10 余个"革命传统教育基地"和"红色文化教育实践基地"，着力实施青年马克思主义者培养"双百工程"，每年重点培养 100 名大学生骨干和 100 名学生党员骨干，采取"辅导报告 + 分组研学 + 调研考察 + 实践体验"方式，深入"红色基地"，感悟红色文化。四是建"红色网媒"。积极推动红色文化育人与新媒体新技术有机融合，按照思想性、教育性、学术性相结合原则，建成了融学习、展示、宣传、交流等功能于一体、深受大学生欢迎和喜爱的红色主题网站——红井水和"青春赣师""红土赣师"等红色微信、微博，同时组建了一支网络媒体工作人员和一批大学生"网络红军"，加强网络平台管理和维护，确保网络平台的"红"与"热"，不断增强网络媒体的亲和力和吸引力。五是建"红色社团"。成立了大学生思源协会、苏区精神宣讲团、映山红合唱团、大学生明湖廉洁学社等"红"字号学生社团，以重大党史事件纪念日和节假日为契机，开展红色经典诵读、红色故事沙龙、红色影片展播、红色动漫制作、"我们的长征"红色定向越野赛、红色文化行为艺术展演等一系列红色主题活动。学校应邀在 2016 年全国高校学生理论社团研讨会上做主题发言，大学生思源协会获评"全省高校优秀社团"。

3. 积极开展丰富多彩的红色文化育人活动。一是创"红色剧目"。组织师生创作了《苏区干部好作风》《长征从这里出发》《血沃红土》等一大批红色精品剧目，近五年来师生创作或表演的红色剧目在省级以上竞赛获奖达 2000 余人次，其中《血沃红土》获第七届舞蹈荷花奖校园舞蹈大赛银奖，交响合唱《长征组歌——红军不怕远征难》连续多年参加江西省高雅艺术进校园活动；学校编创的红色题材的歌舞连续七年应邀参演中宣部、教育部、团中央与中央电视台共同举办的"五月的鲜花"全国大学生校园文艺会演；由学校在校学生主演的戏剧《回家》荣获中宣部"五个一工程奖"，个人荣获中国戏剧"梅花奖"。二是讲"红色故事"。学校组织广大学生，利用寒暑假社会实践，深入当年中央苏区革命根据地，寻访革命前辈和革命烈士后代，查阅地方党史文献，收集整理中央苏区红色故事，编撰出版了一套红色教育故事丛书——《红色记忆》，丛书已出版三辑，收录了 300 余篇红色故事，既是融历史性、教育性、趣味性于一体的大学生课外读物，也是大学生研究苏区历史、弘扬苏区文化的重要资料，同时积极开展"红色歌曲人人唱""红色经典人人诵""红色故事人人讲"活动，使广大青年学生在活动的参与中受熏陶、受教育、受锻炼，在浓郁的红色文化氛围中健康成长成才。三是树"红色典型"。通过校园景点建设、道路场馆命名、开设红色文化专栏、加大窗口展示和主题宣传、举办红色书画摄影展览和英雄报告会等方式，大力宣传红色英模的感人事迹，使青年学生学有榜样、做有标尺。近年来，学校涌现出一批如"第十届中国优秀志愿者"曹永祺、全省"龚全珍式向上向善好青年"梅荣清、"不爱都市爱山村"的优秀特岗教师曾且茹以及在涌泉敬老院二十余年如一日坚持尊老敬老的"化工学子"等先进模范。

（三）以"创造第一等工作"引领学校事业蓬勃发展

"创造第一等工作"是苏区精神的重要内涵，充分体现了共产党人的价值追求和精神品格。近年来，学校上下大力弘扬苏区精神，自强不息，艰苦奋斗，勇于开拓，追求卓越，不断创造出了"第一等工作"，主要表现在：

——人才培养有声誉。2007年学校获教育部本科教学工作水平评估"优秀"等次；2016年成功更名为师范大学；建有2个国家特色专业和2门国家精品课程；学校以苏区精神和客家文化培养扎根地方优秀人才的成果获国家教学成果奖二等奖。近五年来，在校学生荣获全国田径大奖赛女子100米冠军、国际大学生数学建模竞赛特等奖、全国大学生创业大赛一等奖等省级以上竞赛一等奖190余人次。毕业生"下得去、用得上、留得住、干得好"，被誉为"赣南红土地上人民教师的摇篮"。

——科学研究有特色。建有包括"国家脐橙工程技术研究中心"、教育部人文社科重点研究基地"中国共产党革命精神与文化资源研究中心"2个国家级科研平台和1个"中美柑橘黄龙病合作实验室"在内的17个省部级以上科研平台，形成了以一面旗（苏区精神）、一家人（客家文化）、一棵树（脐橙工程技术）、一抔土（稀土镁合金功能材料）、一条虫（血吸虫病防治新技术）"五个一"为代表的学科科研特色。

——社会服务有贡献。发挥学校教师教育和文理学科特色优势，依托江西省中小学校长（教师）培训基地等平台，全力打造赣南及周边地区基础教育师资培养培训、研究咨询和改革发展服务"三个中心"；紧密结合地方特色产业需求，依托学校中央苏区史、客家文化、脐橙工程技术、稀土镁合金功能材料、血吸虫病防治新技术等科研平台，为赣南等原中央苏区振兴发展提供了有力的技术支撑和智力服务。

——师德师风建设有典型。常态化开展师德标兵、教学名师、教学能手、"我最喜爱的老师""赣师好人榜评选"等活动，涌现了"全国优秀教师"高淑京、"全国优秀科技工作者"钟八莲、"全国最美青年科技工作者"易龙、"全球孔子学院先进个人"刘汉德、"全国高校辅导员年度人物提名奖"黄晖、"江西省五一劳动奖章"钟地长、"江西省教育系统师德标兵"张美琴等一批师德典型。

——校园文化建设有成果。形成了"立足红土地办学,以苏区精神育人,为苏区振兴服务,做苏区精神传人"的办学传统,培育了"崇德、尚学、求实、创新"的优良校风,凝练了以"多谋思变、同心创业,自强不息、艰苦奋斗,勇于开拓、追求卓越"为主要内涵的赣师人特有的"精气神"文化,为学校办学育人提供了丰厚的文化滋养。学校红色文化育人成果先后获评教育部"礼敬中华优秀传统文化"特色展示项目、全国高校校园文化建设优秀成果二等奖、全省高校校园文化建设优秀成果特等奖等奖项。

——国际交流合作有亮点。在西非设立了我国首个孔子学院——塞拉利昂大学孔子学院,与俄罗斯奔萨国立大学等10余所国外大学建立了良好的合作关系,2016年、2017年连续两年受国家汉办委派赴非洲和南亚等6个国家开展中国文化巡演活动。

——校园建设有成效。开辟建设了近2000亩的新校区。学校新校区现有建筑面积近80万平方米,绿化覆盖率达75%以上,整个校园依山就势、错落有致,特别是生机盎然的绿树葱茏,彰显人文的连廊亭台,俨然一座融"人文、科技、生态"于一体的园林式现代化大学校园。

近年来,学校不仅荣获"全国文明校园"称号,还荣获"全国文明单位""全国法制宣传教育先进单位""全国绿化模范单位""全国大学生心理健康教育工作先进单位""全国模范职工之家""全国全民健身活动先进单位""全国五四红旗团委""全国高校博物馆育人联盟首批会员单位"等称号。

三、进一步加强文明校园建设的工作设想

经过长期的探索与实践,学校文明校园建设有成绩,也有亮点,但"文明校园建设永远在路上"。今后,学校将以荣获"全国文明校园"称号为新的起点,珍惜荣誉,继续前行,坚定不移地推进文明校园建设,为建设富强民主文明和谐美丽的社会主义现代化强国做出新的贡献。

（一）认真学习贯彻习近平新时代中国特色社会主义思想，大力加强师生的理论武装工作

党的十九大报告围绕新时代坚持和发展什么样的中国特色社会主义、怎样坚持和发展中国特色社会主义这个重大时代课题，以全新的视野深化对共产党执政规律、社会主义建设规律、人类社会发展规律的认识，从"八个明确"的内涵界定，到"五个是"的历史地位，再到"十四条坚持"的基本方略，高度概括并系统阐述了"习近平新时代中国特色社会主义思想"的丰富内涵和精神实质，这是贯穿党的十九大报告的灵魂，也是党的十九大最大的亮点和最重大的历史贡献。

习近平新时代中国特色社会主义思想，是我们党必须长期坚持的指导思想。当前及今后一段时期，我们要把学习贯彻落实党的十九大报告作为最大的政治任务，特别是要深刻领会习近平新时代中国特色社会主义思想的精髓要义，坚持以习近平新时代中国特色社会主义思想武装师生的头脑，切实增强我们对中国特色社会主义的道路自信、理论自信、制度自信、文化自信。要按照中央"学懂弄通做实"的要求，教育和引导广大师生深入钻研、仔细揣摩、逐字逐句研读报告的原文，全面准确领会报告的思想精髓和习近平新时代中国特色社会主义思想的核心要义，更加坚定自觉地用习近平新时代中国特色社会主义思想武装头脑、指导实践、推动工作，更加坚定自觉地学习党章、遵守党章、贯彻党章、维护党章，更加坚定自觉地在思想上政治上行动上同以习近平同志为核心的党中央保持高度一致，更加坚定自觉地把中央的大政方针和决策部署在学校各项工作中全面准确贯彻落实到位。

（二）认真学习贯彻党的十九大关于文化建设新要求，大力加强学校校园文化建设

"文化是一个国家、一个民族的灵魂。文化兴国运兴，文化强民族强。没有高度的文化自信，没有文化的繁荣兴盛，就没有中华民族的伟大复兴。要坚持中国特色社会主义文化发展道路，激发全民族文化创新创造活力，建设社会主义文化强国。"①

高校是文化传承创新的重要力量，我们要按照十九大报告提出的文化建设要求，紧密结合高校实际，大力加强校园文化建设，努力把高校建设成为文化

---

① 习近平在中国共产党第十九次全国代表大会上的报告［EB/OL］．人民网，2017－10－28．

高地，成为中国特色社会主义文化的重要贡献者和当地文化建设的引领者。一要积极推进中华优秀传统文化进校园。中华民族有着五千多年的文明历史，孕育了光彩夺目的中华优秀传统文化。要通过开设课程、举办学术报告和文化讲坛等形式，积极宣扬"格物致知""厚德载物""尊师重教""精忠报国""敢为人先"等优秀传统文化思想，充分发挥中华优秀传统文化的育人功能。二要牢牢掌握意识形态工作的领导权。要积极推进马克思主义中国化、时代化、大众化工作，在校园里建立起具有强大凝聚力和引领力的社会主义意识形态。加强校园网内容建设，加强阵地建设和管理，坚持"学术研究无禁区，课堂讲授有纪律，行为言行有底线"的原则，强化课堂、讲座、论坛等意识形态阵地管理。三要积极培育和践行社会主义核心价值观。要以培养担当民族复兴大任的时代新人为着眼点，强化大学生的教育引导、行为养成，把社会主义核心价值观融入学校师生学习、工作、生活的各方面，并转化为师生的情感认同和行为习惯。四要大力加强师生的思想道德建设。在师生中广泛开展理想信念教育，深化中国特色社会主义和中国梦的宣传教育，大力弘扬民族精神和时代精神，加强师生的爱国主义、集体主义、社会主义教育，引导师生树立正确的历史观、民族观、国家观、文化观。教育和引导师生弘扬科学精神，抵制腐朽落后文化侵蚀，大力推进诚信建设和志愿服务制度化，强化社会责任意识、规则意识、奉献意识。

（三）按照习近平总书记"要把红色资源利用好、把红色传统发扬好、把红色基因传承好"的要求，扎实做好以苏区精神办学育人的文章

赣南是我国著名的革命老区，拥有极其丰富的红色资源。作为地处赣南老区的高校，我们要继承好革命文化，继承和发扬好伟大的苏区精神，坚持以苏区精神办学育人。一要坚持好学校"立足红土地办学，以苏区精神育人，为苏区振兴服务，做苏区精神传人"的办学传统，不忘初心，牢记使命，努力把学校建设好、发展好，为赣南苏区振兴贡献更大的力量；努力办好让人民尤其是赣南老区人民满意的高等教育，成为名副其实的"赣南红土地上人民教师的摇篮"。二要大力弘扬"多谋思变、同心创业，自强不息、艰苦奋斗，勇于开拓、追求卓越"为主要内涵的赣师人特有的"精气神"。赣师人特有的"精气神"主要渊源是苏区精神，并结合了学校办学传统和时代特征，是一种同心创业的文化、艰苦奋斗的文化、追求卓越的文化，已成为学校改革发展强大的精神动力。三要紧紧围绕立德树人这一根本任务和学校"让红色基因代代相传，培养具有'信念坚定、作风扎实、专业过硬、勇于开拓、甘于奉献'苏区精神特质

的红色传人"育人目标，深入推进红色文化育人工作。要深入推进红色文化进培养方案、进教材、进课堂的"三进"工作，夯实学生红色文化思想基础；着力加强学校中国共产党革命精神与文化资源研究基地、《红色文化学刊》等研究平台建设，提升红色文化研究对红色育人工作的指导和引领水平；着力加强红色展馆、红色社团、红色班级、红色学院、红色网媒等载体建设，努力实现学校红色文化全方位、全过程、全覆盖育人；要积极推进红色文化进校园活动以及大学生红色文化实践工作，教育和引导学生积极创作"红色剧目"、讲好"红色故事"、诵读"红色经典"，使广大青年学生在丰富多彩的红色文化活动中受熏陶、受教育、受锻炼，在浓郁的红色文化氛围中健康成长、成才。

坚持立德树人 加强大学生核心价值体系教育①

党的十九大报告对社会主义核心价值体系建设提出了新部署、新要求，强调"要以培养担当民族复兴大任的时代新人为着眼点，强化教育引导、实践养成、制度保障，发挥社会主义核心价值观对国民教育、精神文明创建、精神文化产品创作生产传播的引领作用"。报告还指出，"要全面贯彻党的教育方针，落实立德树人根本任务，发展素质教育，推进教育公平，培养德智体美全面发展的社会主义建设者和接班人"②。高校学习贯彻落实十九大精神，必须坚持立德树人这一教育根本任务，大力加强大学生核心价值体系教育，承担起为社会主义培养合格建设者和可靠接班人的历史使命。

一、加强大学生核心价值体系教育的重要意义

青年大学生是我国社会主义现代化建设的生力军，是开创中国特色社会主义大业的主力军。加强大学生核心价值体系学习教育，对推进青年一代弘扬和传承中华民族优秀文化、坚定中国特色社会主义理想信念、树立社会主义核心价值观，凝聚起推进改革开放和社会主义现代化建设的强大力量，具有重大意义。

（一）加强大学生核心价值体系教育，是推进社会主义先进文化建设的根本要求

高校是思想理论战线不同学术观点交汇、融合、撞击的前沿，是文化传承创新的阵地，也是文化开放的窗口，国外的各种思潮往往凭借知识的载体首先

---

① 本文作者孙弘安。
② 习近平在中国共产党第十九次全国代表大会上的报告［EB/OL］.人民网，2017－10－28.

通过大学传播进来，各种政治思想倾向的代表人物也希望利用大学的阵地加强其影响。这不仅给我们学习和借鉴优秀的外来文化提供了机会，同时也对我们的先进文化建设提出了严峻的挑战。

大学生是一个朝气蓬勃、思想活跃、富有创新精神的社会群体，他们身上所具有的年龄、知识、求新等优势以及对自身弱点的认识和克服，使其能够成为顺应历史发展的、最有潜力和活力的、推动社会前进的新生力量。在当代大学生中深入开展社会主义核心价值体系学习教育，对推进社会主义先进文化建设具有重要意义。首先，社会主义核心价值体系在中国整体社会价值体系中居于核心地位，发挥着主导作用，决定着整个价值体系的基本特征，代表着社会主义先进文化的基本方向。因此，加强大学生核心价值体系教育，是推进社会主义先进文化建设的题中之义和根本要求。其次，当代大学生是我国青年一代的佼佼者，是长期接受文化教育和熏陶的高级知识分子，是社会主义先进文化重要的传播者和弘扬者。在当代大学生中深入开展社会主义核心价值体系教育，有利于大学生系统地学习马克思列宁主义、毛泽东思想、邓小平理论、"三个代表"重要思想、科学发展观和习近平新时代中国特色社会主义思想等党的基本理论，坚持马克思主义在文化建设和发展中的指导地位，树立科学的世界观、人生观和价值观；有利于建设和实践面向现代化、面向世界、面向未来的民族的科学的大众的中国特色社会主义文化；有利于促进大学生关注社会转型期和市场经济的负面效应所引发的文化问题，努力建构适应社会主义市场经济需要的道德文化体系，教育和引导大学生从自身做起，从小事做起，通过道德自律，影响和带动周围人的道德素质的提高。

（二）加强大学生核心价值体系教育，是培育大学生社会主义核心价值观的迫切需要

十八大报告在谈到"推进社会主义文化强国建设"时，强调要把社会主义核心价值体系建设作为一项重要任务，强调要"倡导富强、民主、文明、和谐，倡导自由、平等、公正、法治，倡导爱国、敬业、诚信、友善，积极培育社会主义核心价值观"。这一重要论述是我们党立足社会主义核心价值体系建设实践做出的重大理论创新，反映了我们党对社会主义核心价值观问题的最新认识，充分体现了我们党高度的理论自觉和文化自觉。其中，富强、民主、文明、和谐体现了社会主义核心价值观在发展目标上的规定，是立足国家层面提出的要求；自由、平等、公正、法治体现了社会主义核心价值观在价值导向上的规定，是立足社会层面提出的要求；爱国、敬业、诚信、友善体现了社会主义核心价

值观在道德准则上的规定，是立足公民个人层面提出的要求。这三个层次的理念相互联系、相互贯通，实现了政治理想、社会导向、行为准则的统一，实现了国家、集体、个人在价值目标上的统一，兼顾了国家、社会、个人三者的价值愿望和追求。

随着我国经济体制深刻变革、社会结构深刻变动、利益格局深刻调整，人们在思想认识上的独立性、选择性、多变性、差异性日益增强，各种价值观念和社会思潮纷繁变幻，各种思想文化交流、交融、交锋也日益频繁。在当代大学生中深入开展包括社会主义核心价值观在内的社会主义核心价值体系教育，有利于大学生们廓清各种社会思潮和多样的价值观念，培育确立社会主义核心价值观，成为对国家、对人民、对社会有益的人。

（三）加强大学生核心价值体系教育，是培养社会主义现代化建设高素质人才的迫切需要

"培养什么人，怎样培养人"，是教育的根本问题和永恒主题。十八大报告指出，"把立德树人作为教育的根本任务，培养德智体美全面发展的社会主义建设者和接班人"。"立德树人"首次确立为教育的根本任务，是对过去"坚持育人为本、德育为先"教育理念的深化，指明了今后教育改革发展的方向。立德树人，即教育事业不仅要传授专业知识、培养能力，还要把社会主义核心价值体系教育融入国民体系教育之中，教育和引导学生树立正确的世界观、人生观、价值观。

习近平总书记在参观《复兴之路》基本陈列时说："历史告诉我们，每个人的前途命运都与国家和民族的前途命运密切关联。国家好，民族好，大家才会好。"① 实现中华民族伟大复兴是一项光荣而艰巨的事业，需要一代又一代中国人共同为之努力。青年大学生是祖国的未来、民族的希望。从现在起到21世纪中叶，是我国社会主义现代化建设的关键时期，也是当代青年大学生成长和发挥作用的黄金时期。加强当代大学生社会主义核心价值体系学习教育，把他们培养成为社会主义现代化所需要的信得过、靠得住、高素质的建设者和接班人，关乎着中国特色社会主义的兴衰成败，关乎着中华民族的伟大复兴。

二、加强大学生核心价值体系教育的方法与途径

社会主义核心价值体系是社会主义意识形态的本质体现，是全党全国各族

---

① 2012年11月29日，习近平同志在参观《复兴之路》展览时的讲话。

人民团结奋斗的共同思想基础。坚持社会主义核心价值体系要求我们必须巩固马克思主义指导地位，坚持不懈地用马克思主义中国化的最新理论成果武装全党、教育人民，用习近平新时代中国特色社会主义思想凝聚力量，用以爱国主义为核心的民族精神和以改革创新为核心的时代精神鼓舞斗志，用社会主义荣辱观引领风尚，巩固全党全国各族人民团结奋斗的共同思想基础。加强大学生核心价值体系教育，就要紧紧围绕这些内容和要求，创造性地开展工作。

（一）扎实做好理论武装工作

增强大学生对习近平新时代中国特色社会主义思想的道路自信、理论自信、制度自信、文化自信，中国特色社会主义的成功开创和不断发展，是对科学社会主义理论的丰富发展，是对民族复兴道路的开拓创新，具有重大的历史意义。中国共产党在团结带领人民完成和推进新民主主义革命、社会主义革命和改革开放新的伟大革命三件大事中，形成了中国特色社会主义道路、中国特色社会主义理论体系、中国特色社会主义制度，实现了中国历史上最广泛最深刻的社会变革，从根本上改变了中国人民和中华民族的前途命运，使具有五千多年文明史的中国面貌焕然一新，中华民族伟大复兴展现出了前所未有的光明前景。

马克思主义指导思想是社会主义核心价值体系的灵魂，中国特色社会主义共同理想是社会主义核心价值体系的主题。我们要在青年大学生中加强党的基本理论、基本路线、基本纲领和基本经验教育，给他们讲清中国特色社会主义理论体系的时代背景、科学内涵、精神实质、根本要求和重要意义，引导他们弄清什么是马克思主义，什么是马克思主义指导思想；引导他们深刻认识到，马克思主义最根本的理论特征是辩证唯物主义和历史唯物主义的世界观和方法论；中国特色社会主义伟大旗帜，是当代中国发展进步的旗帜，是全党全国各族人民团结奋斗的旗帜。要在大学生中深入开展中国近现代史、中国共产党史和中华人民共和国史教育，开展基本国情、形势政策和改革开放的教育，引导他们深刻认识到，没有共产党就没有新中国；改革开放是决定当代中国命运的关键抉择；中国特色社会主义是民族复兴的正确道路。尤其是在目前，我国正处于改革开放的深化阶段，特别要引导青年大学生坚定信心，始终以共同理想为导向，高举中国特色社会主义伟大旗帜不动摇，坚持走中国特色社会主义道路不动摇，坚持中国特色社会主义理论体系不动摇，切实增强爱党、爱国、爱社会主义的责任感和使命感，做中国特色社会主义的忠实信仰者和忠实实践者。

（二）深入开展民族精神和时代精神教育，增强青年大学对中华民族伟大复兴的信心和信念

民族精神和时代精神是一个民族赖以生存和发展的精神支撑，是社会主义核心价值体系的精髓。开展民族精神教育和以改革创新为核心的时代精神教育，是思想政治教育的主旋律，是鼓舞各族人民为实现中华民族伟大复兴而奋斗的重要途径。

以爱国主义为核心的伟大民族精神，已经深深地融入我们的民族意识、民族品格、民族气质之中，成为各族人民团结一心、共同奋斗的价值取向。我们要充分发挥爱国主义教育基地的教育功能，开展丰富多彩的传统节庆等文化活动，通过扎实的宣传教育工作，引导青年一代继承和弘扬好我们中华民族几千年来形成的团结统一、爱好和平、勤劳勇敢、自强不息的优良传统；继承和弘扬好我们党领导人民在长期革命斗争中形成的井冈山精神、苏区精神、长征精神、延安精神等优良传统；继承和弘扬好社会主义建设时期形成的雷锋精神、"两弹一星"精神等优良传统，始终保持昂扬向上、奋发进取的精神状态，为"建设美丽中国，实现中华民族永续发展"做出积极贡献。

以改革创新为核心的时代精神，是马克思主义与时俱进的理论品格、中华民族富于进取的思想品格与改革开放和现代化建设实践相结合的伟大成果，已经深深地融入中国经济、政治、文化、社会、生态文明建设的各个方面，成为各族人民不断开创中国特色社会主义事业新局面的强大精神力量。新中国成立70多年来，尤其是改革开放40多年来，我国社会主义现代化建设取得了辉煌成就，"中国速度"令人赞叹，"中国形象"不断提升，"中国特色"亮点纷呈。我们要加强改革开放路线、方针政策以及巨大成就方面的宣传教育，深入开展好"我的中国梦"主题教育活动，引导青年大学生增强中国特色社会主义的必胜信心和中华民族伟大复兴的坚定信念。

（三）深入开展社会主义荣辱观教育，增强青年大学生的社会主义荣辱观

培育社会主义核心价值观的坚定性和自觉性以及社会主义荣辱观，是社会主义核心价值体系的基础。它把中华民族的传统美德，党领导人民在革命、建设和改革开放的历史进程中形成的革命道德和社会主义新时代的道德要求紧密结合起来，明确了当代社会最基本的价值取向和行为准则，为全体社会成员判断行为得失、做出道德选择提供了基本的标准。它既具备先进性的导向，又具备广泛性的要求，涵盖了世界观、价值观、人生观和社会风尚的方方面面，体现了社会主义的基本道德规范，体现了中华民族的传统美德、优秀革命道德与

时代精神的完美结合，是引领社会风尚的一面旗帜。

要坚持正确的舆论导向，加强青年大学生社会主义荣辱观教育，努力营造"知荣辱、讲正气、树新风、促和谐"的良好氛围；要加强青年大学生的"感恩、敬业、诚实、守信、博爱、奉献"等道德规范教育，大力倡导"团结、合作、公平、正义、友善、明礼"等和谐理念以及和谐精神，积极倡导和引领互帮互助、平等友爱、助人为乐的社会风尚，使青年一代真正成为有理想、有道德、有纪律、有文化的"四有"新人。

三、加强大学生核心价值体系教育的探索与实践

加强大学生核心价值体系教育，关键要在创新实践上下功夫，在提高人才培养质量方面见成效。近年来，赣南师范大学依托丰富的地方优秀传统文化资源，坚持把苏区精神和客家精神蕴含的可贵品质融入大学生核心价值体系教育，形成了学校特色文化育人品牌。今后要继续依托赣南革命老区和客家摇篮这一地域优势，坚持用苏区精神和客家精神所蕴含的精神品质教育人、培养人、塑造人，打造学校更加鲜明的文化育人特色。

大力推进"红色资源进校园"，坚持以苏区精神滋润大学生的心田。苏区精神是共产党人革命精神的重要组成部分。革命精神是以马克思主义与中国实际相结合，立足于中华民族优秀传统文化价值根基形成的一种宝贵的精神财富，是社会主义核心价值体系的重要内容。学校将进一步致力于推进"红色资源进校园"工作，不断完善苏区精神"十个一"育人工作体系：编著出版一部校本教材——《中央苏区历史大讲坛》；编撰出版一套故事丛书——《红色记忆》；建设一个红色网站——红井水网；创办一本校园红色刊物——《红色青春》；成立一个学习研究苏区精神学生社团——"大学生思源协会"；编排一台反映中央苏区题材的音乐舞蹈史诗——《这一片红土地》；打造一项红色主题校园文化精品项目——"唱红歌·诵经典"主题校园文化活动；建好一个博物馆——"中央苏区历史博物馆"；建好一批红色班级；建好一批校外苏区精神学习实践基地，进一步完善"课堂授课、文化熏陶、教育实践"三位一体的特色文化育人模式，提高苏区精神融入大学生核心价值体系教育水平。

坚持开展好大学生苏区红色文化和客家文化教育实践活动。充分发挥学校在共和国摇篮瑞金、长征出发地于都、苏区模范县兴国等地设立的一批爱国主义教育基地，积极组织学生到各教育基地参观学习，接受革命传统教育。坚持组织学生开展"重走长征路"活动，沿路寻访老红军，搜集整理红色歌谣，参

观革命旧居旧址,听老红军或当地的党史专家讲解苏区历史,切身感受当年红军浴血奋战的历史场面。积极组织学生"红色宣讲团"到基层、社区以及学校"红色文化教育基地"开展红色文化宣讲活动。积极鼓励学生开展反映苏区革命题材和客家题材的艺术作品创作,以苏区精神洗礼人、以客家精神教育人、以优秀作品鼓舞人。

坚持以苏区精神和客家精神蕴含的可贵品质砥砺师范生师德修养。师范生是未来的人民教师,其职业道德素养的高低关系到基础教育的质量和下一代的成长,关系着我国教育事业的健康发展和兴旺发达。同时作为未来的人民教师,师范生又是中华优秀传统文化的传承者和传播者。长期以来,赣南师范大学高度重视师范生的师德修养,坚持以红色文化资源、客家文化资源蕴含的可贵品质融入师范生师德教育,为地方培养、输送了一大批高素质的基础教育师资,他们扎根基层、甘于清贫、默默奉献,赢得了"下得去、用得上、留得住、干得好"的社会美誉。

论思想政治教育对人的创造力培养的价值①

思想政治教育是指社会或社会群体用一定的思想观念、政治观点、道德规范，对其成员施加有目的、有计划、有组织的影响，使他们形成符合一定社会要求的合格的思想政治品德的活动。诚然，思想政治教育的重要目标是要培养人的政治意识，引导人的政治行为，和谐政治关系，但思想政治教育的精髓绝非唯一的"政治"。事实上，人从来都是以思想政治教育价值成果的创造者，同时又是消费者和享受者而存在的，因此，我们就不能不关注思想政治教育对人自身的意义，包括对人的创造力发展的意义。但是一直以来，几乎没有人把思想政治教育与人的创造力联系到一起，甚至可能认为两者不可能存在任何的内在联系。本文试图探讨思想政治教育对人的创造力形成和发展的积极作用，换言之，思想政治教育对人的创造力培养的价值。

一、思想政治教育有利于激发人的创造动力，为创造力培养提供精神力量

在创造活动中，创造动机是推动人进行创造活动的直接动力，其对创造活动的影响表现在：激发和推动个体产生创造活动的激活功能；推动创造活动指向一定目标的指向功能和在创造活动产生后是坚持还是改变创造行为的维持与调整功能。创造动机的性质和强度不同，对创造活动的作用及效果也会不同。创造动机的来源一般有两方面，一是来源于外界的要求或外力的作用，如得到奖赏或逃避惩罚。二是个体的内在需要。前者产生外部动力，后者产生内部动力。

从外部动力来看，一方面是竞争的压力，竞争的环境将有利于人形成和增强竞争的意识和创造的欲望，这是因为在竞争的心理状态下，人的观察力将更

① 本文作者胡龙华。

敏锐，思维更敏捷，知识水平提高更迅速，这将为创造活动积累心理能量。同时，为了在竞争中取胜，往往会保持良好的竞技状态，竞争越激烈，这种心态也越强烈，创造的意识和能力提高得就越快。而无论是竞争意识的强化、竞争环境的创设，还是对待竞争的正确态度的确立，都离不开思想政治教育，它通过帮助人们认清竞争已经成为时代特征，适应竞争，主动参与竞争，不惧怕、不回避竞争，在竞争中求得发展是当代人的必然选择，使人们能正确面对竞争的社会环境，并在竞争中增强创造能力。另一方面是精神和物质的刺激。人的任何行为背后都有一定的目的在引导着，这种目的或为物质的或为精神的，归根结底是人的一种需要。人的创造行为的产生和坚持同样也离不开物质上的奖励和精神上的鼓励，这也是激发创造热情，促使其进行创造活动的强有力的外驱力。物质的奖励主要通过社会物质生产及其产品的提供来满足，而精神的鼓励主要是通过授予荣誉、进行社会表彰等方式实现，这恰恰是思想政治工作所特有的方式方法。可见，思想政治教育是激起创造动机背后的重要动力之一。

从内部动力来看，人的创造力水平的高低和创造成果的取得与其创造需要、创造动机和创造兴趣有着密切的关系。表现为，需要引起动机，动机导致行为，行为满足需要并产生新的需要，如此循环。可见，需要是人的实践活动的最初的动力源。如上所说，要激发人的创造意识，引导人的创造行为，就必须研究人的创造需要。这些需要都会成为支配个人创造活动的力量，推动人投身到创造活动中去。而且这种需要越强烈，进行创造活动的热情就越高。但这里的物质和精神的需要都属于个体的需要，这种需要具有易实现、频发、不持久等特点，一旦这种需要得到满足，创造的动机就会丧失，创造的热情也就随之消退。与个体创造需要相对的还有社会需要，社会需要也是唤起人创造动机和欲望的一种需要，并对个体创造动机的形成和持久产生潜移默化的影响，一旦人们意识到社会对创造的强烈需要，并以满足这种社会需要为己任，持久的创造动机就会产生，因而社会需要是一种更为高层次的需要，一旦这种社会需要被创造主体体认，则更能激发人的创造力。这就为思想政治教育提供了发挥作用的空间，它通过帮助人们正确认识个人对社会的责任，不但要"为稻粱谋"，更要"为天下忧"，帮助人们认识到创造对国家和民族的重要性，将创造的需要由个人目标层次引导到社会发展和民族兴旺的社会目标层次上，以满足社会需要为己任，这样的创造动机才更为高尚，创造的热情才会更加持久，创造的潜力发展也才会更加充分。

二、思想政治教育有利于培育人的创造品格，为创造力的发挥提供积极的心理状态和背景

思想政治教育通过开展创造主体观教育，培养敢于创造的精神。众所周知，人的任何一项创造成果，都离不开主体对创造的意识及为之付出的努力。一句话，与人的主体观有关。马克思主义认为，人是认识的主体，自然和社会是被认识和改造的对象，主体和客体是认识与被认识、改造与被改造的关系，世界上没有不可被认识的事物，只有尚未被认识的事物，人们的实践就是不断地认识和改造世界。而人的创造活动从本质上说也是人类实践活动的一种，因而创造无止境。思想政治教育通过帮助人们正确认识人与自然、人与实践的关系，认识到人的主体地位，认识到人类社会发展的历史不过是人类不断创造的历史。只有不断创造，社会才能不断发展，不断创造是每一个社会人的责任。当人认识到这种社会责任时，就会以创造为己任，产生创造的激情，表现出追求创造的行动。思想政治教育激发个体的主体力量的另一方面表现在对主体自我创造意识的启发上，人类可以不断地认识自然、社会，实践深入到哪里，人类的认识就会深化到哪里，这将有利于培养人敢于创造的意识和品质。敢于创造在创造过程中表现为：敢于怀疑、敢于突破、敢于创新和敢冒风险等品质，而这些恰恰是创造成功不可缺少的因素。因此，帮助人认识其创造主体地位，激发其创造活力，是思想政治教育的优势所在。

三、思想政治教育有利于人掌握唯物辩证法，为创造力发展提供科学的思维方式

在人的创造活动中，创造性思维是获得创造成果最核心、最必要的因素。创造性思维是一切创造活动的开始，并贯穿于创造活动的始终。人类一切创造成果从本质上说都不过是创造性思维的外现和物化。实践证明，思想政治教育对人的科学的思维方式培养具有重要作用。

首先，思想政治教育中的马克思主义唯物论教育，为培养人的科学思维提供哲学依据。按照马克思主义唯物论的观点，"社会存在决定社会意识"，这就要求人们在创造的过程中不能从主观臆断的想当然出发，而应一切从实际出发，实事求是，这就为科学思维的形成和发展指明了方向。诚如江泽民同志所提出的，"我们搞社会主义现代化，我们的思想方法和思维方式也必须符合现代化建设的要求，本身也应现代化。而思想方法和思维方式的现代化，也就是要按照科学精神来观察，思考和解决各种问题"。"科学精神的内涵很丰富，最基本的要求是求真务实，开拓创新。"[1]一旦思维离开了科学性，就会陷入迷信和盲目，创造就不会成功。

其次，思想政治教育通过唯物辩证法教育，培养辩证的思维方法。在唯物辩证法看来，"不存在任何最终的、绝对的、神圣的东西；它指出所有一切事物都是暂时的；在它面前，除了发生和消灭，无止境地由低级上升到高级的不断过程，什么都不存在"[2]。它从两个方面指导人们学会运用科学的思维方式认识和创造，即：一是面向生活，对人的生存状态和生存方式进行反思和批判。它要求人们永远激发思想的怀疑能力，永不停止怀疑看似明晰与确定的东西，它提醒人们公认正确和合法的东西可能还有"另一面"。二是理论上的"自我反思"和"自我批判"精神。它要求理论随着实践的发展而不断自我追问，如何使理论永远保持自我更新的欲求和能力。唯物辩证法的这种批判性本质为人形成自己的批判性思维提供了哲学的指导。当然，这种批判是在继承基础上的批判，而不是全盘否定。在继承中批判，在批判中超越，这正是创造方法的第一要义。有了这种批判性思维，就能克服不利于创造的惯常思维、求同思维和盲从思维，正确的思维方法也才能获得。

四、思想政治教育有利于人的正确世界观、人生观、价值观的树立和崇高道德品质的形成，为创造力的发挥提供正确的价值导向

人类的创造最终是以创造性成果来体现，但是创造成果和创造力发挥是具有方向性的，它既可以为人类造福，也可能毁灭人类。因此，创造力的发挥具有双重效应，如果人类理智地运用它造福于人类，则可以极大地促进社会发展；如果将其用于危害人类，则其破坏性、影响力也是非常巨大的，这也越来越被事实所证明。例如，化工技术可运用于生产有益于人类的化工产品，但也有人将其运用于生产毒品；生物工程特别是基因技术既可以为人类农业及医学进步做出贡献，也可以用于制造骇人听闻的生物武器。由此可见，现代科技"既造成了前所未有的创造力，也造就了前所未有的破坏力，它为人类的发展和人的积极创造精神的发扬开辟了巨大的可能性，同时也可能带来人类控制不了的破坏人类整个生存基础的严重恶果"[3]。造成这种天壤差别的分界线无不与创造者的思想道德品质息息相关，只有在科学的世界观、人生观、价值观指导下体现的高尚道德情操和人格力量，才能使其创造成果服务于社会，造福于人类。可见，人的思想道德品质对创造力的发展具有定向作用。

思想政治教育通过进行正确的世界观、人生观、价值观教育，使人们正确

地认识个人对社会的责任，认清创造从本质上来说是为了有益于社会进步和个人发展，从而培养他们正确的创造价值观，这样，人的创造目标才会正确、崇高。同时，思想品德教育对于培养创造者对祖国对人民的深厚情感，明确道德责任，增强道德判断和道德选择能力，树立正确的科技道德具有积极作用。它能使创造力开发和利用始终置于理性和正确的伦理控制之下，保证创造成果朝着有利于社会和人民的方向运用，避免自己的创造给人类带来伤害。可见，思想政治教育对人的创造力的发挥和创造成果的利用具有重要的导向作用。

参考文献：

[1] 中共中央文献研究室. 江泽民论有中国特色社会主义（专题摘编）[M]. 北京：中央文献出版社，2002：272.

[2] 中共中央马克思恩格斯列宁斯大林著作编译局. 马克思恩格斯选集：第4卷 [M]. 北京：人民出版社，1972：213.

[3] 唐凯麟，龙兴海. 个体道德论 [M]. 北京：中国青年出版社，1993：5.

论大学生社会主义核心价值观教育及实现路径①

党的十八大报告明确提出，要"倡导富强、民主、文明、和谐，倡导自由、平等、公正、法治，倡导爱国、敬业、诚信、友善，积极教育和践行社会主义核心价值观"[1]。习近平总书记强调指出，"核心价值观是文化软实力的灵魂"，"核心价值观承载着一个民族、一个国家的精神追求，体现着一个社会判断是非曲直的价值标准"。在这个时代背景下，作为承担着人才培养、科学研究、社会服务和文化传承创新四大重要职能的高校，应当紧紧围绕"立德树人"这一根本任务，坚持正确导向，正视高校当前大学生社会主义核心价值观教育存在的问题，找寻到加强大学生社会主义核心价值观教育的科学路径，从而求得实效长效。

一、当前大学生社会主义核心价值观教育存在的问题

社会主义核心价值观是社会主义核心价值体系的凝练和高度概括，是大学生思想政治教育的新内容、新素材，是高校意识形态教育工作的重中之重。当下，加强大学生社会主义核心价值观教育，显得尤其重要。然而，经过调研发现，当前高校在大学生社会主义核心价值观教育过程中仍然存在一些不容忽视的问题。

（一）大学生对社会主义核心价值观的认同度比较低

高校在大学生中实施社会主义核心价值观教育最根本的就是要将社会主义核心价值观内化于大学生的内心深处，外化成为大学生的自觉行动。然而，部分大学生对社会主义核心价值观的认同度依然比较低，这成为高校大学生社会

---

① 本文作者魏美春、李文瑞。

主义核心价值观教育中的首要问题。"当前 90 后、00 后年轻人对社会主义核心价值观科学内涵的认识、接受和自觉践行有较大难度。"[2] 我们通过走访调研了解到，近半数学生不能很清楚地表达社会主义核心价值观的基本要义和现实意义，有些学生认为社会主义核心价值观有些"高大上"，从内心深处对社会主义核心价值观有抵触心理，特别是"随着社会思潮和价值观的多元化，加之实用主义、功利主义的影响，使得学生的认同意识淡薄"[3]。此外，部分高校在大学生社会主义核心价值观教育中采用简单的考试方式，在教育过程中侧重了对社会主义核心价值观知识内涵的教育，而没有将社会主义核心价值观作为大学生真正的价值追求进行引导和教育，不能将社会主义核心价值观转化为大学生自觉的行动，没有达到行动上的自觉和认同。

（二）大学生社会主义核心价值观教育的条件保障缺乏

高校大学生社会主义核心价值观教育要想取得预期效果，就必须以坚实的物质保障作为后盾。但是，部分高校在实施大学生社会主义核心价值观教育过程中缺乏应有的条件保障。突出的问题主要有两个：一是部分高校缺乏相应的经费支持，没有设立专项工作经费，为降低运行成本，甚至只是将教育内容纳入思想政治理论课教学、校园文化活动之中，使教育过程流于形式。二是部分高校缺乏相关的硬件设施，比如在常态开展大学生社会主义核心价值观教育时不能提供相应的场所和设备，使整个活动的效果大打折扣，影响了整个教育活动的有效开展。

（三）大学生社会主义核心价值观教育形式比较单一

部分高校在大学生社会主义核心价值观教育中普遍存在教育形式比较单一的问题。在对几所高校的访问中发现，在当前教育信息化的背景下，近一半的高校对大学生进行社会主义核心价值观教育采取课堂灌输和开展校园文化活动的传统方式，而运用新媒体、社会实践、慕课、网络等大学生喜闻乐见的载体开展教育活动少之又少。"课堂教学是大学生获取社会主义核心价值观最重要的渠道，占其所占百分比为 60.5%；其次是报纸、广播、电视等传统媒体，占其所占百分比为 58.8%；而网络媒体和手机所占百分比只有 24.9%。"[4] 这显然与大学生的生活方式不相吻合，在一定程度上也成了制约教育效果的不可忽视的因素。此外，还有少数高校在教育过程中存在严重偏差，比如，仅仅将社会主义核心价值观融入某一门课程，在教育对象上主要以学生干部、学生党（团）员为主，没有在大学生中实现全覆盖教育。这些都深刻地反映出高校大学生社会主义核心价值观教育形式还比较单一。

（四）大学生社会主义核心价值观教育的队伍不够整齐

调研发现，高校在大学生社会主义核心价值观教育中出现队伍的问题：一是部分高校缺乏专业的教育队伍，只是将相关活动交由班主任、辅导员、学工干部以及思想政治理论课的教师，使整个教育活动缺乏深层次的考量，不能有针对性地对大学生进行社会主义核心价值观教育。二是部分高校选派的教育队伍参差不齐，比如，有些教育干部年龄偏大，身心素质较弱，专业基础较薄，对社会主义核心价值观的理解和把握不够准，讲解不能深入浅出、通俗易懂，严重影响了教育效果。三是部分高校对教育队伍管理不严，没有将整个教育过程的每个环节纳入考核，出现了部分教育人员应付了事，消极作为，不积极对待的现实问题。

二、大学生社会主义核心价值观教育问题的成因分析

（一）高校对大学生社会主义核心价值观教育的认识不到位

"教育和践行社会主义核心价值观，其前提和基础是认知认同。"[5]高校大学生社会主义核心价值观教育之所以存在上述问题，与高校自身认识不到位有着密切的联系。其一，高校作为大学生社会主义核心价值观教育的组织者，在实施过程中存在重形式缺内容的不足，部分高校大学生社会主义核心价值观教育将重点放在对外宣传、氛围营造以及工作流程上，而忽视了具体内容以及如何确保教育实效等问题。其二，高校作为大学生社会主义核心价值观教育的监管者，存在思想放松、麻痹大意的问题，认为只要学校开展了相关的活动，就一定可以取得较好的效果，放松了对教育过程中每个环节的监管。其三，高校作为大学生社会主义核心价值观教育的教育者，存在着重阶段性、缺乏持续性的问题。只有遇到上级部门的检查、重大节日或者是授课内容有所涉及才会对大学生进行社会主义核心价值观相关内容的教育和宣传，而没有持久的教育机制。其四，作为教育对象的大学生而言，他们当中部分在思想上存在着一定的抵触情绪，存在先入为主的思维观念，造成了思想上的放松，这也是高校实施大学生社会主义核心价值观教育进程中的重要障碍。

（二）高校大学生社会主义核心价值观教育的机制不健全

高校大学生社会主义核心价值观教育要取得良好效果，与其机制密不可分。高校之所以在大学生社会主义核心价值观教育方面存在诸多问题，与机制不够健全有着密切的关联。一是部分高校在大学生中缺乏健全的领导机制，甚至有些高校将这项工作直接推给了学校的学工、思政部门，没有从学校战略全局的

角度出发进行整体的组织，导致缺乏合力和后劲不足的现实问题。二是部分高校在教育过程中缺乏相应的政策保障，没有相关的制度约束，也缺乏相应的执行力，导致教育效果得不到保证。三是部分高校缺乏相应的后勤服务保障，制约着教育效果，在一定程度上也挫伤了大学生开展相关活动的积极性。

（三）大学生社会主义核心价值观教育评价考核不严格

科学的评价考核制度对高校在大学生中进行社会主义核心价值观教育具有十分重要的正向促进作用。部分高校在大学生社会主义核心价值观教育中普遍存在评价考核不良的直接问题。一方面，部分高校在大学生社会主义核心价值观教育的评价上重结果轻过程，只是就教育的质量和效果进行考核和调查，而对于整个教育的过程、教育的方式、教育的管理、上级文件及其学校相关举措的落实缺乏考核和监督，评价考核依然是单一性的，而不是全方位的。另一方面，部分高校在评价考核上缺乏针对性，对考核的效果不能有效运用。比如，部分高校在对大学生社会主义核心价值观教育的考核上依然采用其他思想政治理论课的考核方式和内容进行考评，没有突出对大学生社会主义核心价值观教育的特点，同时，在考核结果的处理上，没有得到及时的反馈，使大学生社会主义核心价值观在教育过程中存在的问题不能得到及时的矫正。

（四）大学生深受多元文化思潮的影响

综观大学生社会主义核心价值观教育存在的问题，既有内部机制的影响，也与外部环境密切相关。当前，大学生所处的学习生活环境已处于较完全的开放状态，多元文化思潮的交汇对大学生接受社会主义核心价值观产生了强烈的冲击。从国际环境来看，西方国家对我国的"和平演变"一直没有停止过，通过各种途径将西方所谓的人权、个人主义、实用主义对大学生进行思想干预，加之大学生对多元社会思潮的辨别能力较弱，必然造成了大学生对社会主义核心价值观认同的障碍。从国内环境来看，市场经济发展和改革过程中带来的负面影响，比如个人至上、功利为重、诚信缺失等不良现象，对大学生的世界观、人生观和价值观带来了严重的冲击，制约着整体的教育效果。从大学生所处的时代环境来看，当前已步入网络时代，特别是微媒体的应用无时无刻不在影响着大学生的思想和行为，网络文化中的负面影响，比如色情、暴力、网络诈骗、劣性非主流文化等，对大学生如何确立正确的价值立场产生了巨大的冲击，也成为高校大学生社会主义核心价值观的现实困境。

三、大学生社会主义核心价值观教育的实现路径探析

（一）发挥课堂教学主渠道作用

课堂教学在大学生社会主义核心价值观教育中发挥着基础性和主渠道作用。只有通过课堂教学，才能真正让大学生吃透社会主义核心价值观的内涵和精髓，也就正如有的学者所说的那样，"深刻理解社会主义核心价值观的科学内涵是教育和践行社会主义核心价值观的思想前提"[6]。因此，要针对不同学生的不同特点不断推进社会主义核心价值观进课堂、进教材和进头脑的"三进"工作。首先，在思想道德修养与法律基础课的教学中要对大学生进行爱国、诚信、敬业、友善内容的教育，将这八个字融入思想道德修养课的教学与实践活动中，将个人层面的价值要求讲解透彻。其次，在毛泽东思想和中国特色社会主义理论体系概论课中要从十八大的战略高度，对大学生进行富强、民主、文明、和谐的深刻讲解，对大学生进行国家层面的价值要求教育和引导，使之牢固树立正确的政治观。再次，在中国近现代史纲要的教学中，要从历史和现实维度对大学生进行社会主义核心价值观教育，使自由、平等、公正、法治成为大学生自觉的价值追求。最后，在形势与政策课，以及其他哲学社会科学的教学中要从国际视野和国内发展的视角对大学生进行社会主义核心价值观的教育和引导，使社会主义核心价值观在高校实现全覆盖，在大学生思想和行为方面发挥潜移默化的作用。

（二）融入丰富多彩的主流校园文化

高校主流校园文化对大学生成长成才具有重要的渲染作用，"校园文化深刻影响着大学生的思想观念，很大程度上牵涉着对大学生社会主义核心价值观教育的成效"[7]。高校应当将大学生社会主义核心价值观教育融入校园文化建设活动之中，发挥文化的育人功能，进而实现社会主义核心价值观教育融入高校主流校园文化的预期目标。其一，高校要积极开展以社会主义核心价值观为主题的校园文化活动，利用重大节日、纪念日等机会，开展形式多样的学习宣传活动，让大学生在活动过程中增强对核心价值观的感悟，帮助大学生树立正确的世界观、人生观和价值观。其二，要建设以社会主义核心价值观为主要内容的校园景观，比如，将社会主义核心价值观的主要内容以板报的形式展现到学生常见的地方，通过校园文化景观、教室板报、寝室文化设计等方式把社会主义核心价值观育渗透到大学生日常的行为规范等活动中，对大学生思想行为的培养发挥潜移默化的作用。其三，要建设以社会主义核心价值观为主要内容的大

学制度文化，尤其是在推进依法治校、民主治校和建设完善现代大学制度中融入，形成贯穿于学校办学传统和制度层面上的校园制度文化。其四，要加强大学生网络文化和社团文化，成立大学生社会主义核心价值观教育的网络宣传组织和学生社团，积极利用博客、QQ 群、微信圈、班级微博、App 展示等新媒体技术和多元的大学生社团文化，扩大大学生社会主义核心价值观传播的广度和深度。

（三）同步渗透到高校精神文明建设

社会主义核心价值观教育和高校精神文明建设不是"两张皮"，而是一个互动的"统一体"。将大学生社会主义核心价值观教育同步渗透到高校精神文明建设，就是要用社会主义核心价值观引导师生形成积极的精神风貌、正确的价值取向、良好的道德风尚，进而推动高校精神文明建设健康和谐发展。在此过程中，要注重"两个结合"，一是要把社会主义核心价值观教育与加强学风、教风、校风建设相结合，引导广大师生立足岗位和实际，努力做到"爱国、敬业、诚信、友善"。二是要把社会主义核心价值观教育与弘扬中华民族传统文化相结合，通过举办中国传统文化讲座、中华古典音乐会、"校园汉字听写大赛""中华美文诵读大赛""最美校园人物评选"等活动，使两者达到相辅相成的最佳境界。

（四）开展大学生社会主义核心价值观实践活动

实践活动对大学生自觉践行社会主义核心价值观发挥着重要的锤炼作用。应当充分发挥社会实践的育人功能，强化教育的效果。通过社会实践，让大学生了解国情、增长知识、奉献社会、锤炼品格。一是要依托大学生暑期"三下乡"、专业考察、学习雷锋月活动、志愿者节日等载体，对大学生进行社会主义核心价值观的教育和实践，让大学生亲身感受到社会主义核心价值观不仅是理论层面的知识，一言一行更是践行社会主义核心价值观的重要体现。二是高校要开设教育和践行社会主义核心价值观的实践课程，以实践课程的形式将大学生社会主义核心价值观得到确认和固化，确保实践活动的常态化和规范化。三是要优化大学生社会主义核心价值观实践教育的内容和方法，提高大学生社会主义核心价值观实践教育的针对性和实效性。四是要发挥学校和社会两种力量，产生学校和社会两个"大圈效应"，形成大学生社会主义核心价值观教育的良好氛围。

（五）完善大学生社会主义核心价值观教育的保障机制

健全的保障机制是高校在大学生中进行社会主义核心价值观教育的基础和

前提。一是学校要成立专门的领导机构,为开展大学生社会主义核心价值观教育活动提供坚强的组织保证。二是学校要加大大学生社会主义核心价值观教育的投入力度,为确保大学生社会主义核心价值观教育取得实效提供坚实的物质保证。三是学校要加强大学生社会主义核心价值观教育的队伍建设,充实队伍力量,优化队伍结构,提高队伍的专业化和科学化水平。四是要制定完善的大学生社会主义核心价值观教育的管理机制、考核机制、评价机制及其规章制度,确保大学生社会主义核心价值观教育取得良好效果。五是要形成大学生社会主义核心价值观教育的联动机制,形成学校管理队伍、专职教师队伍、后勤保障队伍、学生群体一盘棋的格局,确保大学生社会主义核心价值观教育的每个环节职责明确、责任到位,真正形成大学生社会主义核心价值观教育的合力。

参考文献:

[1] 杨雪梅,等. 三个倡导塑造时代精神气质 [N]. 人民日报,2012 - 11 - 11 (1).

[2] 李斌. 江西红色文化资源与社会主义核心价值观大众化问题研究 [J]. 赣南师范大学学报,2015 (5):40 - 41.

[3] 陈延斌,周斌. 高校社会主义核心价值观教育的问题、原因及对策 [J]. 思想政治工作研究,2011 (3):16 - 17.

[4] 邓若伊,蒋忠波. 网络传播与大学生社会主义核心价值观的建构——基于五省市大学生的调查分析 [J]. 西南民族大学学报,2011 (9):174 - 175.

[5] 印亚军. 高校教育和践行社会主义核心价值观的探讨 [J]. 教育探索,2014 (10):113 - 114.

[6] 冯秀军,王淼. 教育和践行社会主义核心价值观的几个基本问题 [J]. 教学与研究,2014 (8):67 - 68.

[7] 陈大勇,刘清才. 增强大学生社会主义核心价值观教育的实效性研究 [J]. 思想理论教育导刊,2014 (11):116 - 117.

大学生思想政治教育工作要
把握好"时、度、效"①

习近平总书记在 2013 年 8 月 19 日全国宣传思想工作会议上指出："坚持团结稳定鼓劲、正面宣传为主，是宣传思想工作必须遵循的重要方针。我们正在进行具有许多新的历史特点的伟大斗争，面临的挑战和困难前所未有，必须坚持巩固壮大主流思想舆论，弘扬主旋律，传播正能量，激发全社会团结奋进的强大力量。关键是要提高质量和水平，把握好时、度、效，增强吸引力和感染力，让群众爱听爱看、产生共鸣，充分发挥正面宣传鼓舞人、激励人的作用。在事关大是大非和政治原则问题上，必须增强主动性、掌握主动权、打好主动仗，帮助干部群众划清是非界限、澄清模糊认识。"[1]这一论述充分体现了马克思主义宣传思想观的本质要求和内在规律，也为新时期加强与改进大学生思想政治教育工作指明了方向和路径。深刻学习与领会习近平总书记的重要讲话精神，必须将把握"时、度、效"作为提升大学生思想政治教育工作科学化水平的重要切入点，切实增强大学生思想政治教育工作的亲和力、吸引力和感染力，为中国特色社会主义事业培养更多的合格建设者和可靠接班人。

一、科学把握当代大学生整体思想状况

随着改革开放的全面深入推进、市场经济体制的逐步完善，大学生的思想状况发生了深刻变化。诚然，大学生的思想状况变化与社会经济、政治、文化结构的变化密切相关，一定意义上说，大学生思想状况的变化反映了当下整个社会价值取向的演变趋势。当代大学生是我国青年人中知识较丰富、思想较敏锐、反应较迅速、认识较深刻的群体，是祖国的未来、民族的希望，从整体上

---

① 本文作者谢建平。

分析当代大学生的思想状况，有助于引领当代大学生思想政治教育工作。

（一）当代大学生政治主流积极向上

根据教育部高校学生思想政治状况滚动调查的结果显示，当前大学生思想政治状况的主流继续呈现出积极、健康、向上的良好发展态势。调查表明，大学生高度认同科学发展观和社会主义和谐社会的战略目标，赞同建设社会主义新农村等重大发展战略和举措。调查表明，大学生基本政治态度和政治观点正确，普遍认为广泛开展保持共产党员先进性教育活动对党的自身建设成效明显，全党上下开展党的群众路线教育实践活动取得阶段性成果；在坚持中国共产党的领导和社会主义制度、坚持马克思主义在我国意识形态的指导地位等基本政治态度上，大多数大学生保持清醒的认识，态度更趋明确；大学生积极肯定各级党组织开展先进性教育活动所取得的成绩；89%的大学生坚信"中国共产党是中国特色社会主义事业的领导核心"；90%以上的在校大学生积极向党组织递交入党申请书，大学生入党愿望迫切，积极性高。

（二）当代大学生道德价值观总体健康向上

根据教育部高校学生思想政治状况滚动调查的结果显示，大学生思想道德状况和精神风貌总体良好，主流价值观健康向上。自党中央、国务院颁发《关于进一步加强和改进大学生思想政治教育的意见》（中发〔2004〕16号文件）以来，国家、社会、高校对大学生思想政治教育工作齐头共管，先后出台了多项政策和措施，大学生思想政治道德建设得到了进一步加强和改进，在日趋激烈的社会竞争中，大学生对个人的目标选择趋于理性与务实，普遍表现出乐观与进取的精神状态，有比较强烈的社会责任感和历史使命感，渴望为社会施展才华。大学生判断一个人成功与否的主要依据，排在前三位的分别是对社会、集体的贡献大小；取得社会声望的高低；拥有精神财富的多少。同时，大学生对社会和校园里的一些不文明现象和行为表示反感，近90%的大学生反对"考试舞弊""论文抄袭""拖欠学费""自我为中心""及时行乐，追求安逸"。

（三）当代大学生人生价值观呈现强烈的自我意识

根据教育部高校学生思想政治状况滚动调查的结果显示，大学生社会价值观过分重"实际"而轻理想，校园经商、追星等现象也从不同的侧面反映了当代大学生渴望"大跃进"似的实现自身价值及从众随流的"功利主义"价值观念。不少大学生在人生价值观上越加崇尚自我，重视自我内心感受，以自我为主体，注重选择个人奋斗，更加强调自我价值的体现和实现，集体观念和协作理念、服务意识和奉献精神以及艰苦奋斗的作风不足。在社会活动和集体生活中愿当主角,不愿做配角,对重复性、体力性工作不感兴趣。此外,很多大学生在"社会价值"与"个体价值""精神价值"与"物质价值"的矛盾中摇摆不定。从校园里相继出现的"英语热""计算机热""考证热"以及大家争相去上各种各样的辅导班,争先恐后地竞争干部、参与社团等现象来看,大学生有提高自身素质、实现自身价值的热切期望与要求,呈现出强烈的自我意识。

二、准确认识当代大学生思想状况中的问题症候

客观来说,当代大学生思想状况的整体情况是较好的,党和国家是信任的,大学生在各种困难面前也经受住了考验,诸如在"5·12"四川汶川大地震、保卫钓鱼岛、黄岩岛等事件中,大学生表现出了高度的社会责任感和强烈的爱国主义情操,赢得了社会各界的高度赞扬,彰显了当代大学生的人生观、世界观与价值观。不过,我们在充分肯定当代大学生的高尚情操的同时,也必须清醒地看到,进入新世纪,在全球化、信息化的推动下,当代大学生的思想状况也出现了诸多的变化,呈现出纷繁复杂的状况,表现出的问题不少,需要引起我们的高度关注。

(一)理想和信仰存在着逐渐淡化的倾向

马克思指出:"信仰的本质,在于人类对自身本质力量和生存发展的把握。"[2]信仰就是人们对其认定的最高生活价值的某种对象的始终不渝的信赖和执着的追求,是一种对人生有限性的超越和对不朽精神的追求。"根据对江苏省某高校大学生的问卷调查分析,结果显示绝大部分学生还是坚持马克思主义信仰的,对社会主义充满信心。但是,也有相当一部分学生对马克思主义不那么感兴趣,甚至产生怀疑和动摇。如对'资本主义必将被社会主义取代'持'不同意'和'说不清'态度的占41.72%;在问及对'多党制不适合中国'的态度时,38.13%的人'不同意'和'说不清';对于'只有社会主义才能发展中国'这一观点持'不同意'和'说不清'观点的占20.04%;回答'中国共产党有能力把自身建设好'这一问题时,持'不同意'和'说不清'观点的占14.6%;而在问到对'社会主义现代化建设必须坚持中国共产党的领导'的态度时,9.6%的学生'不同意'和'说不清'。"[3]北京大学社会学系曾经开展的一项关于后现代语境下大学校园亚文化的调查发现,"九成以上的大学生在信仰方面表现出了令人担忧的'超然物外'的游离状态。调查显示,在对于入党动机的调查中,'积极争取'的占到38%,'无所谓'的超过50%。看来大部分学生还是选择了一种中庸态度。在被访者中,30%的人相信'信仰',47.7%的人在乎'前途'"[4]。从以上材料可知，当代大学生信仰的主流仍然值得肯定，但也存在信仰危机。所谓信仰危机，并不是也不可能是人们完全没有了信仰或不再需要信仰，而是由于某种原因对原有的马克思主义信仰动摇了、削弱了，发生了困惑或迷失。历史的变迁、社会的转型总是伴随着不同程度的信仰危机。当前的中国社会正处于历史的转型期和改革开放的全面深入期，政治、经济和文化的变更和转换，带来了各种各样的社会现象，也带来了各种各样的危机。在各种危机中，信仰危机是一种带有总体性、具有深刻影响的思想文化危机。就个人而言，信仰危机是其世界观、人生观和价值观的危机，是人的存在方式变迁及由此引发的人的存在意义系统的危机，是人的一种根本的精神危机，这就是对马克思主义的信仰危机。

（二）人生价值观过于实际、偏重实效

随着社会主义市场经济体制的逐步完善和改革开放的不断深入，我国经济基础和上层建筑的各个领域发生了剧烈的变化，我国高等教育的各个方面也受到冲击和挑战，并直接影响了当代大学生的人生价值取向。当代大学生大多数赞成或接受共产主义理想，但也有的人内心认为实现共产主义理想是渺茫的。他们大多数虽然赞成"人生价值在于奉献"，但往往又仅仅是停留在思想认识上，并没有将其完全付诸社会活动和现实实践之中。在实现人生追求中，一些大学生缺乏远大的理想抱负，重物质利益轻无私奉献，重金钱实惠轻理想追求，重等价交换而不愿付出爱心。虽然当代大学生大多数赞同社会主义核心价值观，但个人主义、利己主义、享受主义仍然在部分大学生中颇有市场，个人主义、利己主义的膨胀，进而导致了集体主义观念的逐渐淡化。一些大学生认为人的本质是自私的，他们选择个人主义为自己立身行事的准则，一事当前，先为自己打算，把个人利益放在国家利益、集体利益之上。一些人则把人与人之间的关系视为等价交换关系，时时从"利己"出发，对同学漠不关心，对集体活动毫不热情，不关心国家大事，缺乏社会责任感。

（三）思想比较单纯，鉴别能力不强

当代大学生生活在社会主义市场经济和对外开放的条件下，他们受各种思想文化的影响，表现出明显的时代特征和思想特点。但是不容忽视的是，在错综复杂的国际、国内大环境下，不少大学生的思想仍然比较单纯，他们的思想、观念、信仰等表现出既有社会主义，也有资本主义，还有宗教，甚至存有迷信的东西，容易扰乱自己的视听，导致鉴别能力下降，遇到问题时，不能冷静地、理性地去思考，进而去解决问题，有时候甚至会连最基本的是非善恶都不能辩证地去判断。在当代社会，不少大学生都不能理性地、正确地、辩证地去思考一些问题，特别是有关政治方面的问题，大学生的政治鉴别能力相当缺乏，政治敏锐性不强。与此同时，国内外一些否定马克思主义的观点往往披着"正统""合法"的外衣，一些违背人民根本利益的行为往往打着"民主""人权"的旗号，一些违反宪法和法律的言论往往貌似"客观""公正"，鱼龙混杂，不易识别，容易蒙骗涉世不深、政治鉴别能力不强的当代大学生。

三、理性秉持"时、度、效"，切实提升大学生思想政治教育工作科学化水平

做好大学生思想政治教育工作，事关党和国家的前途命运，是一项系统工程，涉及面广，内容蕴含丰富，一定要把握好"时、度、效"。随着网络信息技术的发展、全球化进程的进一步拓展，当代大学生的社会交往模式和思想行为方式均发生了深刻变化，采用传统的思想引导和教育方法已经无法适应时代对当代大学生思想政治教育工作的新要求。因此，在科学把握当代大学生整体思想状况的基础上，必须准确认识当代大学生思想状况中的问题症候，从现实和时代的角度出发，要求大学生思想政治教育工作必须准确理解和掌握好"时、度、效"三个关键要点，全面深入推进大学生思想政治教育工作的改革与创新，不断提升科学化水平。

（一）看"时机"，全面分析大学生思想政治教育工作发展趋势

及时有效的大学生思想政治教育工作要切实把握好时机，在掌握一定的科学研判方法进行正确预测发展趋势的基础上，及时掌握未来发展形势和快速研判反应机制，找准时机，准确定位，开展持续有效的追踪与调查研究，努力掌握大学生思想政治教育工作的主动权、话语权和主导权。当下，开展大学生思想政治教育工作有许多的着手点和立足点，在搞好课堂教学的基础上，还要结合时代和现实状况，努力拓展其他有效的教育途径，全面占领大学生思想政治教育工作的方方面面和全部阵地，时刻站在当前信息化、全球化社会背景下分析问题，掌握发展趋势，从当代大学生所面临的学习、生活、就业、爱情、社交等现实角度思考对策，尤其要密切关切大学生思想政治教育工作涉及的新领域、新问题，如网络思想政治教育、心理健康教育、生命伦理教育等。在全面分析掌握当代大学生思想政治教育工作的整体发展趋势基础上，首先要通过寻找时机、确认信息、多方查证、调查分析等方式对大学生思想政治教育工作的切入点进行论证，再充分掌握当代大学生思想状况的各项数据及整体发展状况，

准确认识当下社会思潮特别是主流意识形态在当代大学生中的体认和感知，时刻关注非主流意识形态对大学生的消极影响和潜在风险，做到防患于未然。

（二）纠"准度"，准确把握大学生思想政治教育工作全部节点

随着社会的深刻变革、全球经济的进一步融合，各种文化思潮交流、交融、交锋的情况日趋频繁，人们的思想、道德和价值观念时刻发生着变化，社会意识和社会价值取向日益多元化，大学生的世界观和价值观取向也越来越多样化，这是开展大学生思想政治教育工作中所必须要面对的现实。在具体工作过程中，要重点把握教育前、教育中、教育后、反思总结等关键节点，做到工作应对有力，切准时机，适时展开相应对策，度量把握恰到好处，不能用力过猛，也不能用力不当，更不能用力错误。要对当代大学生的思想政治基本状况进行准确定位，对于国内外形势的深刻变化在当代大学生思想正负两方面上的影响进行辩证而又深刻的理解和分析，准确掌握当代大学生的思想关注点、转折点和峰值点，深入分析和论述存在的问题，对当代大学生思想政治教育工作的发展趋势进行估计和预测，尤其要处理好把握总体形势、认清发展趋势、了解潜在风险、寻求真实原因和提供应对策略五个步骤，增强思想政治教育工作的引导艺术，深化思想政治教育工作的力度，强化思想政治教育工作的准度，找准工作中的重点，破解工作中的难点，在第一时间掌握工作的话语权和主导权，提升工作的专业化水平，切实增强思想政治教育工作的实效性和针对性。

（三）求"实效"，努力建立大学生思想政治教育工作长效机制

建立大学生思想政治教育的长效工作机制，既是一个工作保障机制，也是一个工作落实机制，既具有系统性、理论性，也具有具体性和实践性，要进一步明确高校各部门的职责分工，建立目标责任制，探索和制定大学生思想政治教育考核评价办法，把大学生思想政治教育工作情况作为业绩考评的重要指标，及时发现和推广先进典型和经验，健全大学生思想政治教育工作的奖惩机制，推动大学生思想政治教育工作不断提高水平。因此，在总结传统思想政治教育工作成功经验的基础上，了解全球化新时代的特点及当代大学生思想行为新变化，寻求创新大学生思想政治教育工作的特点及规律，探索和研究新时期大学生思想政治教育的新方法、新手段和新途径，构建一套包括保障机制、评估机制、预警机制、调控机制等环节的长效机制，将思想政治教育内容渗透到育人全过程，全面收集、整理和分析当代大学生整体思想状况，正视其中存在的问题，不断调整、修正、补充与完善当代大学生思想政治教育工作方案，突出工作重点，出台得力工作措施，为宣传及思想政治教育部门及早提供信息和对策，

以期取得扎实的工作实效。

大学生思想政治教育是一个永恒的课题，也是一个复杂、深入、持久的过程，面临着严峻的挑战与冲击，必须将传统方法与新时代的新手段结合起来，按照不同的时代要求，赋予大学生思想政治教育不同的内容，紧扣时代脉搏，在工作过程中切实把握好"时、度、效"的要求，从而不断适应时代发展的需要，切实增强当代大学生思想政治教育工作的实效性，开创新时期当代大学生思想政治教育工作的新局面。

参考文献:

[1] 习近平全国宣传思想工作会议上的讲话 [N]. 人民日报，2013 - 08 - 19.

[2] 中共中央马克思恩格斯列宁斯大林著作编译局. 马克思恩格斯选集: 第1卷 [M]. 北京: 人民出版社，1972: 1.

[3] 唐倩，陈燕锋. 论当代大学生的信仰教育 [J]. 重庆邮电学院学报 (社会科学版)，2005 (3): 26 - 28.

[4] 文静. 大学生亚文化背离传统社会 [N]. 青年参考，2006 - 01 - 06 (9).

红色文化自觉：培育大学生民族
精神的有效路径①

　　所谓民族精神，就是指"在民族实践过程中形成，反映整个民族价值系统、思维方式等方面内在特质，并能够在实践中促进民族发展的精神力量"[1]。它随着民族的发展而发展、随着民族的进步而不断自我整合与更新，它是各民族繁衍生息的精神支柱。在民族精神的引领下，本民族成员在不懈奋斗过程中形成民族认同，推动民族发展和社会进步。

　　历经沧桑而不倒、饱受磨难而不衰，这是对中华民族近代以来苦难经历的真实写照。试问：是什么力量支撑着中华民族和中华儿女在苦难和沧桑中前行呢？这就是民族精神。党的十八大报告强调："大力弘扬民族精神和时代精神，深入开展爱国主义、集体主义、社会主义教育，丰富人民精神世界，增强人民精神力量。"[2]

　　"世界是我们的，也是你们的，但是归根结底是你们的。"这是毛泽东同志1957年在莫斯科接见中国留学生时说过的一句话，也是他对社会发展推动力量的生动概括。中国特色社会主义事业的中坚力量是青年大学生，加强对大学生群体的民族精神培育事关中华民族伟大复兴的成败。因此，加强大学生群体的民族精神教育培育刻不容缓。

一、大学生民族精神解析及培育现状分析

　　以爱国主义为核心，涵盖团结统一、爱好和平、勤劳勇敢、自强不息在内的民族精神是中国精神的组成部分，是"兴国之魂、强国之魂"，是把中华民族坚强团结在一起的精神力量。培育民族精神事关每一个中华儿女，涉及民族利益的方方面面，如经济、政治、文化、社会发展、生态环境等。

---

　　①　本文作者周艳红。

进入 21 世纪以来，党的历届领导人都非常重视培育和弘扬民族精神在精神文明建设和社会主义文化建设体系中的突出作用。早在党的十六大上，江泽民同志就明确提出要将"弘扬和培育民族精神作为文化建设极为重要的任务，纳入国民教育全过程，纳入精神文明建设全过程，使全体人民始终保持昂扬向上的精神状态"[3]。2011 年 10 月 9 日，纪念辛亥革命 100 周年纪念大会在北京召开。胡锦涛同志在会上指出，爱国主义是中华民族精神的核心，是动员和凝聚全民族为振兴中华而奋斗的强大精神力量。2013 年 3 月 17 日，初任中华人民共和国主席的习近平同志在发表讲话中指出，"实现中国梦必须弘扬中国精神。这就是以爱国主义为核心的民族精神，以改革创新为核心的时代精神"[4]。这就为中国特色社会主义建设明确了精神力量，确保我们在中国梦的实现征程中保持朝气蓬勃、昂扬向上的精神状态。习近平总书记非常重视精神力量在中国特色社会主义建设中的巨大作用，他号召全国各族人民"一定要弘扬伟大的民族精神和时代精神，不断增强团结一心的精神纽带、自强不息的精神动力，永远朝气蓬勃迈向未来"[5]。

大学生是中国梦实现过程中的主力军、继承者和接班人，在中华民族伟大复兴的伟大征程中具有举足轻重的作用。大学生群体的民族精神觉悟程度，直接影响着国家和民族在国际舞台上的独立生存和持续发展。正如习近平总书记所强调的："青年是引风气之先的社会力量。一个民族的文明素养很大程度上体现在青年一代的道德水准和精神风貌上。"[6]"青年兴则国家兴，青年强则国家强"，大学生群体作为广大青年中的佼佼者，其民族精神觉悟和状态直接影响着中华民族的复兴与未来。高校作为大学生培养的前沿阵地，除了要对大学生群体进行知识性、技能性的培养和教育以外，更为重要的则是对其进行思想道德教育。民族精神的培育和弘扬是思想道德教育体系中不可缺少的组成部分。

培育和弘扬民族精神，是大学生思想道德教育的应然目标。据材料显示，青年大学生民族精神风貌整体状态喜人：热爱祖国，维护统一；刻苦学习，为国为民；克勤克俭，艰苦奋斗；明礼诚信，依法行事；励精图治，努力创新[7]。辩证唯物主义理论告诉我们，要一分为二地看待和分析问题，我们在看到其优势一面的同时，不得不理性地考量大学生民族精神培育中存在的问题。

第一，教学过程中涉及的人、事、物自身存在的问题。高校担负着大学生民族精神教育的主要职责，课堂教学则是大学生民族精神培育和弘扬的主渠道。遗憾的是，高校的"两课"课堂没能够很好地发挥其应有的作用，教学内容陈旧老套、教学方式简单乏味、课程体系缺乏目标、教学队伍被动消极等使得大学生民族精神教育自身存在很多不足。[8]从教师到教材、教法，整个教学过程没能根据教学环境、教学对象等的变化而做出相应的调整，致使教学效果甚微。

第二，接受过程中实践感知偏少。民族精神属于意识形态层面，它在实践中产生，也只能在实践中发展和深化，更需要通过各种实践途径将其植入大学生的内心深处，进而内化为大学生群体的自觉行动。传统的大学教育模式以课堂教学、班级授课为主，大学生的主要时间和精力都集中于理论知识的接受和消化，围绕民族精神认同和感知的实践体验机会偏少，感性认识欠缺。因此对大学生进行民族精神培育的过程必须与学生的实际生活相结合，在实践中体悟与升华，经过内心的加工与锤炼形成自觉自愿的行为，付诸实际行动中。

如何以有效的教育来化解大学生民族精神培育和弘扬中存在的问题是摆在每一个高校工作者面前的迫切难题。

二、红色文化自觉内在地契合了大学生民族精神培育的需要

红色文化作为形成于中国革命战争年代、发展和完善于社会主义建设和改革时期的先进文化形态，生动地记录和见证了中国共产党领导全体劳苦大众取得民族独立和人民解放的光辉历程，是对大学生群体进行民族精神培育的特色资源，受到高校的普遍欢迎和认可，成为高校思想政治教育的资源库。红色文化以其民族性、时代性、革命性、阶级性为特征，对红色文化的高度自觉内在地契合了大学生民族精神培育的需要，成为推动大学生民族精神培育由被动接受变为主动消化、由内化于心发展为外化于行的原动力。

所谓红色文化自觉，即是指"人们在正确认识和把握红色文化地位、作用和发展规律的基础上，对红色文化原则、红色文化精神和红色文化历史责任的广泛认同和主要担当"[9]。该定义以通俗的语言表达对红色文化的客体和方式有了较为准确的把握，但对于红色文化的主体把握欠准确，忽视了先进政党在红色文化自觉中的引领作用，因为民族的觉醒取决于政党的引领，而政党的引领作用的发挥程度则源自文化自觉的程度。因此，准确界定红色文化自觉的主体是科学界定红色文化自觉内涵的关键因素。具体到我国，我们可以确定红色文化自觉的主体是中国共产党领导下的整个中华民族。基于此，笔者认为，所谓红色文化自觉，即是指中华民族和中国共产党对红色文化的觉悟和觉醒，包括对红色文化在历史进步中地位作用的深刻认识，对红色文化发展规律的正确把握，对发展和传承以及弘扬红色文化历史责任的主动担当。一部红色文化发展史，就是一部中国近代革命和抗争史，更是一幅中国建设和改革的唯美画卷。

培育大学生群体红色文化自觉的过程也就是引导他们了解中华民族和中国共产党奋发图强、走出"落后就要挨打"的被动局面、迎接"中华人民共和国成立了，中国人民从此站立起来了"的盛大局面、历经社会主义三大改造、建设中国特色社会主义的光辉历程。

红色文化自觉，既是一种文化意识和文化价值观，也是一种文化实践观点，更是对红色文化的深度觉醒、历史使命与时代担当。新文化运动的发生为五四运动的兴起和新民主主义革命的到来打开了文化上的缺口，也为中国共产党的诞生奠定了思想上的基础，更为中国共产党的革命彻底性输入了文化力量源泉。据此可以发现，文化上的觉醒是民族觉醒的前奏，文化觉醒的程度决定着政党力量的大小。以中国革命、建设和改革为时代大背景进行考察，我们可以断定，是否具有高度的红色文化自觉，不仅关系到红色文化自身的发展与繁荣，而且影响着中华民族和中国共产党的前途和命运。大学生群体，作为中华民族伟大复兴的生力军和中国梦的构想者和实现者，秉持高度的红色文化自觉，自觉培育民族精神是职责所在。

首先，红色文化自觉，就是对中国革命、建设和改革过程中党和人民同反动势力、保守势力相抗争的过程中形成的先进文化形态的纵向认知。

该纵向认知的加深，其实就是对于党和人民群众在中国革命的不同时期坚定信念、艰苦奋斗、自强不息的理解与认知，就是对中华民族在苦难中不屈不挠、顽强拼搏的历史回望，就是在认知和回望的过程中加深对祖国和民族的热爱与忠诚的感情升华过程；该纵向认知的加深，就是对中华人民共和国从"一穷二白"到社会主义制度基本确立，到人民生活基本实现小康再到 GDP 总量居全球第二的历史发展过程的梳理和认知，就是在梳理和认知的过程中产生了对民族的依恋与钦佩的民族认同过程；该纵向认知的加深，更是对"两个一百年"的遥望、对中华民族伟大复兴中国梦的期许，还是逐渐坚定对中华民族蒸蒸日上的美好祝愿的民族情感的升华。

"历史是最好的教科书"，对中国近代以来历史的回望和中国发展前景的展望，就是培育大学生群体民族情感的最好方式。正是基于这样的考量，习近平总书记强调说，要加强党史、国史的教育。这个要求不仅仅是针对领导干部，更是针对包括大学生群体在内的全体中华儿女的共同勉励。

其次，红色文化自觉，就是对近代以来西方列强对中国进行入侵和伤害的清醒认知，文化入侵是其伤害其他民族的一种惯用方式。

红色文化以真实的史实和历史的见证记录了这一段悲痛的历史。2015 年 10 月

10 日，来自联合国教科文组织官方网站的一份"世界记忆名录"中赫然显示着中国申报的《南京大屠杀档案》，日本法西斯罪行昭昭。这种侵略，伤害的不仅仅是我们国人的生命，更多的则是民族的尊严和文化的自信。日本法西斯对中华民族的肆虐只是西方侵略者最为突出的一派，包括英、美、法等国在内的西方列强早在 16 世纪末期就开始了对中华民族的侵略和欺凌。当时西方天主教会受宗教改革的打击，其地位发生动摇，企图以向海外传教的方式扩大势力，于是纷纷向中国派驻传教士。他们以天文学和数学为突破口打开了中国文化的大门，一方面开始了中西文化交流的历史，另一方面也开始了西方文化渗透的历程。

当今世界正处在大发展、大变革、大调整的历史关头，国际竞争日益激烈，文化在国际竞争中的地位和作用日益凸显，其对经济、政治、社会发展的影响也日渐深刻。文化实力的高低直接影响着国家的综合实力以及在国际上的地位和话语权。近代以来发展放缓的中国，国际话语权式微，英国前首相撒切尔夫人曾说，中国出口的只是电视机，而不是观念。这是对中国文化实力较弱的真实描述，却也深深地触动着每一个以国家和民族复兴为己任的中华儿女的敏感神经。暗自神伤自是难免，但奋发图强才有出路，将我国从文化大国发展为文化强国，力争使我国在国际上既能输出商品，还能输出观念，成为我们共同的心声。这种外围形势促使大学生培育和塑造民族精神成为一种自觉的行为。

最后，红色文化自觉，更是对中华民族自近代以来文化建设规律的把握，为中国特色社会主义文化建设提供经验和借鉴。

红色文化作为一种先进文化形态，有其自身发展的特性和规律。常言道，人贵有自知之明。费孝通老先生强调的"文化自觉"凸显的也正是对所属文化的"自知之明"。深度把握红色文化发展与建设的规律是实现红色文化自觉的前提和关键。从红色文化自觉的实际情况来看，增强红色文化自觉、推进红色文化建设，关键需要厘清红色文化发展的阶段性、红色文化构成的多样性和红色文化建设的艰巨性三个层面的问题。

唯物史观告诉我们，经济基础决定上层建筑，上层建筑对经济基础具有能动的反作用。红色文化作为特定时代社会政治、经济的反映，是历史发展的产物，其产生于当时的现实经济、政治、社会做斗争的过程中，也在为解决当时的实际问题的过程中得到发展和完善。红船精神、井冈山精神、苏区精神、长征精神、延安精神、西柏坡精神以及后来的大庆油田精神、雷锋精神等红色文化的精髓，都是适应当时的时代背景和现实需要而产生的，他们既不能脱离所处的时代，也不能超越所处的时代。从中我们明白，身处中国特色社会主义建设中的大发展、大变革、大调整时期，文化方针的制定和文化政策的推行也必须立足于当下所处的时代环境，脚踏实地，实事求是，"既不降低标准又不提不切实际的目标，既不落后于时代又不超越阶段"[10]。我们青年大学生在自觉锤炼民族精神内化于心、外化于行时，也应该结合当下的大环境，既不做保守落后的国粹主义，也不做盲目跟风的全盘西化派，而应该充分尊重、深度热爱自己的民族和祖国，学习和借鉴西方所长，以实现中国文化的发展与腾飞。

三、以红色文化自觉培育大学生民族精神的路径

前文已论及大学生民族精神培育和弘扬中存在的两方面问题，一是教学过程中涉及的人、事、物自身存在的问题，二是接受过程中实践感知偏少。概而言之，就是教育过程中的教和学两个方面存在问题。这些问题包括教育者知识体系、工作态度、教学方法、对教学对象的特征把握等方面的不足，还包括学生在消化吸收理论知识的过程中忽视了对实践的感知，没有充分调动起自身学习的积极性和主动性。当然，实践感知偏少的问题不仅仅是学生的责任，更多的还是学校的教学管理和教师的教学设计出了问题。培育红色文化自觉对于这些问题的解决具有明显的促进作用。

第一，加强"两课"教学的主渠道作用，以丰富的理论知识和翔实的历史案例树立科学的世界观、人生观和价值观，培育大学生的红色文化自觉，弘扬民族精神。

对大学生进行民族精神的培育和弘扬是一项系统工程，须通过多种方式进行。"两课"教学以其辐射面最广、教育资源丰富、教师队伍庞大等显著优势而独占鳌头，成为民族精神培育的"主渠道"和"主阵地"，发挥着不可替代的作用。在"两课"课堂上培育大学生红色文化自觉的过程，就是以历史和文化调动教师和学生学习的主动性和积极性的过程，也是通过客观史实进行形象和生动展示以培育大学生民族精神的过程。当下的大学生群体均为"95后"青年一代，对他们进行民族精神教育不是简单的说教就能实现的，他们追求的"不仅是走眼、走耳和走嘴，更强调走心"[11]。如何才能实现"走心"呢？翔实的历史案例成为重要的教育资源。值得注意的是，选择案例时一定要综合考量学习内容的需要和学生知识结构的实际。

再好的教育莫过于内力的觉醒。通过丰富的理论知识的灌输和翔实的历史案例的介绍，教师和大学生在"教学相长"的良性互动中成长起来，其世界观、

人生观和价值观则在潜移默化中发生着"润物细无声"的悄然变化,他们的工作热情和学习热情逐渐被调动起来,工作和学习的积极性与主动性不断加强,教学效果随之提高。红色文化自觉的形成和民族精神的培育也在这一过程中得到实现。

第二,将课堂内的教学与课堂外的感知有机结合,注重实践环节,以开放式教学来增强民族精神培育的教学效果。

理论是实践的指导思想,实践则是理论的必然归宿。我们既反对脱离理论的实践——蛮干,也不接受脱离实践的理论——空想。将课堂内的理论教学与课堂外的实践感知有机结合是进行民族精神培育的必然选择。2004 年以来,随着红色文化研究的兴起,红色旅游也随之火爆起来,各级地方政府纷纷关注本地的红色资源并积极保护和开发。这样一种良好局面为民族精神的培育提供了很好的实践教育基地。"纸上得来终觉浅,绝知此事要躬行",将学生的目光和脚步从课堂内移到课堂外,亲眼看见红色文化遗址、聆听亲历者讲述红色故事、亲身经历和感受红色记忆中的沧桑往事,有助于增强大学生群体对民族精神的深刻体验,从而更加坚定中国特色社会主义道路、更加执着中华民族伟大复兴、更加笃定中华民族的集体认同。

第三,多种途径调动大学生群体的积极性,从身边人、身边事广泛挖掘民族精神培育的素材,丰富教学内容和教学形式,增强民族精神教育的实效性。

"95 后"的大学生群体,"爱憎分明,对传统和权威表示怀疑甚至否定,强调自我,极具个性"[12],对他们的思想道德教育不能仅仅局限于历史人物和社会精英,而应从身边人、身边事中挖掘素材,以小人物的小事件凸显民族精神的大道理和大境界。改革开放以来,随着我国市场经济的持续发展和社会转型的不断深入,道德失范、行为失范的行为频发,大学生群体对传统民族精神教育中灌输的各种理念和观点表示质疑,外加西方普世价值等社会思潮的蜂拥而至,导致大学生群体价值判断紊乱,以爱国主义为核心的民族精神意识被削减[13]。传统的权威形象倒塌了,新的学习榜样没有确立起来,于是我们只能把目光投向身边人的身边事,在细微处展开切实有效的民族精神教育。

教学内容的丰富须在配套的教学方式下才能取得预期的实效。因此,改进教学方法,综合运用声(音频)、光(视频)、电(多媒体)等多种方式,以形象的图片和精彩的讲解为媒介,触动大学生群体的情感共鸣和行为共建,将民族精神教育的效果发挥到最大化。

"民族精神是一个民族赖以生存和发展的精神支柱。培育大学生民族精神是我国社会主义核心价值体系建设的重大任务。"[14]以红色文化自觉培育大学生民族精神作为一个既富民族特色又有时代特点的切入口，尚有较大的研究空间，有待进一步深入研究。

参考文献：

［1］李宗桂. 中华民族精神概论［M］. 广州：广东人民出版社，2007：5.

［2］中共中央文献研究室. 十八大以来重要文献选编（上）［M］. 北京：中央文献出版社，2014：25.

［3］中共中央文献研究室. 十六大以来重要文献选编（上）［M］. 北京：中央文献出版社，2011：30.

［4］中共中央文献研究室. 十八大以来重要文献选编（上）［M］. 北京：中央文献出版社，2014：235.

［5］中共中央文献研究室. 十八大以来重要文献选编（上）［M］. 北京：中央文献出版社，2014：235.

［6］中共中央文献研究室. 十八大以来重要文献选编（上）［M］. 北京：中央文献出版社，2014：280.

［7］贺亚坤，李钢. 当代大学生民族精神培育的现状及对策研究［J］. 开封教育学院学报，2015（5）：208.

［8］王欣. 当代大学生民族精神教育略议［J］. 学校党建与思想教育，2014（4）：66.

［9］李祖平，安小文. 红色文化自觉与社会主义核心价值观全覆盖——基于文化软实力视域［J］. 成都理工大学学报（社会科学版），2015（1）：2.

［10］云杉. 文化自觉　文化自信　文化自强——对繁荣发展中国特色社会主义文化的思考（上）［J］. 红旗文稿，2010（15）：7.

［11］周艳红，刘军慧. 当代大学生红色文化认同研究［J］. 赣南师范学院学报，2015（4）：46.

［12］周艳红，刘军慧. 当代大学生红色文化认同研究［J］. 赣南师范学院学报，2015（4）：46.

［13］谢松明. 论当代大学生民族精神的缺失与建构［J］. 思想教育研究，2008（12）：53－54.

［14］谢松明. 论当代大学生民族精神的缺失与建构［J］. 思想教育研究，2008（12）：53.

第二篇

02

|课堂教学篇|

地方高校特色文化课程建设的探索与实践①

　　文化是民族的血脉，是人民的精神家园，是培养教育年轻一代的重要内容。《教育部关于全面提高高等教育质量的若干意见》（教高〔2012〕4号）中第十八条明确提出"发挥文化育人作用，把社会主义核心价值体系融入国民教育全过程，建设体现社会主义特点、时代特征和学校特色的大学文化"。长期以来，学院立足赣南革命老区、客家摇篮这一地域优势，坚持"价值引领为先、人文素养为重、全面发展为本"的文化育人理念，按照"知识传授，文化熏陶，价值引领"的文化育人思路，努力推进地方优秀文化进校园，积极开展以苏区与客家文化为载体的特色文化课程改革，创新了大学生思想道德和文化素养课程教学，探索出一条依托地方优秀文化开展特色文化课程建设之路。

一、构建"二类型、三模块"立体式特色文化课程体系

　　按照"知识传授，文化熏陶，价值引领"的文化育人思路，梳理、挖掘、提炼体现时代要求的苏区和客家文化精华，根据各专业属性、培养层次、培养要求构建了逻辑清晰的特色文化课程体系，形成了"知识传授型、技能训练型、素质拓展型"文化课程模块，同时为配合上述显性课程的教学，以优化文化育人环境、强化文化熏陶实践过程、塑造和完善学生的人格为着力点，开发了大量隐性文化课程，形成了显性课程与隐性课程相配合的立体式特色文化课程体系（见图1）。

　　（一）依据课程性质，分为两大类

　　第一类是显性课程，列入人才培养方案，主要是面向全校各专业开设的通识教育课"中央苏区历史大讲坛"以及有关专业的专业课程，如"客家音乐"

---

①　本文作者刘福来。

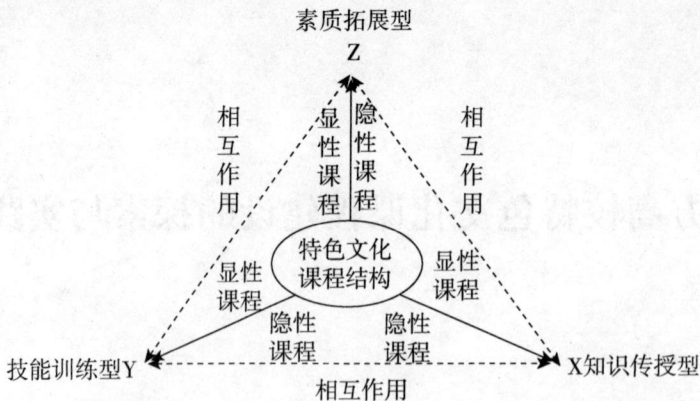

图1 特色文化课程结构

"中央苏区文艺研究"等系列课程。

第二类是隐性课程，该类课程在人才培养方案之外，隐藏于显性课程之中，主要是以"中央苏区历史博物馆""客家文物博物馆""客家文化资料室"为依托的各类现场观摩、讲解训练、研究讨论等系列课程活动，以及"红色班级"建设、"红土情"校园文化节、客家体育运动会、"红色之旅"和"史迹考察"等活动。上述显性课程与隐性课程相辅相成，两者以合力的形式对受教育者施加影响。

（二）依据课程功能，分为三大模块

第一模块是知识传授型课程。该类课程以传授地方优秀文化知识为目标，根据不同学科、专业特点，开发了"苏区体育""中央苏区教育简论""中央苏区文艺研究""客家山歌文化研究""客家音乐""中央苏区史""客家民俗研究""客家舞蹈研究""苏区精神与文化"等特色文化课程，教学重点放在基本知识的传授上。

第二模块是技能训练型课程。该类课程以文化技能训练为目标，主要包括结合不同学科、专业而开设的"红色记忆——中央苏区故事集""客家音乐民俗与田野采风""赣南采茶戏""兴国山歌""客家民俗旅游资源开发与利用""客家味道——客家饮食文化研究"等课程。课程内容侧重实践能力培养，在教师指导下，学生参与各种技能训练活动，培养学生文化传承与创新意识、文化传承与保护的基本技能。

第三模块是素质拓展型课程。该类课程属于通识教育类课程，主要有"中央苏区历史大讲坛""客家文化丛谈"等，面向全校本科学生开设。课程内容以历史发展为线索，贯彻史论结合、历史和逻辑相一致的原则，对苏区与客家文化进行了系统简述。主要目的是扩展学生的地方文化视野，拓展其继承文化传统的素质。

二、创新"三要素、三维度、三互动"的联动式教学体系

通过十多年来的课程实施方法改革，不断探索与积累，建立了三个基本要素（知识、能力、素质）共同作用，三个空间维度（课堂、社团、社会）相互连接，三种互动方式（课内课外互动、老师学生互动、学校社会互动）交互运用的联动式特色文化课程教学体系（见图2）。围绕"知识、能力、素质"培养要求，借助"课堂、社团、社会"三个空间维度对接，通过"课内课外互动、老师学生互动、学校社会互动"，开展特色文化课程教学，将社会主义核心价值观与苏区文化、客家文化精华结合在一起，培养学生的爱国主义和民族主义精神。

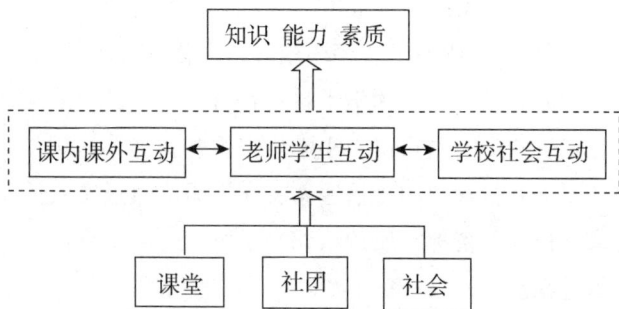

图2　"三要素、三维度、三互动"联动式教学体系模型

（一）贯彻"传授知识，培养能力，提高素质"的原则

利用三个空间维度对接，通过以苏区和客家文化教育的"三互动"，有力地促进广大学生学习和掌握苏区历史与文化、客家民俗等方面的知识，使学生受到苏区精神和客家文化的熏陶和潜移默化，提高学生文化传承与保护的基本技能与创新能力，形成"吃苦耐劳、艰苦奋斗、勇于开拓、追求卓越"的职业品格，成为"下得去、稳得住、用得上、受欢迎"的具有浓厚本土情感和社会责任的时代新人。

（二）大力培育和发展学生社团、校内外课程实践基地

学生社团和校内外实践基地是学生学习知识、锻炼能力和提升素质的重要载体。学院成立了"大学生红色文化研究协会""客家文化协会"等学生社团，

建立了"瑞金密溪村客家文化田野考察点""客家研究中心湖江研究基地""安远县镇岗围民间美术教学实践点"等实践教学基地。同时，在共和国摇篮瑞金、苏区模范县兴国等县市设立了一批爱国主义教育基地，还在赣州市周边中小学建立了10余个红色文化教育基地。

（三）深入开展课程教学互动活动

在社团活动方面，通过教师、专家等引导，坚持在学生中开展"红色班级"建设活动，先后建立了"瑞金班""于都班""兴国班"等一批红色班级。借助中央苏区历史博物馆、客家文物博物馆、谷雨诗社等学生群团组织，每年开展"大学生红色故事会""红色题材优秀影片展播""红歌大赛""苏区历史知识竞赛""红色文化主题艺术作品展"等系列红色校园文化活动。同时还坚持举办"客家文化展""客家书画摄影作品展""客家音乐舞蹈会演"等，开展丰富多彩的文化教育活动，充分发挥学生学习的主动性、创造性。

在社会实践方面，利用苏区和客家文化的直观性、亲近性特点，引导学生开展客家民俗、民居、客家族群日常生活等田野考察活动，学院成立了"红色宣讲团"，联合井冈山大学组建了"赣中南红色文化宣讲团"，让学生深入同学中宣讲红色文化和苏区精神，发挥学生自我宣讲、自我教育的互动作用。组织大学生红色文化宣讲队员向赣州市中小学生宣讲和传播苏区精神。同时，积极组织大学生服务团下乡村宣传和传播客家文化知识。通过实践活动，深化了学生对苏区、客家文化及其精神特质的认识与了解，完成从理论到实践，再由实践到理论的认识过程。

总之，该教学体系通过"课堂、社团、社会"与"课内课外互动、老师学生互动、学校社会互动"相互融合和相互作用，达到学生"知识、能力、素质"协调发展的目标。

三、创造条件推进特色文化课程建设

学院采取各种措施，推进特色文化课程建设，保证有效实施特色文化课程。

（一）成立课程建设的研发机构

赣南是中央苏区所在地，苏区精神的发祥地，也是客家民系和客家文化形成的摇篮。悠久的历史和得天独厚的苏区和客家文化，成为学院凸显办学特色、提高育人质量、弘扬苏区精神、传承客家文化的重要资源。学院建成"中央苏区研究中心"与"客家研究中心"，发挥研究基地的研究优势，将其成果转化为教育教学资源。

（二）挖掘课程建设的实物资源

学院注重教育教学的直观性，充分挖掘地方文化资源，先后建设了"中央苏区历史博物馆"和"客家文物博物馆"，通过实物、文献、图片等资料展示，系统勾勒苏区与客家历史文化沿革与概貌。学生通过参观活动或在老师的指导下互相之间开展讲解活动，提高了学生实践技能，对学生品格熏陶、性情陶冶、文化传承意识的培养具有重要作用。

（三）建立专门的课程教学团队

学院通过内培外引，打造由专家、教师、老红军等组成的优秀教育教学团队，形成了一支由享受国务院及省政府特殊津贴、省级教学名师、学术骨干组成的高素养校内专业教育教学团队。通过柔性引进等方式，聘请了著名党史、文化史专家为学院特聘教授，定期来校开设专题讲座与交流。近几年来，学院先后邀请了中央党史研究室、解放军原总参谋部的一大批专家学者走进校园，与大学生共话成长，播撒红色文化种子，促进大学生提升思想境界、丰富精神家园。定期邀请健在的老红军或老红军后代现场教学，以增加教学的生动性与直观性。

（四）制定加强课程建设的规章制度

为了加强对特色文化课程建设的统筹规划，推进特色文化课程建设，使特色文化课程管理走上规范化、科学化的轨道，学院出台了有关加强特色文化课程建设的规章制度，先后出台了《精品课程建设管理办法》《关于把苏区精神融入大学生思想政治教育的实施意见》《推进"苏区精神进校园"工作方案》等，充分发挥二级学院及教师在特色文化课程建设中的作用，完善课程教学质量监控体系，充分发挥特色文化在育人中的作用，全面提高课程建设质量和水平。

（五）形成以科研促教学的课程建设机制

为了加强特色文化课程建设，学院非常重视科研促教学，通过科学研究为教学源源不断地提供丰富的教学资源，教师把科研中获得的新知识及科研新成果及时融入文化育人中，实现地方优秀文化研究、育人、传承创新一体化。学院建立有利于科研成果引入课程建设的导向政策，建立了教学科研双重考核制度，科研成果引入教学过程中的自我激励机制；对科研成果引入教学所产生的效益进行科学评估机制；创造科研成果促进特色文化课程建设的良好氛围。近几年来，主编出版《中央苏区研究丛书》（十卷本）、《高校校园文化研究》《校园文化学简论》等专著，获江西省第十四次社科优秀成果一等奖2项。在《中国高等教育》《中国教育报》等报纸杂志上公开发表50多篇教研论文。承担了全国教育科学规划、国家科技支撑计划、国家社科基金等项目。在教研与科研的带动下，文化育人资源不断得到更新和补充，出版了全国第一部《中央苏区历史大讲坛》教材，《校园文化学》被列为普通高等教育"十一五"国家级规划教材。特色文化课程教学内容紧跟学科前沿，将最新的知识和信息传递给学生，有力地推动了教学。教学改革成果"传承地域优秀文化创建特色文化课程"获江西省第十三批高校优秀教学成果一等奖。

通过特色文化课程的改革与实践，在多类型显性课程和多形式隐性课程的相互作用下，产生了"传承文化、传播思想、传递价值、传继人才"的综合效应，培养了大批作风淳朴、基础扎实、适应能力强、综合素质高，并具有深深的地域文化烙印的高素质基础教育师资和其他优秀人才。对毕业生的抽样调查统计表明，伴随着五十多年办学历程，杰出人才不断涌现，如全国"五一劳动奖章"获得者，以及"全国首届中小学百名明星校长""全国优秀教师""省级优秀校长""全国优秀民营科技企业家"等。一届届的赣南师范学院毕业生扎根在基层，为革命老区乃至全国的教育及社会发展做出了贡献。

［本文系 2012 年国家科技支撑计划项目："中央苏区（瑞金）红色文化资源的保护与利用技术集成与示范"阶段研究成果］

高校思想政治理论课教学改革探析①

继中共中央、国务院下发的《关于进一步加强和改进大学生思想政治教育的意见》之后，中宣部、教育部又下发了《关于进一步加强和改进高等学校思想政治理论课的意见》，对新形势下高校思想政治理论课做出了周密部署和具体安排，标志着高校思想政治理论课在新的基础上将要进行全面的建设。高校思想政治理论课要充分发挥大学生思想政治教育的主渠道作用，应从思想观念、教学内容、教师素质、教学方法、考试方式等方面加大教学改革力度，凸显其针对性和实效性。

一、前提：转变思想观念

思想政治理论课是大学生的必修课，承担着对大学生进行思想政治和道德教育的重要任务，与高校思想政治工作和道德教育的总体目标相适应。思想政治理论课教学改革成功与否与学校领导、教师是否带头解放思想、更新思想观念至关重要。

（一）确立思想政治理论课的地位和作用

高校思想政治理论课的地位远没有专业课那样受到重视，某些高校领导未能正确认识到思想政治理论课在大学生思想政治教育中的地位和作用，未能把上级的要求变为高校的自觉行动，未落实到大学生思想政治教育教学工作的方方面面。为搞好思想政治理论课教学改革，高校应成立思想政治理论课建设领导小组或教学指导委员会等组织。只有高校领导真正重视思想政治理论课教学，思想政治理论课的地位和作用才能真正确立。

---

① 本文作者李祖平。

（二）投入思想政治理论课以必要的经费

在以往教学中，经费投入不足是制约高校思想政治理论课教学改革的重要因素。有些高校经费不足而导致办公场所紧张，甚至几个教研室合在一起办公；图书资料陈旧，教学设备落后；对中青年骨干教师培养措施不得力；缺乏知名的思想政治理论课教授，等等。在新形势下，思想政治理论课教学更离不开优良的师资，离不开必要的物力投入。思想政治理论课教学改革应多渠道筹集资金，以充分的经费做保证。

（三）提高思想政治理论课教师教学的积极性

大学生学习思想政治理论课的兴趣不高，在教学中看计算机书籍、外语书籍和其他专业书籍的不在少数，课堂气氛沉闷。究其原因，首先是教师教学积极性不高，其次是教师教学效果不佳，再次是学生功利性学习目的极强。思想政治理论课教学改革亟须高校对思想政治理论课教师给予合理的考核和评价，切实提高他们从事思想政治理论课教学的积极性，使他们全身心投入到教学改革浪潮中去。

二、核心：改革教学内容

教学内容是教师根据教学大纲和学生实际，围绕教材进行的课堂讲授内容。作为教学内容主要载体的思想政治理论课教材，是实施高校思想政治理论课课程设置新方案的基础和核心，是贯彻高校思想政治理论课教学指导思想、培养目标、课程基本要求的具体体现。

（一）加强教材建设，体现"三个紧密结合"

加强高校思想政治理论课教材建设，应认真汲取目前"两课"教材建设的经验，以马列主义、毛泽东思想、邓小平理论、"三个代表"重要思想、科学发展观、习近平新时代中国特色社会主义思想为指导思想，坚持把坚定正确的政治方向放在第一位，凸显思想政治理论课教材内容的意识形态性。同时，要深刻总结目前"两课"教材建设中存在的不足，深入实践调查研究，体现"三个紧密结合"，即思想政治理论课教材内容要紧密结合当今世界和中国发展变化的实际，紧密结合改革开放和社会主义现代化建设的实际，紧密结合大学生的思想实际，努力提高其针对性和实效性。

（二）紧扣教材，突出"少而精"

思想政治理论课教学内容的改革，必须突出"少而精"的内在要求，切忌篇幅冗长，表达烦琐，重点、难点不突出的问题。教师应以教学大纲为标准，提炼教材内容，贯彻"少而精"的方针，有针对性地讲清、讲透重点和难点，使学生深刻理解马克思主义的基本原理、立场和观点，学会并掌握分析问题、解决问题的方法，避免学生"上课记笔记，下课抄笔记，考前背笔记，考后扔笔记，事后全忘记"不良现象的发生。

（三）理论联系实践，做到"要管用"

"学马列，要精，要管用。"思想政治理论课教学改革要理论联系实际，教师在教学中不能简单地重复马克思主义理论的现成研究成果，而应注重对基本理论和原理的方法论分析，特别是对现实和未来的重大问题以及学生关注的热点、难点问题进行深入的研究并贯穿到教学内容中去，使学生提高认识，做到学以致用。

三、关键：提高教师素质

思想政治理论课教师在加强和改进大学生思想政治教育中，是通过学科和课程内容、特点，对大学生进行思想理论教育、思想品德教育和人文素质教育的。思想政治理论课教师自身素质是影响和教育大学生形成道德人格、陶冶情操的不可或缺的方面。

（一）提高教师的政治思想理论素养和业务能力

思想政治理论课教师应坚定对马克思主义的信仰，自觉树立起正确的世界观、人生观和价值观，积极主动地学习马克思主义理论和党的路线、方针、政策，不断提高自身的理论水平，从而在教学中用马列主义、毛泽东思想、邓小平理论、"三个代表"重要思想、科学发展观、习近平新时代中国特色社会主义思想引导学生学习思想政治理论课。高校还应认真制订和实施教师培养和培训规划，从业务培训和学历提高两方面入手，加强教师队伍建设，使思想政治理论课教师在教学内容、教学方法、教学手段等方面有明显的提高，增强教学水平。

（二）加强师德建设

思想政治理论课教师作为全面推进素质教育的主力军，作为教学改革的实施者，应具备良好的职业道德。针对当前极少数教师在社会主义市场经济中师德水准有所下降、理想情操失落、金钱物欲上升的情况，加强师德建设势在必行。教师应形成"志存高远、爱国敬业、为人师表、教书育人、严谨笃学、与时俱进"的高尚师德，树立起正确的教育观和教学观，建立起民主平等的师生关系，使学生愿意接近老师，有亲切感、信任感，在高尚的师德影响下变被动教育为主动地接受教育。

（三）提高教师的科研水平

教学和科研是相辅相成的。有的思想政治理论课教师在教学和科研的关系问题上存在重教学轻科研的现象，认为教师的任务就是教书，搞科研是额外负担，可想而知其教学效果不是很好。思想政治理论课教学内容的理论性和实践性极强，这就要求教师必须加强科研。教师只有对思想政治理论课的基本理论有自己深层次的研究，才能在教学过程中讲明白、讲透彻，才能有思想、有见地，而非人云亦云，却不知所云。特别是有关理论和实践中的重大问题，更要求教师能教给学生认识问题、分析问题、解决问题的方法和途径，更能够培养学生学习思想政治理论课的积极性。

四、难点：改进教学方法

思想政治理论课教学改革要求教师努力研究教学方法，改变单纯知识传授的照本宣科式的教学方法，尽量采取灵活多样、生动活泼、注重实效的教学方法，如开放式教学、辩论式教学、现场模拟式教学、多媒体教学等，充分调动学生学习的自觉性、主动性和积极性，提高教学质量。

（一）开放式教学

目前"两课"传统的教学方法是教师在课堂"满堂灌"，未考虑到学生的听课感受，结果教学效果不理想。教师要根据思想政治理论课的教学特点，由"满堂灌"的课堂教学模式转向以教师为主导，以学生为主体的双向交流的开放式教学，既突出思想政治理论课的政治性和思想性，又突出思想政治理论课的理论性和知识性，激发学生学习的潜能和兴趣，从而使学生深记教学内容并自觉加以运用。

（二）辩论式教学

对于思想政治理论课中有些针对性较强的教学内容和社会现实中的一些热点问题，教师应结合学生的专业实际，拟定辩论题目，让学生有准备地去搜集有关辩题内容的素材，并进行整理和构思，然后在课堂上进行辩论。这种教学形式可充分调动学生的积极性，活跃课堂气氛，既使学生加深了对教学内容的理解，又锻炼了学生的口头表达能力和思维能力，教学效果颇佳。

（三）现场模拟式教学

学习思想政治理论课的基本方法是理论联系实际，理论来源于实践并最终用于指导实践。教师可根据教学内容视教学实际给学生布置一次或几次社会实践教学活动，或模拟教学现场，使学生的认识不断深化。教师也可视实际情况组织学生到乡村、工厂、街道、学校、政府部门、革命圣地等参观、访问、学习，或以法庭旁听、社区咨询等形式充实教学内容，从而增强教学的实践性。

（四）多媒体教学

大部分思想政治理论课教师仅靠一本书、一支粉笔、一张嘴来工作，教学手段单一、呆板、落后。我们必须改变以教师讲授、课堂灌输为主，并且劳动强度大、效率低的传统教学模式，加大思想政治理论课教学投入，加快教育信息网络建设，实现教学手段现代化。教师制作思想政治理论课课件开展多媒体教学，直观、形象地再现客观事物，有助于在教学过程中调动学生的视听感知，激发学生的学习动机，并在教学过程中突出教学的重点、难点，促进学生对知识的理解，推动思想政治理论课教学质量和效率的提高。

高师思想政治教育专业复合型课程
体系的论证与设计①

从十一届三中全会以来，我国经济和社会发展形势发生了极大转变。为了适应这一新形势，我国高校对课程体系进行了多次重大改革，其主要目标和内容是建立适应"以经济建设为中心"的课程体系，实现课程体系的多元化、系统化、综合化和现代化，培养适应社会主义现代化建设需要的"基础厚、口径宽、能力强、素质高"的高级专门人才。1978 年 6 月，原国家教委制定了《高等师范院校政治教育专业学时制教学计划方案（草案）》，具体规定高等师范院校思想政治教育专业（以下简称高师政教专业）的课程设置。1991 年 4 月 9 日，原国家教委印发《关于高等师范院校本科政治与思想品德教育专业改革的意见》，对高师政教专业课程体系进行了一次全面、权威、动态的改革，给政教专业课程体系改革指明了方向，有力促进了高师政教专业的发展。此后，面对新情况、新问题，结合经济和社会发展实际，教育部多次出台了有关高师政教专业教育教学和课程体系改革的措施和方案。当前，高师政教专业结合自身实际，沿着正确的改革轨迹，迎合社会转型和社会需求多元化趋势，积极开展课程设置的研究和实验。然而，目前高师政教专业课程体系改革的任务还远未完成，课程体系和课程内容存在诸如陈旧、僵化、割裂、重复等现实问题，没有建立长效、协调、动态、全面的课程设置机制，难以适应当前我国经济和社会发展需要的情况较为突出。所以，全面剖析高师政教专业课程体系现状及其存在问题，对高师政教专业课程体系进行整体改革，构建高师政教专业复合型课程体系，已成为高师政教专业走出困境的核心环节。

---

① 本文作者程东旺。

一、当前高师政教专业课程体系现状及存在问题分析

（一）课程构成庞杂

在相当长的时期内，高师政教专业制订教学计划时，盲目追求课程体系的"大而全"，致使课程构成庞杂，难以保障课程体系的连贯性和系统性。高师政教专业课程体系涵括众多学科方向，涉及诸如马克思主义理论、思想政治教育、哲学、经济学、政治学、法学、伦理学、社会学、教育学、心理学等。课程种类和数量众多，实际开设课程普遍多达60门以上，相应的总学时数较高。一方面，这种繁而杂的课程体系较难整合优化，没有建立跨学科课程之间的横向联系，也就难以避免课程内容相互重复，甚至四五门课程内容相互涵盖，导致学生的学习效率降低，极大地抑制了学生求知的欲望，严重挫伤了他们的学习积极性；另一方面，这种"大而全"的课程体系总学时数庞大，加大了学生的学习量，加重了他们的学习负担，这样不仅会导致学生的厌学情绪，还致使他们没有充裕的时间投入人际交往和社会实践，难以培养自身的知识应用能力和社会实践能力，难以塑造健康人格和高尚品德，不利于学生的健康成长。

（二）课程内容陈旧

随着经济和社会的发展，科学知识更新和发展的速度越来越快，这一形势给高校各专业课程体系提出了极大挑战。如果高校不能适时调整课程体系，将导致课程内容滞后于科学知识的更新换代，致使课程内容与前沿科学知识的断代，造成学生处于所掌握知识多为"过时知识"的尴尬境地。上述情形在高师政教专业上表现较为突出。课程内容陈旧，关注点过多地集中于经济基础和上层建筑领域，通常与"革命""国家机器""意识形态"等字眼联系在一起，把马克思主义理论的教学内容简单归为"财产—阶级关系"[1]，肢解了马克思主义的完整体系，没有根据经济社会和科学发展情况做出适时的调整，难以应对社会主义市场经济体制改革和政治体制改革的新情况、新问题，没有及时吸收当代世界范围内人文科学发展的新成果，不能及时反映世界政治经济、国际形势和国际关系的变化和趋势。有的课程所使用的还是十几年前或二十年前的旧教材。虽然部分课程教材已经多次改版，并充实了一些新的科学知识，但是，教材的基本体系仍沿用旧版，甚至还是二十年以前的体系，而且内容大多属于定论性的东西，缺乏启发性。《辩证唯物主义》《历史唯物主义》《政治经济学》《中国哲学史》《西方哲学史》《世界政治经济与国际关系》《经济学说史》等课程教材还是七八十年代的翻版，对在当代中国和当代资本主义国家所涌现的新

观点、新理论介绍不多，对于影响各学科进程的当代人物和流派涉及不足，这种状况不仅违背学科的发展规律，而且难以让学生了解政教专业的理论前沿和发展方向，不利于学生的学习和掌握，无助于学生的思想素质提升。

（三）课程结构失衡

高师政教专业课程体系涵括众多学科领域的课程，呈现广度性的特征。但是，课程体系没有较好综合化、系统化，导致各学科课程配置比例不协调，致使课程内容重复或者割裂，造成课程结构失衡。首先，课程结构比例失调，政治类课程占有较大比例，通识类课程、综合性课程和跨学科课程在课程体系中所占比例较小，必修课过多，选修课和任选课较少，辅修专业课程和科技人文素质课程更为稀少，这种课程结构制约学生个性塑造和特长发展。其次，课程结构过于松散，没有建立有机的横向联系，忽视自身内容的纵向发展，造成学生知识结构的割裂和浅薄，难以适应现时经济和社会发展对人才素质规格的多维度需要；在课程设置上，课程内容与中、小学教育和社会需求严重脱节，尤其是对中学政治课新课程标准和中学教育教学改革没有做出充分应答，致使学生陷入"学非所用，用非所学"的困境，损耗了高师政教专业人才培养的效率和效益。

（四）实践教学薄弱

高师政教专业课程体系普遍存在实践教学薄弱的问题，缺乏社会实践课程，在一定程度上，这一问题是由政教专业的专业属性和课程特质造成的。在相当长的时期内，高师政教专业教育基本定位于"培养中学政治教师"，使课程体系大都为政治类理论课程，课程内容理论性、抽象性和哲理性都很强，客观上给政教专业开展实践教学造成了一定的困难，也使教师对开展实践教学产生畏难情绪，所以，政教专业主要以课堂教学方式开展课程教学，实践教学环节在政教专业课程体系中所占比例微乎其微，诸如社会实践、社会调查、教学观摩、模拟教学等教学内容在课程体系中所占系数较小，教育实习和教学实习加在一起只有六周。这种课程体系确实能够较好培养学生的理论素养，然而，以理论灌输为主的课堂教学，使学生很少在实践中体验和感受所学的理论知识，所实行的这种被动的教学方式使师生在课堂上缺乏讨论与交流，难于培养学生的创新精神、创新能力和知识应用能力。所以，高师政教专业的这种理论与实践严重脱节的课程体系，存在着重理论轻实践、重书本轻应用、重继承轻创新的问题，忽视了学生素质的全面提高，甚至导致学生综合能力的逐年下降，不利于学生迅速地适应教育岗位和相关的社会工作。

二、高师政教专业复合型课程体系实施的必然性

面对当今世界经济发展和科学技术日新月异，对于具有创新精神和创新能力的复合型人才的培养，已引起世界各国的普遍重视。美国等西方发达国家，把培养具有创新精神和创新能力的人才，视为"走向 21 世纪的道路"和"教育改革的基本决策"。国外教育界提出了通识教育、人文教育与科技教育"三位一体"的探索性复合型人才培养模式。"创新是一个民族进步的灵魂，是国家兴旺发达的不竭动力。"[2] 近年来，我国教育界充分认识到知识创新、技术创新，培养具有创新精神和创新能力的复合型人才的重要性和必要性。20 世纪末，我国教育界提出了全面发展教育、素质教育、创新教育等思想和理论。基于这一社会背景，高师政教专业适时调整政教人才培养模式，把人才素质规格定位于"具有多维性的知识体系和有机协调的跨学科知识，社会需求适应性较好，全面素质综合发展的复合型高级专门人才"，主动创设与之相适应的复合型课程体系，这已经成为高师政教专业进一步发展的必然之路。

（一）现代学科发展规律是高师政教专业实施复合型课程体系的内在原因

随着社会经济发展和社会分工深化，现代学科发展趋势呈现两种特征，既高度分化又高度综合。其表现为出现众多边缘学科、交叉学科和综合学科。学科的分化是生产力进步和社会分工细化的必然结果，也是人类对自然界、社会和思维的认识水平加深和利用程度提高的必然结果。分化是现代学科发展的一方面，综合也是现代学科发展的必然趋势，因为各学科之间的联系是永恒的，不同学科门类的知识之间仍然存在着直接或间接的内在联系，任何分支学科都只是整个科学知识体系的一部分。学科分化和学科综合不是对立的，分化是学科进一步深化，而综合也不是简单回复，现代学科的综合是建立在已有学科分化后各自充分发展的基础上的综合。根据现代学科发展规律，高师政教专业必须实施复合型课程体系，涵括众多相关跨学科课程，既充分考虑新课程的不断涌现，适时调整课程构成和充实课程内容，同时，根据课程内容、性质和联系，把一些学科课程进行整合，建立跨学科课程之间有机的横向联系，创设综合性课程，而对于一些综合性课程，必须依据专业要求和学科发展情况，进一步科学分化，实现自身内容的纵向发展。

（二）社会转型与社会需求多元化是高师政教专业实施复合型课程体系的外部根据

我国高校之所以必须转换传统人才培养模式，实施复合型人才培养模式，从根本上来说，是因为社会转型与社会需求多元化对人才素质规格做出的新界定，要求人才必须熟悉若干学科领域的科学知识，并具备创新能力、应变能力、公共关系和人际交往能力、知法守法能力、遵从道德能力和解决多种或交叉学科实际问题的能力。因此，只有基础踏实、专业口径宽厚、适应性强、素质全面的复合型人才才能更好地适应经济和社会发展的需求。著名科学家周光召院士曾提出："面对知识经济时代的到来，我们要发扬创新精神，增强创新能力，不仅在科技上要创新，在文化上、管理上也要创新，不能墨守成规，唯有不断地创新，我们的国家和民族，才能在 21 世纪走上一条迎头赶上先进的独特道路。"[3]可见，随着我国社会主义市场经济体制的不断完善和科学技术的迅速发展，高师政教专业的"对口教育"模式、"专才教育"模式已不适应社会转型时期的社会实际与多元化的社会需求，必须构建复合型政教人才培养模式，其关键是扬弃高师政教专业传统课程体系，实施与之相适应的复合型课程体系。

（三）学生就业、政教专业发展和服务地方经济建设是高师政教专业实施复合型课程体系的根本动力

高等教育的根本任务是培养人才，为地方经济建设和社会发展提供强大的智力支持。随着社会主义市场经济体制的逐步完善，社会需求多元化、产业结构调整升级和职业流动性日益增强，人们不可能终身从事某一个专业，固守于某一个职业或岗位。因此，只有具备复合型素质和较强的职业适应能力，不存在素质缺陷和能力"短板"，毕业生才能较好地为地方经济建设和社会发展服务，并在职业竞争中立于不败之地，高师政教专业也才可能实现可持续发展。因此，高师政教专业必须根据地方经济建设和社会发展实际转换人才培养模式，充分利用驻地所提供的物质和精神资源条件，结合区域经济和地方职业需求，适时调整课程体系，构建高师政教专业复合型课程体系，通过加强自身优势和特色学科建设，促进人才资源与地方经济社会协调发展，实现学生就业、政教专业发展与地方经济建设发展的有机结合，为高师政教专业赢得更加广阔的发展前景。

三、高师政教专业复合型课程体系的设计方案

坚持社会主义方向，遵循党和国家的各项路线和方针政策，为社会主义现代化建设服务，这是高师政教专业课程体系改革的指导原则。根据高师政教专业的属性和特点，参考相关研究成果，课题组认为复合型政教人才素质规格须包括"马克思主义理论素质，审视、辨别中国和世界社会发展的现状及趋势的

素质和能力，在思想政治教育岗位上独立工作的素质和能力"。基于复合型政教人才素质规格，综合考虑社会需求和学生个性能力发展需求，以我院政教专业课程体系为依托，本着"精减必修课，增加选修课"的原则，课题组设计了"平台—模块"式的复合型课程体系。依托"公共课、专业课、选修课、实践课"四个平台，构建"公共课模块、专业课模块、选修课模块、实践课模块"四大课程模块，围绕以上课程模块，开设公共基础课、专业基础课、公共选修课、专业选修课和社会实践课等。

（一）公共课模块

1. 科学人文素质课：中国传统道德概论、科学技术概论、文科高等数学、大学语文、中国传统文化与现代化、美学与美育、公共艺术概论、健康心理学、体育与健康、国防教育与军事训练、思想道德修养、形势与政策等课程。这些课程培养了学生的科学人文素养。

2. 职业基础能力课：教育学、心理学、大学外语、现代思维方法、口语与书法、演讲与口才、计算机知识与技能、毕业论文写作与文献检索、社科项目选题及研究、论文写作、公文写作、大学生就业与自荐能力等课程。这些课程培养了高师各专业学生都必须具备的职业基础能力。

（二）专业课模块

1. 培养学生马克思主义理论素质的课程模块：马克思主义哲学原理、马克思主义哲学史、政治经济学、中国化的马克思主义、政治学、马克思主义经典著作选读等课程。《马克思主义哲学原理》要包含现代自然科学和社会科学的最新进展及对马克思主义哲学所造成的影响等内容，"政治经济学"资本主义部分要做大的删减和改造，充分反映当代资本主义社会的发展状况，增加现代市场经济、中国市场经济体制改革和知识经济方面的内容，把"毛泽东思想概论""邓小平理论和'三个代表'重要思想概论"等课程进行系统化整合，开设"中国化的马克思主义"，增强理论体系的一贯性、继承性和发展性。

2. 培养学生审视、辨别中国及世界社会发展的现状和趋势能力的课程模块：中国近现代社会发展史、中国哲学史、西方哲学史、现代西方哲学思潮、西方现代哲学前沿问题、中国政治制度、中国政治思想史、西方政治思想史、经济学说史、中国改革与发展、可持续发展理论、世界政治经济与国际关系等课程。"中国近现代社会发展史"以近代以来中国社会发展的状况和趋势为研究对象，内容涉及中国政治、经济、文化、思想社会生活等诸多方面，可以使学生更全面地认识中国近代社会的发展，更深刻地把握中国社会发展的规律。"中国哲学史""西方哲学史""经济学说史"等课程压缩古代部分，教学重点放在现代部分。"中国改革与发展""可持续发展理论""世界政治经济与国际关系"等课程教学重点分析中国的改革与发展的特色模式和历史进程及在世界政治经济与国际关系中的影响、地位和作用。

3. 培养学生思想政治教育岗位上独立工作的素质和能力的课程模块：马克思主义伦理学、公共关系学、组织行为学、现代社会学、社交与礼仪、社会心理学、法学概论、思想政治教育学原理、思想政治教育史、思想政治教育方法论、思想政治工作学、中学思想政治教学论和逻辑学等课程。开设"公共关系学""组织行为学""现代社会学""社交与礼仪"和"社会心理学"等课程是着眼于培养学生的社会交往和人际关系处理能力，帮助学生实现社会化。开设"马克思主义伦理学"和"法学概论"则是为了培养学生的思想品德、职业道德和法制观念。在此基础上，通过设立"思想政治教育学原理"和"中学思想政治教学论"等五门课程培养学生从事思想政治教育工作的能力。

（三）选修课模块

1. 中学教师岗位方向：教师教育与教师专业发展专题、教育思想史与教育热点问题研讨、教育政策法规专题、青少年心理发展专题、教育心理学、学校心理健康教育、新课程改革专题、教师口语、课程教学设计、现代教育技术学。这些课程培养了学生的教育理念、职业道德与教学技能。

2. 中学德育管理方向：教育行政与管理专题、教育统计与测量、教育管理与评价、领导科学、行政学、管理学、行政管理学、思想政治教育管理学、学校管理学、教育学科研究方法。这些课程培养了学生的学校德育管理和组织协调能力。

3. 党政机关、企业、社区服务方向：民法学、经济法学、刑法学、行政法学、西方经济学、社会主义市场经济学、行政学、管理学、行政管理学、领导科学、思想政治工作方法论、思想政治教育学与思想政治工作实践、社会调查理论与实践、公务员考试实务等课程。这些课程培养学生的组织管理能力、服务精神和职业道德。

同时，开设一些特色的选修课程，尽量联系本地、本校的实际情况和学生的思想动态，适应地方经济建设和社会发展的实际需要。江西赣州是著名革命老区，是历史文化名城，也是重要的客家发祥地之一，因此，应适当开设"苏区革命史""赣州发展史""客家文化概论""赣南传统文化讲座"等区域性特色课或讲座，使学生全面深入了解当地的社会历史、民情和文化传统，以更快地融入地方经济建设和社会发展进程。

（四）实践课模块

毕业论文、素质拓展课程、试教与微格教学、社会调查与实践、学术活动、课题研究、思想政治工作实践、教育实习等实践课程。江西赣州是著名革命老区，是长征出发地，具有丰富的"红色文化"资源，也是经济欠发达地区，因此，适当开设体验式的思想教育课，开设"支农、支教、支社区"的"三支"社会实践课，依托"三下乡"活动，到乡村、社区开展专业实践，为赣南老区社会主义新农村建设提供智力支持。我校政教专业已进行实践课程改革尝试，借助老区丰富的"红色文化"资源开展实践教学，与驻地有关部门积极合作，开展了以"重走长征路，弘扬长征精神"和"发扬革命传统，弘扬苏区精神"等为主题的社会实践活动，取得良好教育效果。[4]

总之，这种"平台—模块"式的复合型课程体系，为实现复合型政教人才培养目标提供了有力保障。这种课程体系构建若干个适应专业特点的课程平台，将各平台课程知识分解成单个知识点，再将知识点按其内在的逻辑组合成相对独立的单元，然后考察社会需求和职业特点，根据学生的能力需求和培养方向将相关的单元组合成课程模块，并在课程平台上把课程模块有机地结合起来。在这种复合型课程体系中，通过增删单元和模块，便可实现教学内容的更新换代；通过调整模块的组合方式，便可实现专业方向的调整，这为培养复合型政教人才奠定了牢固的基础。

参考文献：

[1] 齐佩芳，李世泽. 面向现代化思想政治教育专业课程体系改革的新探索 [J]. 广西高教研究，2000（3）：31.

[2] 江泽民. 论"三个代表" [M]. 北京：中央文献出版社，2001：46.

[3] 李兵. 开展创造教育培养创新人才 [J]. 教育探索，1999（5）：12－13.

[4] 程东旺，黄伟良. "红色文化"的价值形态与德育功能探析 [J]. 河南广播电视大学报，2006（1）.

关于高师思想政治理论课程接轨的探讨①

一、充分认识高师思想政治理论课在中学德育工作与中学素质教育中的地位和作用

从高师培养的目标来看，主要是为各地中学培养教师，也就是高师培养的大学生就是未来的中学教师，就是未来思想政治教育者与德育工作者，所以从这方面来说，高师思想政治理论课在中学德育工作与中学素质教育中的地位很重要，同时也起到很大的作用。

（一）高师为中学输送专职的政治教师

专职的政治教师对中学德育工作与中学素质教育的作用不言而喻，这就要求高师要为中学输送合格的政治教师。合格的政治教师应具备较高的政治素质与业务素质，这主要体现在政治水平较高，有坚定的社会主义信念，对党的路线、方针、政策理解准确，在向中学生讲解政治、宣传政策时，能够理论联系实际，剖析准确、科学、完整。很难想象一位思想政治理论水平低的政治教师能完整地、准确地、科学地向学生宣传我们党的路线、方针与政策。为了保证让学生在课堂上能接受到科学的政治理论，让中学生逐渐理解中国现在处在并将长期处在社会主义初级阶段，逐步弄清楚现阶段只能实行现在这样的路线和政策，不能实行别样的路线和政策，坚持党的基本路线、基本纲领不动摇，需要我们的政治教师具备较高的思想政治理论水平与素养。所有这些都有赖于未来的中学政治教师在大学期间学好思想政治理论课。

（二）高师为中学培养政工队伍

拥有一支精干的政工队伍，这对于中学的稳定、各项工作的开展都将非常有利。而如果中学的政工队伍懒懒散散，政工机构不健全，政工人员素质低，

----

① 本文作者朱平、张敏。

这势必造成管理混乱，德育工作无法开展或开展得不好，更谈不上为社会主义现代化培养合格的建设人才。在中学开展思想政治教育工作，必须要有一支扎根学生、相对稳定、精干的思想政治教育工作队伍，担负起用共产主义思想塑造学生美好的心灵，提高学生认识世界、改造世界的能力，促进社会主义两个文明建设的责任。从事这项教育工作的人们需要具备马克思主义基本理论和相关学科的多方面知识，需要掌握新时期教育对象思想的新特点及其变化发展规律，选择相适应的教育内容和教育方法，以求逐步做到思想政治教育工作的科学化，使之具有很强的战斗力、说服力和吸引力。而要做到这一点，政工队伍人员本身不努力学好思想政治理论课是万万不行的。

（三）高师还要为中学培养大量的其他课程（除政治课外）的专业教师

高师思想政治理论课在培养大学生的各方面素质尤其是哲学素质方面起到重要作用，而这些未来中学教师哲学素质的高低，也在很大程度上影响着中学德育工作与中学的素质教育。只有具备较高的哲学素质的教师才能正确地处理好教书与育人的关系。中学教师不管自己承担什么课程的教学，都必须明白我们培养出来的人应该是为人民服务的、为社会主义服务的"四有"新人，这就要求教师本身要树立起正确的世界观、人生观、价值观，用马克思主义、毛泽东思想、邓小平理论以及习近平新时代中国特色社会主义思想武装自己的头脑，在市场经济条件下，在改革开放新形势下，提高明辨是非、顾全大局、防"左"反"右"的能力。此外，只有具备较高的哲学素质的教师才能处理好完成教学任务和注意教学方法的关系。我们的教师懂得了辩证法，在教学过程中才能充分发挥教师的主导作用与学生的主体作用，才能正确处理好本门课程的教学与其他课程教学的关系，才能处理好教学内容与教学形式多样化的关系，才能在自己所授课程里很好地理论联系实际，提高教学效果。

二、努力探索高师思想政治理论教学与中学思想政治教育的结合点和联结点，顺利接轨

根据中学思想政治教育、德育工作、素质教育的具体要求，努力探讨高师思想政治理论课教学与中学思想政治教育联系的具体条件和具体过程。

（一）加强和改进高师思想政治理论课的教学内容、方式方法、手段

为了使思想政治理论课教学在面向中学思想政治教育方面更具有针对性、主动性、实效性和创造性，高师教育要做到以下几个方面。

1. 教学内容要深化。学生接受的教学内容深刻、信息量大，就有可能胜任

中学思想政治教育工作。如果大学思想政治理论课的教师只能照本宣科、讲解浅显，那么学生在大学期间必定所得极少，毕业参加工作后就很难胜任中学思想政治教育工作。如中学政治课本里有"一国两制"这一章的内容，那么在大学"邓小平理论概论"这门课里，就必须给学生准确、完整地讲解"一国两制"的基本内容。第一要点：坚持"一个中国"，即中华人民共和国是"一国两制"的政治前提、核心和保证；第二要点：坚持一个国家两种制度，即在作为国家主体的大陆实行社会主义制度，作为中华人民共和国不可分割的组成部分港澳台地区保留原有的资本主义制度和生活方式长期不变；第三要点：港澳台地区作为特别行政区保持高度自治与稳定、繁荣。这三个要点缺一不可。如果没有完整地掌握"一国两制"的基本含义，那将来同学们做中学教师时就无法向中学生们讲清楚什么是"一国两制"构想，可能就会导致这么简单的说法："一国两制"就是一个国家、两种制度，即大陆实行社会主义，港澳台地区实行资本主义。事实上，这种说法过于简单，是不对的，因为这"一国两制"中的"两种制度"不是平行的，而是有主有次的，社会主义制度是主体，是我国的社会制度，而资本主义制度只在港澳台地区实行。

2. 教学方式、方法、手段要多样。一是在课堂讲授时，除了要讲授教学内容外，还要贯穿教学方法，让学生感觉到自己到中学做教师能很快适应，如果不懂得或不注意教学方法，纵使学识丰富也很难适应教坛的需要。二是课堂讲授方法要多种多样，如教师讲解、提问答疑、课堂讨论、辩论等方式，形式多样的教学将有助于学生将来的工作。如果教师教学方法呆板，就会极大影响教学效果，不利于学生的新思维与创新能力的培养。三是教学手段要先进。条件许可时，应采用现代化教学手段。如观看录像、VCD、使用多媒体教学等，这可增加直观性，大大提高教学效果。如果将来学生能够将现代化教学手段应用到中学思想政治教育工作，肯定会大受中学生欢迎，工作就容易做，效果就会好。四是实践教学。这是思想政治教育中不可缺少的环节。根据条件可组织学生到革命圣地、国有企业、农村等进行调查，并要求学生写出调查报告，这肯定会加深学生的理解。如讲《毛泽东思想概论》时，有条件时可组织学生到红都瑞金与革命摇篮井冈山参观、学习，激发革命热情，弘扬爱国主义主旋律。有了感性认识，再写出体会文章，将来做思想政治教育工作就有了素材，意义非同小可。而如果没有实践教学这一环节，学生们只能从书本到书本去理解，将来到中学做思想政治教育工作时，也只能翻看书本，就会显得不生动，甚至连自己也缺乏理解与热情。

（二）为中学教师尤其是政治教师、政工队伍人员的思想政治理论课的进修与政治理论水平再提高提供服务

现在的中学政治课教材每三年就要变动一次，尤其是经济学常识这一块变化较大，中学教师尤其是专职政治教师、政工队伍人员如果不及时地用新知识充实自己，那很难适应要求，因此，高师思想政治理论课的培训就显得非常重要。在调查中，有许多中学教师反映，他们在上大学时学的经济学知识较粗浅，而现在中学课本里的有关市场经济方面的知识较多，比如价值规律、商品、企业及其经营、多种所有制形式、产业划分、消费者与经营者在法律上的规范、企业在改革进程中倒闭破产、国有企业职工的下岗分流等问题，这些问题很重要，又是学生关注的问题，而教师如果不掌握足够的新知识就无法将这些问题讲解清楚，无从回答学生提出的有关这方面的问题。就江西省而言，现在有关这方面的业务培训只在省会南昌才有，这很难适应我省中学思想政治理论课教学与德育工作的要求，因此，我们认为各地方师范院校应承担起这方面的培训任务，也可谓责无旁贷。

（三）教书育人方面

1. 思想政治理论课教师要严格要求自己，要为人师表，可谓"学高为师、德高为范"，这正是对师范院校教师要求的真实写照。大学思想政治理论课教师对学生思想道德的影响是深远的，学生往往会以思想政治理论课教师的品德来做模本，进行参照，所以思想政治理论课教师要时时（无论是在上课还是在下课时间）、事事（不论是上班还是业余生活）都要注意自己的言行、仪表，不要说出、做出与思想政治理论课教师形象格格不入的话语和事情来。当然，要做到这一点，我们思想政治理论课教师就必须不断学习，提高自身各方面的修养，成为一名让学生既亲又敬、有修养、有学问、有品德的师长。

2. 养成教育的启示。到私立学校调查后，我们发现这一类学校的养成教育一般开展得比较好，对他们的思想政治教育与德育工作有极大的帮助。养成教育的形式多种多样，内容丰富多彩，如有生活教师、按时按位就餐就寝、升国旗、每周自我剖析、校长训话等，在平常生活、学习中一点一滴养成好的习惯，形成好的品德。鉴于此，我们觉得很有必要将养成教育这一内容写进大学思想政治理论课"大学生品德与修养"中，使之上升到理论，再来指导中学思想政治教育与德育工作，促使中学思想政治教育与德育工作朝着理论化、系统化、现代化、科学化方向迈进。

浅谈"毛泽东思想概论"教学应处理好的几个关系①

一、必须处理好教学内容点和面的关系

毛泽东思想是博大精深的科学理论体系，贯通了新民主主义革命、社会主义革命和社会主义建设三个历史时期，涵盖了政治、经济、军事、思想文化、外交、统一战线、党的建设等领域。党的十一届三中全会通过的《关于建国以来党的若干历史问题的决议》着重从六个方面对毛泽东思想理论体系的基本内容做了系统、完整的概括。我们认为对毛泽东思想的学习和对毛泽东思想概论的学习是不同的。我们所讲授的教学内容，只能是对博大精深的毛泽东思想的概要论述，或者说概括地论述毛泽东思想。因此必须处理好教学内容的点和面的关系，尤其是抓住点的问题非常重要。如果抓不住重点，要想在有限的学时内达到教学目的是不可能的。怎样抓住教学重点？根据多年的教学经验，我们认为必须从两个方面考虑：一个方面是围绕"毛泽东思想概论"的教学目的来安排教学重点；另一个方面是根据大学生的思想实际有针对性地安排教学重点，真正达到授业解惑的目的。当代大学生是伴随着改革开放的历程长大的，对于政治理论课，他们感兴趣或者更多关注的是现实问题，即改革进程中出现的一些难点和热点问题。针对这种情况，就必须把教学大纲的要求和学生的思想实际有机结合起来，以贯彻教学过程中的理论联系实际原则。

二、必须处理好"论"与"史"的关系

从根本上说，"毛泽东思想概论"属于理论学科，是"论"的体系，而不

---

① 本文作者唐春波、程东旺。

是"史"的体系，与其他几门马克思主义理论课有着内在的逻辑衔接。"马克思主义哲学原理""马克思主义政治经济学原理""邓小平理论和'三个代表'重要思想概论"都是以理论性的教学体系阐述马克思主义理论的科学体系、基本原理和主要内容，如果"毛泽东思想概论"仍以历史时间顺序推演、叙述毛泽东思想，那就失去了课程的"概论"性质，成为毛泽东思想发展史，又与"马克思主义哲学原理""马克思主义政治经济学原理""邓小平理论和'三个代表'重要思想概论"的讲述方式不统一、不配套，难以形成马克思主义理论教育的有机课程体系。因此说，在教学过程中必须按照理论逻辑推演为框架的教学体系进行讲授，要突出"论"，突出毛泽东思想的基本原理、基本原则和基本观点。突出"论"，并不是脱离实际，从概念到概念，从条条到条条的纯理论式的讲授。由于毛泽东思想形成和发展的过程，也就是中国革命和建设不断走向深入的过程，因此，在讲授毛泽东思想的理论进程时，必须把它同中国革命和建设的进程结合起来，做到以"论"带"史"、以"史"佐"论"，使学习理论同了解历史实践、总结历史经验密切地结合起来。只有正确处理"论"与"史"的关系，才能把这门课程讲活，也才能使学生进一步了解，毛泽东思想的每一基本原理都是马克思主义基本原理和中国革命具体实践相结合的产物，是中国化的马克思主义；才能有助于学生深入理解和掌握中国革命的基本问题，认识中国革命发展的客观规律，进而更好地掌握马克思主义的精神实质，掌握解决问题的基本立场、观点和方法。

三、必须处理好毛泽东的思想与党的其他领导人的思想的关系

毛泽东思想主要是毛泽东同志的思想，毛泽东的科学著作是它的集中概括；同时，毛泽东思想又是中国共产党集体智慧的结晶，党的第一代领导集体的主要成员刘少奇、周恩来、朱德、任弼时、陈云、邓小平等，都对毛泽东思想的形成和发展做出了各自的重要贡献。他们都在早年出过国，或者留学欧洲，到过法国、德国；或者在苏联学习工作过，有着同毛泽东不同的阅历和见识。他们中的不少人长期在工人阶级集中的上海、天津等大城市从事党的白区工作，有着特殊的革命经历。他们在新中国成立后，长期在领导社会主义革命和社会主义建设的第一线，积累了丰富的实践经验。他们都精通马列主义，有深邃的政治洞察力，在他们身上，集中了我们民族的聪慧和睿智。这就使他们在各个不同时期对中国革命和建设的理论与实践有许多精辟的论述和独到的见解。他们往往在某一个或某几个领域里，更具体、更丰富地表现出马列主义普遍原理

同中国革命和建设具体实践的成功结合。他们的著作或有关决议、文件对此都有所阐述。在教学中，教师仅仅引用这些阐述还不够，应指出毛泽东思想中哪些观点是其他领导人的理论贡献，哪些观点是党的第一代领导集体集思广益做出的贡献。

四、必须处理好革命理论和建设理论的关系

毛泽东思想是关于中国革命和建设的正确的理论原则和经验总结，社会主义建设理论是毛泽东思想中不可忽视的重要组成部分，把毛泽东思想仅仅说成是关于新民主主义革命和社会主义改造的理论是不全面的。事实上，毛泽东是探索中国社会主义建设道路的开创者。毛泽东和他的战友们在此过程中，确实提出了许多创造性的理论观点。比如，关于社会主义社会的基本矛盾的理论，关于社会主义社会可以划分为不发达和发达两个阶段的理论，关于中国工业化道路和两步走的发展战略，关于民族区域自治制度，关于"百花齐放，百家争鸣"的方针，关于执政党建设的思想，等等。这些理论观点尽管当时尚不成熟，却为党的十一届三中全会以后拨乱反正，探索中国特色社会主义建设道路提供了正确的方向和最初的理论依据，具有重大的现实意义和历史价值。在教学中，我们不可忽视这方面的内容，应正确处理好革命理论与建设理论的关系。

五、必须处理好毛泽东思想和毛泽东晚年错误的关系

一些青年学生往往因为毛泽东晚年犯了错误，就怀疑毛泽东思想的正确性。在教学中，一方面要向学生讲清楚毛泽东晚年的错误不属于科学理论的毛泽东思想范畴，因为毛泽东晚年所犯的错误，主要是指阶级斗争扩大化的理论和经济建设急于求成等"左"倾错误理论观点。这些理论观点，已被实践证明是错误的，是毛泽东个人的思想，它严重违背了马列主义与中国实际相结合的原则，明显地脱离了毛泽东思想的科学轨道。另一方面也要指出，毛泽东晚年错误是探索中国社会主义建设道路中的错误。由于全党对社会主义建设经验不足，对社会主义社会发展规律和中国经济政治的基本情况认识不清；由于毛泽东个人不够谨慎，在胜利面前滋长了骄傲自满情绪，一些不健康的因素、不健康的思想逐渐露头，背离了他自己一贯倡导的实事求是、一切从实际出发的思想路线。他对许多问题的思考陷入了误区，产生了不少主观主义的东西，致使党的工作在指导方针上产生严重的失误。应该说，探索的道路从来是不平坦的，探索的历程从来是迂回曲折的。在探索过程中，往往是清醒与迷惘、正确与错误、成

功与挫折相互渗透和交织在一起，有时正确的发展趋势占了上风，有时错误的趋势占了上风，对此我们要有历史唯物主义的态度。

六、必须处理好毛泽东思想与邓小平理论和"三个代表"重要思想的关系

毛泽东思想、邓小平理论和"三个代表"重要思想是马列主义与中国实际相结合的三大理论成果，它们既是一脉相承的统一的科学体系，又是各具特色的独立的理论体系。因此，"毛泽东思想概论"课程与"邓小平理论和'三个代表'重要思想概论"课程的教学是衔接的，也是贯通的。讲授《毛泽东思想概论》的教师也要研究邓小平理论和"三个代表"重要思想。在教学中不能把它们割裂、对立起来，要处理好邓小平理论和"三个代表"重要思想同毛泽东思想之间继承、坚持和发展、创新的辩证关系。要讲清毛泽东思想是邓小平理论和"三个代表"重要思想的基础和源泉，而邓小平理论和"三个代表"重要思想则是在新的历史条件下对毛泽东思想的继承和发展。要站在当代中国的马克思主义、邓小平理论和"三个代表"重要思想的高度来进行讲授，同时又要避免直接把邓小平理论和"三个代表"重要思想作为毛泽东思想的内容来阐述，使学生认识到，毛泽东思想作为我们的指导思想仍然"管用"，仍然可以为我们提供研究新情况、解决新问题的立场、观点和方法。

七、必须处理好教师与学生的关系

首先，在教学过程中，必须解决好学生的学习动力问题。在课程开始时，就要有针对性地讲好第一堂课，使学生正确认识毛泽东在中国革命和建设中的伟大历史功绩。特别要通过阐述中国革命各个关键时期，以毛泽东为代表的正确主张克服各种错误主张，指引中国革命转危为安、走向胜利的史实，使他们深刻理解"没有毛主席，至少我们中国人民还要在黑暗中摸索更长的时间"的特殊意义，以激励他们的学习兴趣和初始动力。

其次，在教学过程中，要处理好教师的主导作用与学生的主体地位的关系。教学活动是师生双边活动，在教师主导下，教学内容必须通过学生主体的学习过程，才能内化为学生的知识、理念、素质和能力。"毛泽东思想概论"的教学，实行启发式的教学方法，能较好地体现教师的主导作用和学生的主体地位，实现毛泽东思想进学生头脑的目的。同时，还应当尽量发挥各种电化手段和校园网络的作用，以先进的教学手段，增强教学的针对性和生动性，提高教学质量和效果。

高校思想政治理论课教学状况分析及对策探讨①

　　高校思想政治理论课（过去称为"两课"）是大学生思想政治教育的主渠道，是帮助大学生树立正确世界观、人生观、价值观的重要途径，体现了社会主义大学的本质要求。多年来，高校思想政治理论课在发挥大学生思想政治教育的主渠道作用方面是值得肯定的，为培养品学兼优的合格大学生做出了积极的贡献。然而，毋庸讳言，大学生对思想政治理论课的学习兴趣不浓、学习热情不高、学习主动性不够以及思想政治理论课的课堂秩序欠佳、课堂气氛沉闷、课堂效果不理想等问题，带有一定的普遍性。一些大学生认为思想政治理论课枯燥无味，是讲大道理、空对空，在他们心目中，思想政治理论课远不如专业课和英语、计算机等课程那么重要，相当一部分学生上课是为了考勤，学习是为了考试，应考是为了"60分"。由此可见，改革思想政治理论课教学改革已迫在眉睫。

一、思想政治理论课教学状况不佳的主要原因

（一）教学观念滞后

　　当今大学生的自主意识日趋增强，在受教育过程中富有自我的判断和选择，不再人云亦云和全盘接受。但有的思想政治理论课的教师却放不下"为师"的架子，在教学过程中习惯性地"凌驾"于学生之上，喜欢以"先知先觉"者自居，一厢情愿地认为自己所讲的道理都是"放之四海而皆准"的，无论怎么教，学生都会认同，忽视了教育对象的主体地位，未能充分调动学生参与教学的主动性和积极性，造成"教师在上面讲得头头是道，学生在下面听得昏头昏脑""教师讲得情绪激动，学生听得无动于衷"的尴尬局面。

---

① 本文作者刁艳红。

（二）学习目的不明

"上课点不点名？""这门课要不要考试？""考些什么内容？""画不画重点？"这些问题是相当一部分大学生对思想政治理论课最为关心的，有的教师为了迎合学生的这种心理，平时授课只是照本宣科，考前为学生列出复习提纲，学生按此死记硬背，只要考试能过关，该门功课的教学也就"万事大吉"了，至于学生头脑中真正理解了多少、思想上是否真正受到了启迪和教育便不得而知了。

（三）教学内容单调

思想政治理论课的教学内容过分局限于教材，教材之外的教学资料十分缺乏，教师按照教材逐章逐节地讲，学生对着教材逐章逐节地学，没有突破，没有新意。而从学习的难易度来看，思想政治理论课的教材所涉及的大部分知识点，无须教师辅导，学生自学也能掌握。也许教师正在讲的内容，学生早就看完了，已经没有了听教师讲的兴趣，久而久之，学生自然会觉得枯燥、乏味。

（四）教学方法单一

思想政治理论课基本上还停留在教师在上面讲、学生在下面听的灌输教学的层面上，教学过程中的教师主导作用与学生主体地位之间的关系没有得到充分协调，未能形成教学相长、教学互动的良性效应，教师授课只是在理论上的泛泛而谈，理论教育与社会实践联系不紧密，在指导学生进行学术性的思考、讨论、研究方面基本上还是一片空白。

（五）教学手段陈旧

思想政治理论课目前还没有完全走出"一支粉笔、一块黑板、一本教案"的传统的课堂模式，媒体、互联网等现代教学手段在教学实践中还没有得到充分利用。"教师讲破嘴皮子，学生听出耳茧子"，陈旧的教学手段使得思想政治理论课的教学难以取得理想的效果。

二、思想政治理论课教学改革的对策

思想政治理论课的教学改革，关键要坚持中央 16 号文件提出的"传授知识与思想教育相结合、系统教学和专题教育相结合、理论武装与实践育人相结合"的教育教学原则，重点要在提高教学效果、培养大学生的学习兴趣上下功夫。为此，笔者建议采取以下具体措施。

（一）改革传统的教学程式，树立"以学生为本"的教学理念

"教师教什么学生就学什么""教师讲什么学生就听什么"，这种使学生完

全处于被动地位的传统教学程式严重制约了学生学习的能动性。而"以学生为本"的教学理念，则是充分尊重学生的主体地位，允许学生选择自己感兴趣的教育素材和方式，允许学生说出自己的真实思想和看法，允许学生在教学过程中平等地与教师探讨和交流，这种全新的教学方式能有效地激发学生的学习兴趣，充分调动学生学习的主动性和自觉性。

（二）改革传统的授课形式，开展多种类型的教学活动

因思想政治理论课教材上的知识点较易掌握，所以教材上的内容完全可以以学生课外自学为主，在课前由教师拟定自学提纲、布置思考题，上课时由学生就思考题进行讨论、提出自学中遇到的疑问，这样就更有利于引导学生自主学习、自觉学习。需要强调的是，笔者主张学生课外自学，并非要淡化教师的课堂讲授，反而是要加强教师的课堂讲授，只是教师在课堂上不再"照本宣科"，而是将教学安排的课时分为解答疑难问题的一般讲授课和重点、热点、焦点问题的专题辅导课，以及由学生自己走上讲台谈学习体会的心得体验课，这样课堂讲授的效果必将得到显著提高。

（三）改革传统的课堂模式，充分利用电化教学手段和互联网络拓展课堂空间

可将部分影响较大、授课质量较高的专题教学课或应邀到校讲学的专家学者的报告现场全程录制成光碟，也可出资购进名校名师的教学课件，组织学生分批观看，使学生有机会得到高水平的思想政治理论课的教育和熏陶；创办思想政治理论课的教学网站，共享教学资源，丰富教学资料，同时开设网上课堂，在网上上传教师的教学课件，教师在网上授课、布置作业，学生在网上学习、参与讨论。这样课堂空间变大、变开放了，学生学习的渠道更多了，学习的氛围更浓了，学习的质量也就更高了。

（四）改革传统的考核办法，实行开卷考试，进行综合评价

思想政治理论课的闭卷考试至少存在两个弊端：一是学生应付考试，学习主要是为了考试能过关，要考好就非得死记硬背，至于能否从中真正学到知识并不重要；二是学生害怕考试，如果没背熟、记熟，因担心考试不过关，有的学生就可能铤而走险，冒着受处分的风险夹带抄袭，从公共课考试舞弊的学生明显多于专业课的情况就足以证明这一点。为此，对于思想政治理论课的考试，笔者认为"开卷"有益，因为思想政治理论课要考察的不是学生能记多少、背多少（记得再牢、背得再多，也会有忘记的时候），而是学生能懂多少、理解多少（只有真正懂了、理解了，才能产生思想上的共鸣和升华），所以，不妨让学

生从对思想政治理论课闭卷考试的畏难情绪甚至是恐惧感中解放出来，干脆让他们在考试中打开书本来认识问题、思考问题、解答问题。为了保证开卷考试的质量，可采取以下两方面的措施：一是试题题量可适当增加，涵盖教学范围的大部分内容，能较全面地考查学生的基础知识，这就要求学生必须掌握一定的知识面，否则，就没有足够的时间来完成考试；二是试题难度可适当提高，主要考查学生发现问题、分析问题、解决问题的能力，这就促使学生重思考、重理解。另外，除了进行开卷考试，任课教师还要加强对学生的平时测评，如考勤情况、课堂表现情况、完成作业情况等，对学生思想政治理论课成绩的最后评定，应是考试成绩和平时测评的综合评价。

第三篇 03

校园文化篇

试论学生社团在高校德育工作中的开发与利用[①]

当前，我国德育实效性之低迷，已是教育实践中一个不争的事实。理论界从不同的视角、不同的层面，对个中缘由及其对策予以分析和探究。其中，除去对德育范畴、德育过程和德育课程等方面的反思之外，更应该注重德育方法和途径的分析和研究，特别是从大学生主体性作用的发挥这个角度来审视当代大学生德育问题。学生社团作为活跃在高校第二素质课堂中的重要生力军，其在高校德育工作中的开发与利用是调动和发挥大学生主体性作用的有效途径。重视和启动学生社团在德育工作中的开发与利用，是德育工作在新时代、新时期、新阶段得到进一步加强和改进的有效载体，是延伸德育渠道和时空的有力杠杆。

一、学生社团在高校德育工作中开发与利用的必要性

一般意义上来说，学生社团是在校平等身份的学生主体依据共同的兴趣、爱好，为实现共同发展的目标而组成的学生群众组织。按照社团活动的性质和范畴，可划分为理论学术类、人文科技类、实践公益类、体育竞技类和艺术娱乐类五大类社团。它们具有独立、自主、自由、自律等基本属性，以服务同学成长成才、促成大学生行为养成、陶冶思想情操、提高道德修养、拓展学子综合素质为宗旨和目标。从这个意义上讲，社团的宗旨和功能与德育目标具有内在的一致性。

[①] 本文作者钟国芳。

（一）社团在德育工作中的开发与利用是发挥大学生主体性作用，增强德育工作实效性的有效载体

"主体性就是作为现实活动主体的人为达到为我的目的而在对象性活动中表现出来的把握、改造、规范、支配客体和表现自身的能动性。"[1]人的主体性，不是与生俱来的，它只有在作为主体的人的社会实践与社会交往中才能得以生成和实现。广大社员作为德育受施和内化的主体，其主体性也只有通过社团组织的各种活动这一有效载体，才能够得以实现和发展。社员在社团活动中能够表现出能动、创造的主体性作用。社团是由平等身份的学生主体基于共同的兴趣爱好而组建起来的，这就决定了社员在社团中身份上的平等，没有等级差别的成分在里面，为社员主体作用的发挥创造了客观前提。社员是基于共同的兴趣和目标而加入社团的，这种行为完全是在独立、自主的意识状态下完成的。这将为每位社员带来巨大的选择自由和发挥潜能的空间提供有利的前提条件。

（二）社团在德育中的开发与利用是扎实推进高校德育工作，拓宽德育渠道的有力杠杆

我国长期以来德育实效性之低迷的重要因素就是"德育内容过于空乏、滞后，德育目标过于理想化，德育方法过于陈腐、单一，没有真正营造出整体性的德育氛围"[2]。学生社团以其能动、自主的主体，丰富多彩的活动载体，活泼向上、朝气蓬勃的良好氛围，可以促成高校德育工作朝着纵深方向推进。

1. 有利于促成德育内容的开放和完善，摆脱其空乏、滞后的局面

从广义上讲，德育应该包括思想政治教育、道德教育、法纪教育、人格教育、心理健康教育、生态伦理教育和行为养成教育等基本内容。而在具体的德育实践过程当中，往往突出德育的政治性、阶级性，着重强调了思想教育、价值观教育的内容，忽略或弱化了人格教育、法纪教育、心理健康教育等其他内容的教育。殊不知这些内容的教育也都是德育的题中之义。学生社团可以凭借其独立性、灵活性、自主性的优势来弥补这些不足。学生社团是一个高度开放、活跃的群体。"当代大学生思想政治状况的主流积极、健康、向上。他们热爱党、热爱祖国、热爱社会主义。"[3]社团活动能够有效地丰富德育内容和实践，形成多层次、宽领域、全方位的德育框架，从而摆脱过去德育内容空泛、滞后的局面。

2. 有利于觉醒个体的内心需求，培育完善人格，促成德育目标的理想化与现实性的结合

古人云，"修身齐家治国平天下"。德育目标往往过分强调理想化的状态，

忽视了个体需求层次的目标。过去在德育的实践过程中忽略了主体的人格发展和价值需求，弱化了主体性意识的改造。学生社团是个平等的群众实体，广大会员抱着锻炼自我、完善自我、服务同学的目的加入这支队伍当中来，具有很强烈的现实感和时代性。社团的各项活动都能够体现"以人为本"的思想，一切行动都是为了满足社员的成长和发展需要，并努力实现社员主体的自我价值。因此社团可以真正实现服务同学与培育完善人格的统一，满足社员内心的价值需求，从而树立远大的理想和崇高的奋斗目标，更好地促成德育目标的理想化与现实性的结合。

3. 有利于创新高校德育工作的方法和手段

学生社团可以克服传统上只注重理论，只注重灌输的弊端，尽可能地调动学生主体的能动创造性，将德育的各项指标潜入到每项社团活动的开展中去。社团可以综合运用表彰激励、义务援助、有效管理和个性展示等方法和手段，真正让学生主体实践好、发展好自己的道德认识、道德情操和道德意志，真正实现德行统一、品德意识与品德实践的良性互动，达到预期的德育效果。

4. 有利于形成德育的整体性氛围，用浓厚的环境感染人、熏陶人

从通常意义上讲，德育的整体性氛围，是指德育所面对的环境在受教育对象周围并对其产生作用的客观实在。从广义上讲，它包括校内、校外的环境，课堂教学和学生课外的环境等方面。在学生社团中，这种整体性的氛围包括社团所凝练的精神风貌、社团组织管理的工作氛围、社团活动所营造的文化氛围、社员的社会交往氛围和个性展示氛围等。这些因素之间彼此相互制约、相互作用、相互影响，并能够营造出健康、积极、蓬勃的社团德育的整体性氛围，以一股强烈的渗透力流入每个学生的心灵。学生社团应该致力于创造高雅、活泼的社团文化，融德育意蕴于每项具体活动的开展，从细微处着手，吸引人、感染人、熏陶人。

二、学生社团在高校德育工作中开发与利用的途径

德育的目标和功能能否顺利实现，很大程度上取决于实施德育的方法和途径。对于学生社团的开发和利用，采取一种妥帖、顺当的途径，往往能够决定社团德育功能的顺利发挥。笔者认为，在社团的开发与利用过程中，采用标榜法、组织管理法、社区援助法、个性展示法和氛围熏陶法，是切合实际、符合德育目标、利于借鉴和使用的好方法，对于指导社团开展德育工作具有十分重要的理论意义和现实意义。

（一）标榜法

所谓标榜法，就是社团通过表彰先进行为，树立模范典型，影响社员的思想、感情和行为的一种积极强化的德育途径。从青年发展的特点来看，大学生在各方面包括道德发展上正逐步走向稳定，但仍具有较大的可塑性，其模仿性强，富有理想、上进心，这些基础性特点标示着标榜法对大学生德育工作具有推动作用。

1. 评先评优活动

具有共同爱好与共同价值取向的大学生们聚集于相对应的学生社团中去，在各种实践活动中评出先进个人、积极分子，或在年度总评中由公众选出一定时期内的优秀社员、优秀社团、示范社团，以提高社员的进取精神，使社员得到精神上的满足和愉悦，增强其工作和学习的动机，改善社团活动的氛围。

2. 树立典型形象

所谓典型形象，就是指在社团的工作和活动中表现突出，具备良好的综合素质和能力，得到社员广泛认可的，对推动社团建设和发展有着重要贡献的先锋人物，如社团理事长。典型形象，是学生社团的灵魂和精神所在，他们学识广、眼界阔、修养高、能力强、肯奉献，集中展现了先锋人物在社团中的示范效应。他们使人信服，具有吸引他人模仿的能力，让人在无形中使自己的言行举止与之相同或相似，这也就达到了社员自觉内化、"见贤思齐"的目的。

（二）组织管理法

所谓组织管理法，就是指广泛调动和发挥社员的积极性和能动性，参与到社团的组织管理工作中来，利于提高管理意识、民主意识、自律意识和集体意识的一种教育方法。这种方法的运用和实施，很好地体现了"为事之德"的德育目标。它主要包括以下几个方面：

1. 设立社团理事会换届选举制度

每季度召开全体社员大会，民主选举本季度的理事会成员，组建理事会，组织和管理社团工作，对全体社员负责。选举应充分尊重广大社员的意愿，民主选举。在理事会成立的基础上，进一步明确各理事之间的分工协作，量化考核，保证该社团的平稳高效运行。这一举措可以提高社员的政治参与意识和集体意识，很好地强化社员的主人翁意识。

2. 建立社员定期学习制度

理事会召集社员，进行定期学习。学习的内容包括重大时政、理论、社团章程和各项规章制度。这样，既可以保证社团沿着正确的轨道发展，还可以以规范的制度约束人，大大提高人的自律意识。

3. 形成理事会述职制度

理事会要经常性地向广大社员做述职报告。我们不仅要让社员参与到社团的组织管理工作中来，还要以实践来检验他们工作的成败得失，最大程度确保理事会的科学决策、民主管理，从而提高社员管理知识和服务本领。

（三）社区援助法

所谓社区援助法，就是指社团组织和发动社员广泛参与到社区服务和援助的活动中来，做些有益于社会、有益于人民的事情，从而提高社员的奉献意识和爱民情怀的一种教育方法。它的形式有支教、社区公益和支援生产等几类活动。该方法最具实践性和无偿性，是架起在校学生与社会广泛互动的桥梁，因而具有"为民之德"的价值性。具体有以下几个方面：

1. 理事会广泛搜集信息

主动联系援助对象，整理援助对象信息，也就是做好援助前期的所有准备工作。这一过程本身就要求社员要有为民之心、爱民之德的情感体验。

2. 广泛发动和宣传

通过开会和小组交流的方式，发布信息。让社员深入了解帮扶对象的实际困难，使他们产生援助的意愿和动力。从中在思想上加强对社员的锻炼，树立为民服务的意识。

3. 组织社员深入社区援助点，进行具体的义务帮扶活动

让社员切身感受自身给社会带来的友爱和温暖、义务之举的崇高与光荣、社会责任的重大和艰巨。

（四）个性展示法

所谓个性展示法，就是指社团通过举办各种活动，为每个社员提供一个展示自我个性和风采的舞台，让他们都能充分展现才艺、张扬个性、挖掘潜能，实现学生主体认识自我、肯定自我的内在价值需求的一种教育方法。个性展示法很好地贯彻了"以人为本"德育开发原则，是实现个体内心需求的重要手段。它所包含的内容非常广泛，形式多种多样。笔者着重从单一的个性展示和群体的个性展示这两个方面给以说明。

1. 单一的个性展示

它是指社员作为主体充分展示自我风格和个性的表现手法。如大学生艺术团为社员个人举办的专场音乐演奏会，书法协会为社员举办的个人书法展，都是很好地运用了这一表现手法，给社员提供了展现的平台。它能充分表达主体

的创造性和自主性，促进主体自我价值的实现。

2. 群体的个性展示

它是指社团作为主体充分展现社团风采和特色的表现手法。最常见的就是指各学生社团根据自己的实际社情，主动开展展现社团风格的各项特色活动。如在社团文化节中，法学社举办的"模拟法庭"活动等，都最大限度地展示了社团的个性风采和特色，给每位社员带来积极影响。

（五）氛围熏陶法

所谓氛围熏陶法，就是通过创造社团中方方面面的优良氛围，如社团所凝聚的精神风貌、社团组织管理的工作氛围及社团活动所营造的文化氛围等，来影响人、教育人、熏陶人，让广大社员潜移默化地受到德育的有效途径。

1. 人创造氛围，即营造社团中方方面面的优良氛围

笔者认为一个社团的正常有效运行是改造其环境氛围的基本前提。在社团建设中必须发扬民主，充分发挥社员们建设社团的主体作用。社团所凝聚的一种积极向上、不断进取的精神风貌，是消除不良氛围，主动影响氛围和能动创造氛围的根本保证。社员那种大胆创新、积极进取地工作打造社团新成果的实际行动是改造社团环境氛围的关键。人总是积极寻探自己理想的环境，从而为其自身的发展服务，社团中的社员也是如此，积极能动地创造着良好的发展氛围。

2. 氛围熏陶人，即让广大社员潜移默化地受到德育

通过社团组织管理的工作氛围，培养社员求真务实、分工协作的观念，有助于社员健全人格的形成。营造文化氛围，不断提高社员的法纪素养和健康心理素质，矫正他们的生态伦理观，促成其良好行为的养成。通过社员之间、社团之间及社团与社会之间的交往氛围，让社员们自发认识到和谐、平等、团结、友爱、互助的交往环境有利于社会和个人的发展。

参考文献：

[1] 和学新. 主体性的内涵、结构及其存在形态与主体性教育 [J]. 西南师范大学学报（人文社会科学版），2005（1）：65-71.

[2] 方立江. 高校德育存在的问题及对策 [J]. 青海师范大学学报（哲学社会科学版），2005（1）.

[3] 中共中央国务院发出《关于进一步加强和改进大学生思想政治教育的意见》[N]. 中国教育报，2004-10-15（1）.

红色歌谣融入大学生理想信念教育过程的
价值意义与实施途径①

高校作为青年大学生思想教育的主阵地，从"两课"教学的理论提升到第二课堂、第三课堂实践环节的育人平台，对青年大学生理想信念的培养、世界观、人生观和价值观的影响、民族精神的培育和优秀品质的塑造起到积极重要的作用。在加强大学生理想信念教育的过程中，高校不断创新教育教学理念，积极探索适合青年大学生理想信念教育的方式方法，不断丰富理想信念教育的成果，取得了一定的成效。

一、红色歌谣融入大学生理想信念教育过程的价值意义

（一）红色歌谣有助于唤醒隐藏在教育过程中影响大学生思想道德修养提升的隐性因素

红色歌谣作为大学生理想信念教育的有效载体，把红色歌谣科学有效地运用到高校大学生的理想信念教育中去，让红色教育植根于大学生理想信念教育的日常。通过将隐藏在红色歌谣中的理想信念、爱国情怀、核心价值观等融入"两课"课堂和实践环节，能够达到传承红色基因，争做红色传人的育人目标；通过大力建设校园文化、主动占领网络理想信念教育新阵地，让红色歌谣成为校园喜闻乐见的活动载体和平台；通过将红色歌谣巧妙地融入教学和实践的各个方面，让广大青年大学生在生动的课堂与实践过程中，感悟红色经典，坚定理想信念，引领时代进步；通过对思政课堂的"红色文化"巧妙"植入"，使其成为一种有目的、有计划地对学生思想道德素质发生影响的教育资源，积极唤醒隐藏在教育过程中影响学生思想道德修养提升的隐性因素。

---

① 本文作者师海波。

（二）红色歌谣有助于挖掘大学生成长过程中推动德育发展功能的激励因素

挖掘红色歌谣的历史内涵，充分发挥红色歌谣在大学生理想信念教育工作中的独特优势，扩大红色歌谣的价值意义。一是红色歌谣在思想政治教育课程体系的融入，将有效突显高校思想政治工作在传承红色基因中的鲜明特色；二是红色歌谣在思政课堂教育的创新与结合，更有利于提升理想信念课程的教学质量；三是红色歌谣与新媒体技术对接应用，更好地推动思想政治工作的传统优势同信息技术的高度融合，增强时代感和吸引力；四是红色歌谣与高校校园文化建设有效对接，大力打造红色文化育人品牌；五是在理想信念教育课程中的设计和建设，通过红色歌谣的辐射，不断提高学生思想水平、政治觉悟、道德品质、文化素养，让学生成为德才兼备、全面发展的人才；六是红色歌谣融入高校第二、第三课堂的建设，作为思想政治教育课堂的有效互补，让红色歌谣融入大学生理想信念教育全过程，使整个学校思想政治教育中理想信念课程经验形成一种有助于学生成长的教育性因素。所以，要充分发挥红色歌谣的教育功能，对于坚定大学生理想信念和提高课程的教学质量具有十分重要的意义，更好地激励广大青年大学生牢记使命，砥砺奋进。

（三）红色歌谣的传承与发展有助于挖掘自身的文化价值和教育意义

红色歌谣是在革命战争年代，由中国共产党人、先进分子和人民群众共同创造并极具中国特色的先进文化，蕴含着丰富的革命精神和厚重的历史文化内涵。

1. 红色歌谣具有思想教育的开放性。红色歌谣有着丰富的文化内涵，所覆盖的空间范围十分广泛，对大学生思想道德修养的影响在作用时间上具有全时性，有利于弥补其他理想信念课程的缺陷。红色歌谣具有开放性的特点，在红色歌谣的设计与建设过程中，不断扩大和延伸红色歌谣的价值功能，把隐蔽在理想信念课程中的教育功能有效地开发出来。这不仅打破其他理想信念课程封闭的教学体系，将传统的教育教学模式适时调整为一种全新的教育教学手段，又加强了不同学科之间的相互交叉与相互渗透，加快文化信息传递的速度，提高人才培养质量和教育教学效果。

2. 红色歌谣具有理想信念教育的灵活性。红色歌谣作为红色文化遗产，有着不同于其他文化的特殊价值意义。凝练在歌谣中的那段红色历史、革命情感与红色精神，汇聚成有声有形有意的文化价值。通过红色歌谣的价值传承，一是有利于增强学生学习主体能力的培养，防止学生道德认知与道德情感联系的断裂，激发学生的认知和探索情感，引起学生的共鸣；二是有利于学生形成良好的情感态度，发展良好的个性品质，提高学生社会适应能力，促进学生心理健康；三是有利于提高学校思想政治工作的针对性和实效性。总之，红色歌谣以其灵活的思想教育的独特形式，成为当前高校思想政治工作中理想信念教育的一种有效方式。

二、红色歌谣融入大学生理想信念教育过程的实施途径

（一）精心设计红色主题教育课堂

要充分挖掘红色歌谣在高校理想信念教育课程中的价值意义，大力开发与利用红色歌谣在高校理想信念教育课程中的价值作用，大力推进红色歌谣进课堂，专题研究讨论红色歌谣课程体系是高校思想政治工作的有效环节，达到高校思想政治工作理想信念教育科学化的根本要求和对接学生理想信念教育时空一体化的重要保证。

（二）广泛运用新媒体技术对红色歌谣的融入

新媒体具有交互性与即时性，海量性与共享性，多媒体与超文本，个性化与社群化等特点随时随地地满足价值传播、互动性表达、娱乐与信息需要。利用数字技术、网络技术，通过互联网等渠道，以及电脑、手机、数字电视机等终端，定制、推送红色歌谣的创作历史、红色故事、红色旋律、经典演唱等主题文章和音乐，打造红色歌谣的新媒体平台。春风化雨，润物无声，让大学生思想道德修养在"无声"与"有声"的互动中不断提升，推动大学生理想信念教育的传统优势同信息技术的高度融合，增强时代感和吸引力。

（三）红色歌谣与高校第二、第三课堂有效平台的合理对接

高校课外活动、实践教学作为大学生理想信念教育的有效载体，极大地丰富了课堂教学的理论成果。一是建立校园文化与红色歌谣相融合的合理应用，谋篇布局，提升理想信念教育亲和力和针对性，满足学生成长发展需求和期待，达到以文化人，以文育人的目的。同时，广泛开展文明校园创建，开展"红歌会""红色故事会""红色歌曲展播"等形式多样、健康向上、格调高雅的校园文化活动，是对第一课堂的有效互补。二是广泛开展各类社会实践教育。实践的目的在于理论的升华、思想的转化和技能的提升。在实践过程中，把红色歌谣的采集、整理、表演、传唱，用以服务社会发展，凝聚力量，奉献技能才艺来增长社会阅历和丰富人生经历，成为一种时代的感召力量；把红色歌谣的理论与实践进行成果转化，对坚定大学生理想信念，增强政治定力，牢固意识形态，强化红色文化传承，提高大学生思想道德修养、政治理论水平与专业技能

水平等方面起到一定的推动作用。

（四）通过"慕课"式的课程学习、"专题"式的讨论交流、"创作"式的文化体验，提炼红色歌谣的精神内涵

特别是在课堂教学、实践教学和新媒体的应用上，要最大化地挖掘红色歌谣在大学生理想信念教育中的价值功能和文化传承功能；要以红色歌谣的搜集、整理、研究、创作、排练、表演等方式，整合资源，通过"慕课"来更好地推动大学生理想信念教育的新颖性与独特性，推进红色歌谣的育人功能。

红色歌谣是一首描绘革命峥嵘岁月的史诗，是一段记录祖国建设发展的影像，以其"红"见证着中国近现代史的发展。青年大学生要在记忆红色革命岁月的历史征程中，用红色歌声点亮未来人生。

大学生公寓文化建设浅论①

随着高校后勤社会化改革步伐的加快，设施齐备、服务全面的大学生公寓俨然已是高校校园中的小小社区。学生公寓作为大学生学习和生活的重要场所，已成为培养大学生综合素质，有效开展大学生思想政治教育的重要阵地。公寓文化对学生的人生观、价值观有着潜移默化的影响，起到润物细无声的作用。建设积极向上的优秀学生公寓文化，对于帮助大学生树立正确的价值观和生活态度，养成良好的道德品质，保证大学生的健康成长与成才具有重要意义。

一、大学生公寓文化的重要功能

大学生公寓文化作为高校校园文化的有机组成部分，在引导、培育、激励、熏陶学生等方面都发挥着重要的功能，已经成为高校学生思想政治教育工作中不可或缺的一环。概括起来，大学生公寓文化具有如下多种功能。

（一）育人功能

优秀的公寓文化，不仅能显示一所高校整体素质，也展示着一所高校的特有风貌。一所高校办得成功与否，与该校文化建设是密不可分的。优秀的大学生公寓文化可以营造一种良好的育人环境和氛围，能增强学生的凝聚力，树立集体和"家园意识"，起到课堂教育之外的育人作用。

（二）约束功能

大学生公寓文化中的制度文化是一种行为规范。它不仅会影响个体成员的感觉、认识、情绪、伦理等心理机制和心理过程，而且从整体上影响全体成员的价值取向和行为取向。在一般情况下，大学生公寓文化虽然没有强制学生去做什么，但它在个体成员的心理上却起到一种自我控制的"软约束"功能，从

---

① 本文作者吴佩琦。

而将自我行为纳入集体规范要求之中。

（三）调适功能

相对于课堂和其他集体场所，大学生公寓具有较大的自由空间和宽松和谐的氛围，大学生往往可以进行适度的自我表现，合理的情绪宣泄。如平时的"辩论会"，晚上熄灯后的"卧谈会"，对个体间冲突的调解起到作用。

（四）凝聚功能

公寓文化如同一根纽带，把学生公寓管理服务人员、思政人员和学生要实现的目标和目的紧密地凝聚在一起，形成合力，为构建文明、平安、温馨、和谐的学生公寓打下坚实的基础。

（五）激励功能

大学生公寓文化一旦形成，就会给广大学生一种内在的驱动力和激励力。这种心理上的驱动和情感的激励，可以促使学生从内心回答为什么要这样做，又为什么不要那样做，形成自我思考、自我激励、自我完善的反应机制，使广大学生在一种共同价值观念的驱动下，形成使命感、责任感、自豪感，在学校的精神文明建设中发挥出各自的能量。

二、目前大学生公寓文化建设存在的问题

近年来，各大高校开始逐渐意识到公寓文化的重要性，在校园里热火朝天地开展了不少建设学生公寓文化的活动，并取得了一定成效，然而，通观各高校的学生公寓文化建设现状，我们仍然可以发现存在着不少的问题。

（一）公寓文化建设的重视程度仍有待加强

不少学校都忽视了公寓文化的多样化功能，存在着思想上不重视、资金投入不足、管理体制不合理等现象。一是学校宣传组织工作乏力，在公寓内没有形成健康的舆论环境和思想环境；二是文化活动场地和设施缺乏，学生难以组织文化娱乐活动；三是在公寓文化的建设过程中，只注重公寓文化的娱乐功能，忽视了公寓文化的育人功能；四是在公寓文化的开展中片面注重形式，并把这看作是高校公寓文化建设的全部内涵，文化建设活动"一阵风""走过场"现象比较严重。

（二）宿舍管理人员服务意识与能力不强，综合素质有待提高

存在一些宿舍管理人员的服务意识不强，服务态度较差，服务质量与服务效率不高，诸如设施维修不能及时到位；学生的权益不能及时得到维护，由此引发学生对学校工作的强烈不满，在一定程度上影响到大学生参与公寓文化建

设的积极性，进而影响了学生公寓文化建设的成效。

（三）学生公寓文化制度建设尚不完善

虽然目前很多高校对大学生宿舍的学习生活、道德规范、言谈举止都做了一些规定，但制度的执行情况还不尽如人意，有的制度与规定虽然已经发到每个宿舍，张贴在宿舍的醒目之处，却因没组织学生加强学习，在学生中没有进行广泛宣传，因而没有真正进入每个宿舍成员的心里。

（四）多元化的社会价值观与网络文化的负面影响对公寓文化的冲击

受各种社会不良思潮的冲击，部分大学生的人生价值观向"自我"倾斜，出现了"功利化""多元化"的倾向。随着计算机的普及、信息网络时代的到来、大学生为网络文化所吸引，上网已成为校园内的一种交流方式。"功利化""多元化"的社会价值观与网络文化在改变着大学生的生活模式、思想观念以及宿舍中的同学关系。部分学生沉溺于电脑游戏、网络，与其他人交流减少、影响着宿舍的作息规律和正常秩序，也影响了其他学生的休息和学习。

三、大学生公寓文化的营造建设探索

公寓文化建设是校园文化中一道亮丽的风景线，它不仅对学生成长、成才有着重要的保障作用，它的建设好坏直接关系到校园稳定。针对目前高校大学生公寓文化建设工作所出现的问题，我们必须以改革创新的勇气来推进公寓文化建设。

（一）加强管理工作，提高公寓管理队伍的素质

大学生公寓文化建设是高校工作的重要组成部分。而大学生公寓文化建设不会是自发产生的，它首先来自学校领导的重视和各方面齐心协力的精心组织管理，让后勤职工、思想政治工作者深刻认识到学生公寓文化建设的重要性尤为必要。而要达到认识统一，就必须加大学生公寓文化建设的宣传力度，大力倡导弘扬学生公寓文化建设大众参与、人人负责的风尚，克服学生公寓管理简单粗暴、不需要高深理论、也不需要专业知识等麻痹放低意识和学生公寓管理只属于后勤社会化工作人员的错误观点，要达到上下、左右齐心协力，共同搞好学生公寓文化建设的目的。同时，要把那些有政治责任感、文化素质高、业务能力强、管理经验丰富的干部充实到大学生管理队伍中来，不断提高大学生公寓文化管理队伍的基本素质和职业道德，转变管理人员"管人"的旧观念，强化服务意识，以良好的言行举止和优质高效的服务来"服务育人"，在管理中投入感情，以礼相待，以情育人。

（二）充分利用各类载体，积极开展公寓文化建设

学校主管部门可与公寓物业管理公司配合，结合公寓学习生活，印制一些简明的行为规范标语和警示牌，并由学生自主创办公寓简报、《我爱我家》刊物及《生活报》等报刊形式，创建公寓文化良好的精神氛围及互动，调动学生积极性，促进公寓文化建设。此外，在学生公寓开辟心理辅导室，党团活动室、公共阅览室、活动日等，定期进行辅导和开放，通过引导及学习活动，让学生在相互交流、相互感染从而形成心理上的认同，并利用广播、校报、校刊、宣传栏、黑板报、电视机以及互联网等载体，努力使不同的学习方式、不同的文化载体相互融合、相互影响，形成良性循环与教育合力。

一是要坚持以文化活动为载体。要精心设计和组织开展内容丰富、形式新颖、吸引力强的思想政治、学术科技、文娱体育等公寓文化活动，把德育、智育、体育、美育渗透到公寓文化活动之中，使大学生在活动过程中受到潜移默化的影响，思想感情得到熏陶，精神生活得到充实，道德境界得到升华。大学生公寓文化是一个多成员、多层次、多内容的复合体。开展公寓文化活动要针对大学生思想活跃、兴趣广泛、喜欢新潮的特点，不断更新内容和形式，使大学生易于接受，乐于参与。诸如开展不同形式的寝室评比活动，如卫生星级寝室、学风优良寝室、寝室美化大赛等，从而促进寝室文化发展进化。开展楼层杯足球赛、公寓趣味运动会等活动，培养学生的互助合作精神，锻炼学生的竞争意识和集体意识。还可以围绕不同的主题开展形式各异的活动，如楼名楼标楼训征集、人文艺术巡回展、公寓学风建设大讨论、感恩母校回馈社会、一封家书一片感恩心等，在丰富广大同学的公寓生活的同时，在不断的创新中慢慢形成和发展本公寓独特的文化。

二是要开辟新途径，使公寓文化载体更为多元化。公寓文化的领域非常宽广，大到整个楼宇，小到单元寝室，涉及方方面面。在文化建设途中，有不少可挖掘的文化载体，它们的加入，能使公寓文化更为丰富，更多元化发展，比如，社团文化和网络文化。社团文化进公寓，是将学校的精品社团重点推出，这是一种校园文化的传播。学校的社团种类多，创意新，主题积极，团队优良，经验丰富，在开展一些学生活动时能得心应手，效果较好。主动与社团联手，联合社团的人力和既有的资源等，整合推出一些精品活动，既能丰富学生的文化活动，又能以活动为媒介，宣传推广公寓这个阵地。此外，网络文化作为新的公寓文化，我们可以利用网络文化来汇聚人心，成为推动公寓文化建设一股新的力量。建立起网络道德规范，加强网络道德教育，增强学生上网的法制意

识、责任意识、政治意识、自律意识和安全意识，培养健全人格和高尚情操，树立良好的网络道德。并建设起一批融思想性、知识性、趣味性、服务性于一体的学生公寓网站，在网上发布正面、真实的信息，提供师生之间的网络交流平台，利用平台加强对学生的专业学习的辅导，加强为广大同学的信息服务，同时也能很好地掌握学生思想动态，引导好的风尚。积极开展健康向上、丰富多彩的网络文化活动，不断拓展公寓文化建设的渠道和空间，形成网络文化建设工作体系，牢牢把握网络文化建设主动权，使网络成为公寓文化建设新阵地。

（三）依托学生自我管理组织，让学生成为公寓文化建设的主人

大学生公寓文化建设的主体是学生，过去大学生公寓文化建设是学校的老大难，管理者忙得焦头烂额，学生却是怨声载道，这是因为没有充分发挥学生骨干在大学生公寓文化建设中的主体作用。把公寓建成学生自我教育、自我管理、自我约束、自我服务、自我监督、自我完善的场所，是加强公寓文化建设的目标之一。公寓中心应成立"大学生公寓管理委员会"，由校、系学生会，各班班委，公寓楼长及寝室长组成，各公寓要民主选举出公寓长，培养具有高度责任感和奉献精神的学生骨干，以骨干队伍的实际行动，带领全校学生行动起来，塑造良好的公寓文化氛围，推进公寓文化建设向高水平发展。大学生公寓管理委员会能及时向学校和公寓管理部门反映学生在学习、生活中的各种要求、意见，协助辅导员、宿管员化解学生之间的矛盾，组织开展各种宣传教育、常规检查、日常行为规范监督、宿舍文化建设等，充分发挥其"自我教育、自我服务、自我管理"的作用，强化对大学生公共道德的教育，要求大学生讲秩序、有纪律，相互帮助，相互合作，培养良好的"团队精神"，以公寓为家，建立友善和谐的人际关系，创造民主、文明、温馨、舒畅的学习氛围和生活空间，团结更多的学生参与到大学生公寓文化建设中来，使大学生公寓文化成果惠及全体住校学生。推进自我教育体制在学生公寓文化建设中落实。

（四）提高认识，加强重视程度，注重公寓文化的巩固与积淀

为了避免公寓文化建设活动"一阵风""走过场"现象，使公寓文化建设不流于形式，有效地配合高校学生思想政治教育工作，达到良好的效果，我们要通过一些有效机制，对公寓文化建设的效果进行检验和巩固，并逐步形成公寓文化积淀，使之作为一种文化传承，对学生群体文化的良性发展产生深远持续的影响。

通过各项评比工作来检验公寓文化建设的效果是一种可行的方法。例如，对所有寝室实行评星制、举行宿舍文化节、开展社会实践活动与青年志愿者活

动，学生之间相互提供生活、学习等各类服务，人人既是服务者，又是服务的对象。通过各种形式的创建活动，通过学生在生活区的种种表现可以检测文化建设效果，并把评比结果纳入德育考评体系中，作为评优、评定奖学金和助学金的重要依据，以达到真实有效的文化建设目的。在此基础上，逐步积淀本公寓独特的文化传统和文化资源。公寓文化的形成需要时间和经验的积累，对于学生公寓来说，存在着学生观念差异，分院特点分明，学生流动性大等问题，积淀不够，缺乏一定的传承性。针对这一情况，应多途径挖掘载体，如建立楼史楼志，透过楼历史的记载，提炼总结，以记载的方式更好地传承文化，以楼名、楼训、楼标为指导思想，宣传楼内往届优秀毕业生，树立榜样，见贤思齐，从而将公寓楼文化建设主体拧成一股绳，提升文化内涵，让学生形成对公寓楼的归属感和自豪感，达成对大学生公寓文化建设优秀成果进行巩固与积淀的目的。

参考文献：

［1］王建中，符俊辉.略谈大学生公寓社会化及其教育管理［J］.思想教育研究，2002（10）.

［2］邢宝君.坚持以人为本积极推进学生思想政治工作"五进"公寓［J］.中国高教研究，2005（4）.

［3］吴春红.制约高校学生公寓文化建设原因的探析与思考［J］.高校后勤研究，2007（3）.

［4］王国义.大学生公寓文化的育人功能及其实现形式［J］.黑龙江高教研究，2008（4）.

新时代高师院校学生社团高质量
发展的困境与对策①

——以 A 大学为例

高校学生社团是学生根据兴趣自愿加入或退出的"群众团体",是第一课堂的有效延伸,是大学生社会实践、独立自主、展现自我教育管理的舞台,也是发展中规范其遵循章程并自主组织科技文化、专业学术、创新创业、文艺体育等综合素质提升的思想文化阵地。中共中央国务院印发《关于加强和改进新形势下高校思想政治工作的意见》指出:"要加强对校园各类思想文化阵地的建设管理和规范管理。"[1]参加校园文化活动是大学生在校期间的重要成才方式,学生社团自有的独特育人模式能增加大学生各项质量培养和能力进步,但由于管理不完善,还不能高质量地让他们在培养远大理想、勇于担当和新时代的新使命中发挥主力军作用。习近平总书记在全国高校思想政治工作会议上强调:"高校思想政治工作关系高校培养什么样的人、如何培养人以及为谁培养人这个根本问题。要坚持把立德树人作为中心环节,把思想政治工作贯穿教育教学全过程,实现全程育人、全方位育人,努力开创我国高等教育事业发展新局面。"[2]不难得出,国家对高校的立身之本发展指明了方向。特别在"双一流"背景下高师院校培养德才兼备、具备中国特色社会主义建设者及可靠接班人的高质量发展需求上升到国家战略,对新时代高等教育工作破解人民日益增长的对更公平、更高质量、更富有特色教育需求和不平衡不充分教育发展之间的矛盾提供必要推力。

---

① 本文作者曾献辉。

一、高质量：新时代高师院校学生社团发展的新要求

（一）国家人才培养的核心需求

高质量发展是当前我国经济社会发展的关键词。党的十九大报告提出："建设教育强国是中华民族伟大复兴的基础工程，必须把教育事业放在优先位置，深化教育改革。"[3]教育部部长陈宝生强调，高等教育工作要全面进入十九大的时间频道、思想频道和行动频道，精心设计好建设高等教育强国的"施工图"，抓质量、抓公平、抓改革、抓开放，首要重点是实现"高质量发展"。显而易见，高等教育发展在中国特色社会主义新时代下赋予了新使命和新目标。习总书记说："青年兴则国家兴，青年强则国家强。青年一代有理想、有本领、有担当，国家就有前途，民族就有希望。"[3]大学生是实现中华民族伟大"中国梦"的希望，是高校人才培养的对象。A大学始终把人才培养作为中心工作，围绕以提高人才培养能力的核心指标，展开了重点依托学生社团等理论与实践活动为主体的特色建设，增进学生多层次领悟高等教育培育人的发展途径，提升学校人才培养的质量，为新时代高等教育体系的高质量发展和国家建设发挥重要作用。

（二）"双一流"特色师范大学"内涵式"建设的需要

"内涵式发展"是一个具有中国特色的浓缩表达，在我国高等教育发展历程中出现频率较高的一个概念。"加快一流大学和一流学科建设，实现高等教育内涵式发展"[3]已然成为高校发展的风向标。A大学打造特色鲜明的学生精品社团活动促进"内涵式"建设，诸如借助学科建设成立相关专业社团，扩大优势学科的辐射度，构筑学科高地上的深度社团；在已形成的师大文化基础上，挖掘红色文化基因及传承品牌集群，创建苏区精神学术型社团，营造一流文化的项目实施氛围，定位能够回应学生群体日益增长的美好生活向往，从而满足其实践育人之需，这种融入大学教育全过程的全新方式为"双一流"师范大学结构再调整、层次再划分、资源再配置提供动力支持，对提升其核心能力并在高等教育中占有一席地位。

（三）教师队伍建设和学生全面成长的"良药"

高师院校担负着教师教育培育的重任，是未来教师的传承之地和教育人才的培养之所。2018年中共中央国务院下发《关于全面深化新时代教师队伍建设改革的意见》，明确指出："大力振兴教师教育，加大对师范院校支持力度，建立以师范院校为主体、高水平非师范院校参与的中国特色师范教育体系。"[4]教

书育人不仅仅需要教师的反思能力、科学能力，还需要教师的教育智慧，教育智慧直接关乎学生德智体美的实现。[5] A 大学提出社团指导老师育人要素要求促进其蓬勃发展，优化老师的思想政治教育意识和专业能力培训，形成精准指导、乐于从教的培育供给体系，凸显教师主导地位。同时，积极开展适应新时代教育高质量发展潮流的社团活动，比如，A 大学大力开发学生"自我教育服务"主体作用，实施学生社团活动形式的差异化组织理念，激发主动参与意愿，让其能从中获取人际关系协调、独立学习思考和社会责任感内生等多层面能力锻炼，充分体现学生在高师院校社团文化建设中的价值。这些举措既打造了喜闻乐见的高质量育人活动，又在转型背景下的资源优化和特色凝练平台下使更多学生受益不断，推动社团活动立足专业性、提升应用性和突出师范性。

二、低水平：当前高师院校学生社团运行的总体特征

（一）学生社团高质量发展的领导缺失

截至 2017 年年底，A 大学有思想政治类、学术科技类、创新创业类、文化体育类、志愿公益类、自律互助类的学生社团 90 余个，学生参与度达到在校生的 85%，且呈逐年上升趋势，这对学校各项教育事业发展和落实"把立德树人作为教育根本任务，培养德智体美全面发展的社会主义建设者和接班人"有积极作用。但目前存在以下情形：

1. 学生社团的指导模式单一

高校承担高等教育使命，要深刻理解社团工作的重要性，新时代大学的"双一流"建设中应顶层深化社团功能布局，产出丰硕的科研成果，其中提升教师整体素质是重中之重。早在 2004 年《中共中央国务院关于进一步加强和改进大学生思想政治教育的意见》的文件上就明确："要加强对社团的领导和管理，帮助大学生社团选聘指导老师，支持和引导大学生社团自主开展活动。"[6] 因此，选配好指导老师是管理的核心。经调查目前 A 大学多数学生社团指导老师为专任教师、团委或政工干部、辅导员等，由于社团类别不同，指导时容易产生惯性思维，管理方式单一性严重。加上人事制度并没有将社团指导老师纳入职称评价机制必需条件并且缺乏相应机制鼓励其担任，有 41% 的老师在指导时不尽全力、"无心恋战"和间断性脱岗等形同虚设的局面，如果指导教师本身教学科研任务重，都难有时间进行深入细致和开拓创新的管理，造成社团领导效应不足，社团会员不认识或没见过指导老师有高达 33% 比例的局面。正如专家所言：教师职业认同是个体对教师职业的评价和认知，是教师专业成长的动力，也是

促进教师自我发展的内在驱动力。[7]一旦指导老师对其认同度低，社团发展狭隘滞后进程定会愈演愈烈。

2. 学生社团的重视程度不够

高校的培养人才发展依托大学生社团建设进行学生教育管理。当前的学生社团种类已经覆盖了高校所有学科类别。A 大学的学生社团就包含有传统文化类的 6 个、创新创业类的 2 个、科学技术界类的 15 个、人文社科类的 25 个、艺术体育类 10 个等。每年大学生社团文化节中"百团大战"的壮观场面让学生倍感振奋。此外，与性质相符并准确反映特色的大学生思源协会、明湖廉洁学社和孔子教育与思想交流协会，这些以地方区域色彩取名的社团在活动开展形式上越发呈现新时代特征。但学校有时对社团的管理仅仅停留在下发文件和应对上级检查的层面，甚有部门出现对学生社团活动不支持的边缘化现象，认为学生是不务学业，严重妨碍正常教学秩序，这种观念上的"跑偏"势必将影响大学生的价值观，对其在课外时间培育社会实践能力和促进学生全面综合素质提升产生负面效果，也会减缓学校"双一流"改革发展建设的脚步。

3. 学生社团活动自主性缺乏

学生社团活动开展呈现出内容丰富但形式交叉过密及多学科串联方式普遍现象，存在有活力、有多元价值效应和个性化打造的活动偏少等良莠不齐的情况。由于低年级同学居多，被动承接政策安排和体现自主性、趣味度和参与率的短板现象，对学生个性培养、兴趣特长、管理才能或希望得到锻炼其综合发展以及多方位教育的要求没有做到因地制宜，加上活动场地的有限性和学生社团专项经费不足，很难保证内容新颖并反映时代特征的品牌精品活动，社团在学生展示才华、收获成长的层次和水平会大打折扣，不仅阻碍了社团本身的发展，而且难有提升其"提出问题、分析原因、找出路径"的能力，延缓他们探索精神及创新思维的培育和深入。

（二）学生社团的发展理念缺位

1. 社团高质量发展观偏移

《礼记》中说道："大学之道，在明明德，在亲民，在止于至善。"高校俗称"象牙塔"，是培育中国特色社会主义建设接班人的场所。当前在这片净土上却出现"官僚化"现象，对其牢固正确的理想信念和坚定社会主义核心价值观等影响至深。我们在问卷中涉及"你所参加的社团组织管理架构是否合理？"这个问题时，26% 的同学勾选"职位较多，不太合理"；对待"你会参与竞聘社团学生管理岗位吗？"这个问题时，47.9% 的同学表示"会，非常乐意"；当问及

"你进入社团学生管理岗位的目的是什么?"时,23%的学生答复"有成就感,可以管人";涉及"你平时在社团活动中如何称呼社团老会员?"时,69%的同学称呼"相应职位名称",只有17%的回应为"学长和学姐"。从此类问题的回答上,可以看出学生社团组织管理的架构上不管其规模大小,机构部门职位有各种噱头或"官衔",新加入社团会员对负责人的称呼普遍用上了"主席、部长"等社会化的公务词语,等级观念辐射明显。有同学甚至进入社团并不实际为自身综合素质增强和社团服务发展做贡献,存在私心泛滥的氛围。更有学生社团为所谓的占领竞争制高点,特意操办形式主义活动,并不合宜地强调"做出政绩"获取"官本位"价值。这些现象触目惊心,势必将导致大学生正确思想信念及人生观的缺位,使原本崇高的价值观发生歪曲。这定会影响高校在思想政治教育工作的有效性和学生社团育人功能的针对性,所培养出的大学生也定会缺失坚定的新时代社会主义发展观和为人民服务的共产主义崇高理想,对高校自身长远发展及进入新时代的中国特色社会主义现代化建设非常不利。

2. 社团建章立制不规范

"无规矩不成方圆",规章制度是组织机构良好运行的客观要求。2016年教育部颁布新修订的《普通高等学校学生管理规定》(教育部令第41号)就是指导和规范高校实施学生管理的重要规章,涉及学生的权利与义务、学籍管理、校园秩序与课外活动、奖励与处分、学生申诉等诸多方面。[8]《A大学章程》里有明确规范、科学合理和"以生为本"的条例,用于约束、激励师生,规范办学行为。但在学生社团管理制度上有所缺乏,内部人员纪律涣散且作为不够。问卷调查中提出"你了解本社团的发展规划吗?",有48.9%的社团会员回答为"不了解",59.9%的则对"社长是否组织新会员学习过社团章程等"时表示"没有",在回答"对社团管理制度的方式有哪些?"时,35%的会员认为"负责人一人说了算"及"拍脑袋决策"的情况居多,管理手段僵化且较少顾及新成员的提议,严重影响到组织高速发展和效力的提升。我们发现36.8%的社团人员管理过于松散,管理模式创新不足,大多依赖学校职能部门的统筹安排并模糊地实施,特别在学生社团从申请、注册、评估、考核及退出的管理制度上体现出不得当的形式主义,加上社团运营和监管方法的不到位,活动项目不能让学生"一见倾心",有40%左右的社团出现不同程度的无序化运行。这些问题导致领导力、执行力和影响力的薄弱,并导致社团持续发展稳定性不足。

3. 社团会员自身认同弱化

从对 A 大学的社团会员问卷调查看，会员普遍认为他们对社团认识不清和活动新颖度不够导致参与率低。在社团文化题型中考察"对本社团历史发展情况是否了解"时，回答"没有了解""不是很清楚"的同学占 38%；涉及"当初只是自己喜欢才加入的"，而认真了解清楚社团理念和发展方向的会员只有18%；当选择"你对本社团活动开展满意吗？"时，将近一半的会员回答为"自身加入的社团活动已严重缺乏内涵建设，很大程度上吸引力不够强"；当问及"社团活动你会经常性参加吗？"这问题时，回答"会，非常积极"与"有就去参加"的比例分别为 15.8% 和 26.6%，而回答"有空就去"与"挂个名而已"的比例分别为 43.9% 和 49.1%；问及"你认为社团活动有利于提升你的管理服务和实践能力吗？"时，有 38.5% 的学生表示不太认同；答复"你认为所在的学校的学生社团活动的总体质量如何？"时，29.7% 的同学选择"一般"。可见，大多数学生对学生社团契合亲密度不高，热情度消退，普遍缺乏主体归属认同感，满意度低。学校亟待在学生社团品质发展定位上下功夫，高度重视学生社团育人功能建设，大力完善社团管理和质量提升工程。

三、深化改革：高师院校学生社团高质量发展的必由之路

（一）完善领导机制，优化管理制度

党的十九大报告指出："中国特色社会主义进入新时代，我国社会主要矛盾已经转化为人民日益增长的美好生活需要和不平衡不充分的发展之间的矛盾。"[3] 高校领导应在顶层设计上宏观调控，加大资金和设备投入，充分把握学生社团建设发展的方向，突出学生社团在学生成长成才中的关键地位并作为党的先进理论思想落实的组成部分。"教师承担着传播知识、传播思想、传播真理的历史使命，肩负着塑造灵魂、塑造生命、塑造人的时代重任，是教育发展的第一资源。要着力提高教师专业能力，全面开展高等学校教师教学能力提升培训，提高高等学校教师质量。"[4] 领导机构应增强对社团的管理要求，对指导学生社团的负责老师应定时选拔和不定期培训，推动团队建设与管理供给后勤保障，引导社团学生正确处理专业和兴趣之间的关系，使其自我管理能力得到逐步提升，自我定位也更加精准，形成社团持续繁荣的长效机制，推动社团健康有序地发展。[9] 同时建立评价激励与管理"能上能下"机制，对经常不参加社团活动的同学做退团处理，对在校园文化活动和社会实践中表现优秀的大学生社团或个人给予奖励，不仅激励其他学生社团组织和个人更积极地付出努力，而

且能提升他们的自信心和社团运行效率，深刻认识新时期大学生的培育要求和发展所需。

此外，适当修改社团管理办法，规范社团的各项制度，调研发现大部分高校都是沿用多年的管理制度，无法适应当前的发展要求，应加以修订、完善和重新起草编写。诸如《A大学学生社团管理办法》的出台就很好诠释了今后发展方向，通过社团活动形式创新性开展思想政治教育，降低活动的重复率，避免枯燥，引导学生变被动接受为主动学习，努力做到严进严出下的"申请审核制"，社团百花齐放和繁荣发展将指日可待。

（二）创新管理模式，增强育人功能

管理模式由管理理念、管理内容、管理工具、管理程序、管理制度和管理方法论体系等要素组成，是在管理理念指导下建构起来的一套行为体系结构，主要分为理念、系统和方法三个层面。学生社团管理模式如何提升育人价值是当下"双一流"大学建设的研讨热点。学生社团要助力"双一流"建设，促进学生全面发展，核心在于管理，重点则要"以文化人"。有专家曾说："社团活动是学校文化的历史积淀，一个大学的发展史就是一个学生社团的发展史，一个大学的底蕴就存在于一个大学的学生社团的底蕴之中。一个大学的精神、文化也存在于一个大学学生社团的精神和文化当中。"[10]社团在育人功能发挥时要确立"课外必修课"地位，拓宽通识教育的覆盖作用，实现课内老师教学与课外社团实践无缝对接。学生社团管理时应遵循长期发展和高效运行规律，突出重点和项目分类评价为基准，探索倾向于社团育人教育主体的平台作用，创设教学相长新情境的人才培养协同育人新模式。A大学每年都进行社团表彰总结，增加学生融入其中的仪式感，对在社团工作、活动中涌现的先进教师给予纳入晋升标准范畴，对于积极参与社团活动的学生视为"第二课堂"素质拓展，作为学分认定、评先评优乃至入党参照的必要条件，对不同类型的社团活动进行统筹指导，突出学院自有特征或校级社团亮点，打造寓教于乐一体的品牌活动。具体为：重点建设一批品牌社团，启动一系列主题活动集群，打造一些有示范引领作用的高质量社团，形成"一院一品、一社一品、一专一品"的特色。这样社团才更加有文化感召力，学生的个性、特色得到更好发挥，也能突破学生社团发展瓶颈和有效提升地位。

另外，高师院校在专业限定的条件下，加大学生社团跨校区社团组建的新作为，通过打通校外通道，增加交流机会，做好协同共建和多元管理理念等方式，对于提升学生综合素质、社团增加经费来源、扩大场地使用和加快学生从

"学校人"到"社会人"的转型意义重大，彰显社会实践育人活动成效。高校应充分肯定学生社团在育人工程中发挥的功能作用，建设好学生"社团之家"。

（三）引入网络技术，注重文化建设

《高校学生社团管理暂行办法》中强调："高校要根据实际情况支持学生社团网络化管理和信息化平台建设。"[11]"互联网＋"理念是先进的科技生产力和新时代改革、发展、创新的网络平台，能增强社会经济实体的生命力。"互联网＋学生社团"则是新时代高师院校社团高质量发展的必然趋势和探索的新路径。当前，高校学生社团的数量繁多且会员队伍庞大，如果快速整合或筛选好能再增强学生的认同度。比如，在大数据平台下，社团建设与信息化网络化的大环境要求结合起来，通过线上线下方式，将社团建构、成员信息、活动内容和经费及时录入系统，方便管理者查看，对流动性的会员进行增减处理，在开展活动层面时可在系统上发布社团的月计划表，开通预约报名和经费监督等，最优化地进行社团活动，增加有益度。最后由会员自身对参与的价值性进行评价，以年限为评判标准并量化奖惩机制，这在一定程度上将推动学生社团的运行水平与创新发展。

"文化是一个国家、一个民族的灵魂。文化兴则国运兴，文化强则民族强。没有高度的文化自信，没有文化的繁荣兴盛，就没有中华民族的伟大复兴。"[3]社团最好的教育就是从社团文化自觉到文化自信，加大学生社团文化建设力度是新时代社团高质量发展的脊椎点。正如学者所言："好的文化可以增强社团育人能力，好的管理推动扩展社团发展空间，好的服务刺激社团成长活力，社团应该更好地发挥主流价值引导作用。"[10]据调查，A大学学生社团结合自身特色和区位优势围绕"红色文化""客家文化""科技文化""艺术文化"打造社团精品，这些沉淀和凝练出的社团文化能很好体现自身特色气质。此外，高师院校在培养过程中，要以习近平新时代中国特色社会主义思想为先进文化指导，注重发挥党团组织的作用，增强负责人在实践过程中能领悟贯通并具有坚定理想信念、良好的职业操守、融洽的人际关系等综合素质，唤醒学生的主体参与意识，在专业背景文化基础上借助学生社团活动加强文化熏陶和符号学习，通过不断的知识获取来努力做到社团文化"浸湿"学生，使其对文化影响力"情有独钟"，社团品质有口皆碑，社团发展水平有目共睹，学校学生社团在文化传承创新发展上自然能水到渠成。

高校学生社团的高质量发展要将社团活动内容"与时俱进"，创新社团融入大学生思想政治教育工作的新要求，发挥其服务、实践等育人功能；同时通过社团发展的去政治化、增进社团成员的认可和完善社团管理指导机制，在社团管理中引入新媒体技术模式加强对社团的建设，走好社团"专、特、强"道路。作为学校"第二课堂"的有效延伸学校应加强扶持力度和重视程度，为学生社团发展提供宽松的外部环境，在推动高校育人成果、提升学生综合能力、服务社会方面给予更多的关注，也更好地完善校园文化建设。[12]

参考文献：

[1] 中共中央国务院印发《关于加强和改进新形势下高校思想政治工作的意见》[N]. 人民日报，2017 – 02 – 28.

[2] 全国高校思想政治工作会议[N]. 新华社，2016 – 12 – 08.

[3] 党的十九大报告[N]. 新华社，2017 – 10 – 07.

[4] 新华社. 中共中央国务院关于全面深化新时代教师队伍建设改革的意见[N]. 新华网，2018 – 01 – 31.

[5] 肖笃森. 地方高师院校教师教育改革发展探析[J]. 赣南师范学院学报，2015（5）：79 – 81.

[6] 中共中央国务院《关于进一步加强和改进大学生思想政治教育的意见》[Z]. 中发〔2004〕16 号.

[7] 李东斌，邵竹君. 顶岗实习师范生教师职业认同与职业幸福感的关系[J]. 赣南师范大学学报，2017（5）：125 – 127.

[8] 中华人民共和国教育部. 普通高等学校学生管理规定[Z]. 中发〔2016〕4 号.

[9] 吕振兴. 地方区域性高校学生社团管理模式探究——以浙江越秀外国语学院为个案[D]. 长春：吉林大学，2011：7.

[10] 新时代如何实现一流社团新使命[N]. 中国教育报，2018 – 01 – 22.

[11] 共青团中央、教育部、全国学联《高校学生社团管理暂行办法》[Z]. 中青联发〔2016〕9 号.

[12] 曾献辉，陈昕. 高校学生社团管理模式创新研究[J]. 法制博览，2015（10）：12 – 13.

第四篇

04

| 党团建设篇 |

廉洁文化视域下新时代高校党建
工作创新路径研究①

习近平总书记强调："办好我国高等教育，必须坚持党的领导，牢牢掌握党对高校工作的领导权，使高校成为坚持党的领导的坚强阵地。"[1]作为人才培养的摇篮，党的领导是高校"立德树人"的必然要求，党建工作的好坏直接影响着党和国家接续奋斗后备军力量的培育。党的十九大召开以来，中国共产党不断将全面从严治党引向深入，但高校党组织建设仍然面临许多困境。高校作为较为独立的事业单位，政治性不足、战斗力低下、凝聚力不强成为其内党组织亟待解决的突出问题，极有可能产生腐败问题加剧、党的工作浮于表面、群众对党组织的认可度低等严重后果。廉洁文化作为社会主义先进文化的重要内容，基于其深刻内涵，创新高校党建工作方式方法，对于新时代高校党建工作面临的诸多困境的解决具有重要意义，以此改进高校党建工作方式，继而充分发挥好高校党组织的战斗堡垒作用。

一、党建范畴内廉洁文化的科学内涵

廉洁文化是一种精神财富，是社会历史发展凝结的先进文化的一部分，贯穿于全面推进党的政治建设、思想建设、组织建设、作风建设、纪律建设的全过程[2]。探讨廉洁文化融入高校党组织建设的必要性和可行性，首先应该明确廉洁文化作为社会主义先进文化的科学内涵，主要表现在以下三方面：

1. 中华优秀传统文化中的廉洁美德。从古至今"廉洁"一直是中华优秀传统美德的一部分，其成文最早可见于战国时期著名爱国主义诗人屈原的著作《楚辞·招魂》一文中，即"朕幼清以廉洁兮，身服义尔本末沫。"此处的"廉

---

① 本文作者李晨。

洁"二字就有"廉正清洁"的内蕴了。在古代封建主义中央集权的大背景下，统治者以"受命于天"与"民惟邦本"的思想为基础，寻求统治合法性的首要原则是"修身养性之道"，从上而下形成了一种居安思危、"先天下之忧而忧"的管理方式，这就为廉洁自律美德的传播与发扬提供了有效保障，如《论语》中"其身正，无令而行；其身不正，虽令不从"、《汉书》中"臣门若市，臣心是水"等典故比比皆是。可以说，除去中国古代封建统治的局限性，以传统美德方式流传下来的廉洁文化对当今个人思想道德修养也具有不可小觑的重要作用。党的十八大以来，习近平总书记多次在公共场合提出要弘扬中华民族优秀传统文化，多次引用传统美德典故对党的建设做出重要论述，强调广大党员的自我修养更应继承和发扬好符合社会历史发展的廉洁价值观念。

2. 党的领导集体在革命、建设、改革过程中凝结而成的廉洁文化。建党以来，不论是在新民主主义革命时期、社会主义建设时期、改革开放时期，党的领导集体始终高度重视廉洁文化在其发展历程中的促进作用。党在赣南苏区建立中华苏维埃共和国的执政预演过程中，就将国家干部个人作风及群众观念摆在首位，形成了"一心为民，清正廉洁"的苏区精神，这一理念秉承了中国共产党建立以来为中华民族和中国人民"开天辟地，敢为人先"的价值取向，并一步步地伴随着不同革命时期党员干部"百折不挠，艰苦奋斗"的行为典范，以实事求是的态度保持优良传统和作风，最终实现推倒"三座大山"、成立中华人民共和国、推动社会主义建设走向新时代的壮举。不论是建党初期的"红船精神"、反围剿时期的"苏区精神""长征精神"、抗战时期的"延安精神"、建国时期的"西柏坡精神"、建设时期的"雷锋精神"等，其中无一不透露出共产党人廉洁奉公的光辉品质，所形成的红色文化和革命精神历久弥新、激励人心。

3. 新时代中国特色社会主义廉洁文化。中国特色社会主义廉洁文化是对传统优秀廉洁文化的传承与发展，批判继承了西方廉洁文化的科学部分，它是以马克思主义廉洁政治理论为指导，立足中国具体实际而形成的一种新的文化形态，真正实现了"传统"与"时代"文化发展的有机结合，体现出了我们党立党为公、执政为民的执政理念，坚定不移与贪污腐败现象斗争到底的决心与毅力。[3]习近平总书记强调，"反对腐败、建设廉洁政治，保持党的肌体健康，始终是我们党一贯坚持的鲜明政治立场"。[4]在当代中国，中国特色社会主义廉洁文化体现了鲜明的政治价值，我们党坚持以人民为中心的基本立场，引导广大人民尤其是党员领导干部队伍树立崇高的价值信仰，将个人得失与国家、社会集体的利益关联起来，使广大人民更好地参与监督与自我监督、批评与自我批评的价值机制中，形成人人拒腐、清风正气的良好社会生态。中国特色社会主义廉洁文化是以社会主义核心价值观为核心的社会文明和以全面依法治国、从严治党的政治文明的合理融合，从而形成贯穿国家、社会和个人三个层级的价值准则，通过价值准则影响中国特色社会主义现代化建设各项事业的行为规范。

二、廉洁文化融入新时代高校党建的价值意义

高等学校发展影响国家中高层次人才培养及科学技术创新，社会主义现代化合格建设者的培养包含科学研究能力和个人思想政治素养的共同提升，这就要求高校不断秉承建设社会主义大学的基本目标，实现党领导下坚定不移走中国特色社会主义发展道路的接续者培养。廉洁文化内含的秉公自律、反腐倡廉、清白做人等个人修养和集体特质，能进一步促进高校教师发展和学生成才，最终达到"立德树人""人才强国"的价值目标。把握好党的领导作为高校各项事业发展的出发点和落脚点，不断创新高校党建思路与方式方法，将廉洁文化融入新时代高校党建工作的方方面面，对高校党组织良好政治生态建设、高校党员先锋意识培育，最终实现党建促发展的教育格局具有重要作用。

一是凝聚思想，补足精神之钙。当前经济全球化大背景下形成了复杂的国际和国内环境，各种外来文化和多元社会思潮冲击着青年学生的思维意识，高校党的阵地也出现思想盲从、信仰缺失、唯利是图等突出价值问题。高校师生作为高校两大主要群体，受到的影响是最直接的。高校教职工具有教育科研管理等方面的突出职能，在教书育人的环节中难免受到各式思潮、诱惑和风险的影响，若自身没有坚定的辨识和度量标准则会引发意识涣散、以权谋私、金钱至上的价值选择，最终影响高校发展和学生教育。高校学生正处于接受高等教育阶段，自身的世界观、人生观、价值观也正趋于完善成熟阶段，个人未来发展也将由现今的培养阶段演化至两个截然不同的方向，若是加以正确引导与教育则可实现培育社会主义现代化合格建设者的育人目标，反之则会导致学生个人理想信念失范，从而影响为社会主义现代化事业做出贡献的意识与能力。在这过程中，将廉洁文化融入高校党建中去，从理想信念层面处理好高校"人"的问题，通过廉洁文化的正确的价值引导和行为养成打牢师生党员的思想根基，培养师生抵制各种混乱思潮、金钱权力诱惑和贪污腐败风险的能力，最终把高校的整体思想凝聚到社会主义大学人才培养上来，提高学生走向社会的本领，

防患于未然。

二是优化队伍，夯实组织根基。高校党组织是中国共产党在高等院校教育、科研、管理等职能方面的基础阵地。不断推进高校党组织创新建设，提升高校党组织的活力与能力，是党在新时代创新执政方式与水平的重要体现。随着"双一流"高校与学科建设战略的提出，一些高校呈现出重科研轻服务的管理态度，高校党组织的凝聚力大打折扣，对待党组织生活和工作缺乏主动性和积极性，更多的是一种对党组织归属和认同的意识问题。高校党建工作创新的重点在于打造富有凝聚力、战斗力、学习力、示范力的组织架构，将廉洁文化融入高校党组织建设中，其内蕴含的纯洁高尚思想价值观念与艰苦奋斗行为规范能够有效地优化党建工作队伍，统筹好高校党委、二级学院党委和基层党组织三部分关系与职能，体现出高校党组织清正廉洁的政治作风，提升高校党组织对高校师生的吸引力，凝聚师生党员紧紧围绕在党组织的周围，提升高校各级党组织的号召力与战斗力。在基层党建过程中，组织的中心应该围绕着师生党员群体和积极向党组织靠拢的师生群体，在高校思想政治教育"又红又专"培养模式与党员理想信念和能力培养模式的中间，将廉洁文化合理内涵融入高校党建队伍与组织建设全过程，能行之有效地为新时代高校思想政治教育工作提供新思维、新方法。

三是锻造本领，发挥模范作用。高校师生党员是我国青年知识分子党员队伍的中坚力量，即使是还没有入党的青年学生，在高校基础课程教育环境影响下，也具有一定的知识水平和政治素养。我国高校始终坚持为国家培育人才的教育宗旨，但在人才培养的过程中出现了许多问题。从高校学生层面来看，单一注重提升自我专业知识水平和科研能力以满足其毕业所需的理论和科研成果的思想占据主导地位，许多学生党员和积极向党靠拢的学生在理想信念教育环节中非常被动。同样的现象也可见于教师党员层面，许多教师为求个人发展而对自身科研任务尤为关注，对党和学校事业发展出现"冷漠"的情感表达，"事不关己高高挂起"的价值观念因此产生，容易引发对党的道路与信仰的认识不够与信心不足，受到不良信息误导，影响我国社会主义大学人才培养的初衷与使命。新时代廉洁文化融入高校党建工作的紧迫性在此便显现出来。廉洁自律的文化内涵强调了个人的修身养性，对于高校党组织队伍中的个人能力与作风建设有着突出导向作用，配合"以文化人"的高校育人方式，能够不断锻炼高校师生党员的本领，引领风尚，同时更好地发挥高校党员的示范引领作用，使高校党建工作创新不断引向深入。

四是清风正气，保持良好生态。处理高校腐败现象是党和国家打造清风正气的高校育人生态环境的重点，高校党建工作的困境主要来源于三个方面：一是在高校师生党员发展阶段，不纯的入党动机使党员发展过程出现信仰不足、唯利是从的错误价值观，为了某种目的而迫切想加入党组织，这种"实用主义"等不良观念深刻影响着高校党员质量；二是在高校师生党员教育阶段。师生党员参与党组织日常理想信念和能力水平教育的过程中因为课业和科研负担通常以"得过且过"的态度对待，严重可导致师生群体对党的误解，对党的忠诚度与认可度下降；三是在高校党组织建设方面。高校基层党组织的设置不合理和日常组织生活的不规范也或多或少造成高校师生党员的"游离"状态，导致师生党员和普通师生对于党组织的信任程度降低。基于以上高校党建工作面临的困境，将廉洁文化创新融入高校党建工作中，目的也就在于实现党建工作的推陈出新，满足不断变化的现实基础，实现廉洁文化教育与党性修养的结合，端正高校师生党员的入党动机与责任使命，实现高校党建工作的清风正气，保持良好政治生态。

三、廉洁文化助推新时代高校党建工作路径分析

廉洁文化教育一直以来是高校党建工作过程中的重要一环，但在近年来逐渐呈现出一种教育"形式化"、内容"空虚化"的不良表现。在中国特色社会主义走向新时代的今天，如何结合新形势、新背景合理创新高校廉洁文化融入高校党建工作是值得令人深思的。针对新时代我们党建设社会主义大学的新要求，我们可以将廉洁文化的"行为准则"功能与高校师生党性修养创新融合，形成组织化、系统化的廉洁意识形态教育体系，利用新手段构建线上线下学习教育平台。

一是提升"内涵"教育，实现党性修养与廉洁文化的有机结合。进一步将廉洁文化融入高校党建工作中，需要充分把握好思想政治理论课推动高校党建工作的主阵地功能，结合新形势下加强和改进大学生思想政治教育的需要，在原有公共课程《思想政治修养与法律基础》《中国近代史纲要》《马克思主义基本原理》《毛泽东思想与中国特色社会主义理论体系》等指定教授动作外，创新传统思想政治课程教授内容，结合廉洁文化具体研究阐述，丰富课程内涵；在课堂主阵地之外，通过基层党组织集中学习等形式，改变传统党内学习模式，开设廉洁文化专题学习班，组织专业教师党员参与指导廉洁文化融入本校实际教学与大学师生加强党性修养的合理规划，依托学校区域优势资源，打造党组

织廉洁文化学习与修养的特色品牌（如教学方式、课本材料等），形成富有区域特色的教育模式，增强广大师生的廉洁意识、党性观念、规矩意识和纪律观念，让教师讲授廉洁文化内容有章可依，让学生形成廉洁文化修养有路可循。

二是发挥"体系"作用，形成党组织廉洁意识形态教育体系。高校"立德树人"本质决定了其在青年人理想信念培养过程中的重要意义，为培养中国特色社会主义事业可靠建设者和接班人提供了"育人土壤"，因此，形成"五位一体"的廉洁文化教育体系尤为重要。"五位一体"廉洁意识形态教育体系，即加强政治理论学习，开展党建思政研究，关心关注师生发展，善于听取意见，注重组织发展质量。高校党委应高度重视"廉洁文化进党建"工作，扎实有效地推进廉洁文化融入学校党建工作的方方面面，积极适应新常态、主动顺应新形势，研究制定系列纲领性文件，为全面部署推进廉洁文化创新融入学校党建工作提供政策保障。党群各部门应做到齐抓共管，思想高度统一，目标远大一致，形成高校党的廉洁意识形态教育体系规范化、制度化。面向基层广大师生党员群体，更应该通过党组织廉洁意识形态教育体系的构建与实施从而让其参与体验、接受教育、饱经洗礼。同时，为保障教育体系的成效跟踪，应做好党内廉洁教育"两手抓"工作，廉洁意识形态教育体系领导小组带头抓，党组织工作人员全面抓，创新高校党内民主评议方式，制定师生党员"廉洁文化入脑入心成绩单"，结合《中国共产党党内监督条例》等中央文件精神，研究党员个人廉洁修身程度的向量与指标，在党员民主评议会上集中开展"廉洁指标"的批评与自我批评，将旧办法与新方法进行有机统一，达到体系教育成效最大化。

三是注重"主体"功能，加强廉洁文化育人队伍管理。对于高校党建工作廉洁化而言，注重"主体"功能包含两个方面的意蕴：高校思想政治理论课教师和高校党建工作者两支队伍。高校思想政治理论课教师应积极做好廉洁文化的挖掘、研究工作，力出系列精品，明确其在课堂教学和党建研究全过程的重要作用，在课堂准备的过程中学习与贯彻廉洁文化，提升自我素质，利用课堂教学改革的平台通过学生喜闻乐见的教育方式将廉洁文化贯穿思政教育始终，并在学校统一组织下，积极开展"廉洁文化进党建"专题研究，分析学校实际必要性与可行性，为学校党组织开展系列工作建言献策，形成理论"智库"。高校党建工作者包括学校党政干部和共青团干部、辅导员、班主任等，学校党委应高度重视党建基础性工作实施人员的培养，结合新形势研究和制定高校党建工作者管理条例，将廉洁文化贯彻落实程度纳入高校党建工作者绩效管理考核过程中，在日常工作中，结合党的新思想、新要求组织开展高校党建工作者培训班，不断提升高校党建工作者队伍的思想政治水平，引导高校党建工作者利用廉洁文化进行实际教育，以此作为考核标准。

四是构建"平台"优势，线上线下发挥党员示范引领作用。研习平台，是廉洁文化在党建工作过程中"无形化有形"的方式，通过平台建设，可以更好地达到耳濡目染的良好成效。在平台构建过程中，可分为线上线下两种考虑。线下平台以校内校外实体平台建设为主，高校可通过廉洁文化征文、书法、绘画、演讲、交流等形式，打造"廉洁文化示范党支部"，发挥各级党组织学习贯彻廉洁文化的积极性与常规化，与高校特有的教育载体，如图书馆、活动中心、标志性建筑、校史馆等相辅相成，联系校外与廉洁文化培育相关机构、组织、培训中心、实践基地等，形成校内校外党员意识培养与党建工作落实的积极互动。线上平台以现今大学生使用得最为频繁的社交工具微信、微博为主，网站信息获取为辅，将廉洁文化引入微平台，并加强网络信息获取、筛选和发布的监管力度，将廉洁文化的重要理论观点、重要的著作以及纪录片等素材介绍给师生党员，构建以廉洁文化为主脉的教学资源网。同时，构建"廉洁文化宣讲四维宣讲格局"，即领导党员带头讲、专家党员进来讲、教师党员全面讲、学生党员自己讲。四维格局相互补充、形成覆盖全校各级党组织的廉洁文化宣讲力量，充分发挥高校党员示范引领作用。

参考文献：

[1] 习近平.把思想政治工作贯穿教育教学全过程 [EB/OL].新华网，2016 – 12 – 08.

[2] 习近平.决胜全面建成小康社会　夺取新时代中国特色社会主义伟大胜利——在中国共产党第十九次全国代表大会上的报告 [N].人民日报，2017 – 10 – 28.

[3] 唐东平.中国特色社会主义廉洁文化的内涵、功能及建设途径 [J].廉政文化研究，2010，1（03）：5 – 9.

[4] 习近平.紧紧围绕坚持和发展中国特色社会主义　学习宣传贯彻党的十八大精神 [J].求是，2012（23）：3 – 8.

高校教学学院党委党校培育党员
工作的探索与实践[①]

——以赣南师范大学化学化工学院党委党校为例

作为高校基层党组织，培养和发展学生党员为群众服务的思想，搭建为群众服务的平台，成为近年来化学化工学院学生党支部一直努力的方向。化学化工学院党委党校积极探索发展和教育党员队伍工作中的新模式、新方法，努力加强对学生党员的后续教育和入党积极分子的培养，并逐渐摸索出一条创新党员教育的途径——以志愿服务为载体，加强对学生党员和入党积极分子的社会实践教育。

一、采用志愿服务制度，培养青年学生的志愿奉献精神

学院党委党校一直致力于创新对学生党员和入党积极分子培养和考察的模式，针对如何培育和强化学生党员和入党积极分子的宗旨意识和奉献精神、如何将入党积极分子全心全意为人民服务的表现体现在党员发展的具体条件中、如何保证学生党员发展的质量等一系列问题进行思考研究，探索出一条适合本院实际的有效途径和载体。那就是将青年志愿者活动和对学生党员及入党积极分子的社会实践教育结合起来，培养青年学生的社会责任感、道德意识和奉献精神，发扬"奉献、友爱、互助、进步"的志愿者精神。

化学化工学院党委党校积极为青年学生的社会实践广搭平台，与周边的社区和敬老院进行联系，使其成为学院的志愿服务基地。在这些志愿服务基地中，湖边涌泉敬老院与化学化工学院结对帮扶有22年之久，为青年学子的志愿服务搭建了良好平台。把对入党积极分子的培养和考察与大学生志愿服务结合起来

---

① 本文作者钟海山、黄丽、叶东甯。

制定志愿服务制度，作为培养和考察入党积极分子的新途径、新方法，并以此来培养学生的志愿奉献精神。

二、突出方法创新，完善党校培训教育体系

为使志愿服务制度不流于形式，化工学院党委党校特别推行阵地化的志愿服务模式，为学生党员和入党积极分子发挥自身才能、服务奉献社会创造了有利条件。

一是以志愿服务为载体，加强对青年学生思想品德教育。学院党校成立了"学生党员志愿服务队"，建立传帮带机制。党校按照学生党员所在年级分成四个小组，专门负责开展与涌泉敬老院的结对帮扶工作，定期开展敬老爱老活动。为了保证党员志愿服务工作的更好、持续开展，党校还创新工作思路，制定了高年级党员带动低年级党员的传帮带机制。这些新举措的实施，不仅激发了学生党员和入党积极分子参与社会实践的积极性，也广泛地带动了入党积极分子和有志于入党的青年团员共同参与，使得爱心服务薪火相传，更使得志愿服务活动得以蓬勃向上发展。

二是创新服务模式和内容，激发青年学生志愿服务积极性。党校在进行了深入调研和考察的基础上，确定志愿服务的模式和内容，帮扶模式采用"三定"方针。"三定"是指定服务时间、定服务队伍、定服务对象。在志愿服务内容上，学院党总支党校将党员志愿服务与"学雷锋、做先锋"主题教育活动有机结合，有效地增强了青年学生的奉献意识与社会责任感，使学生党员和入党积极分子在特殊的社会环境中受到良好的思想道德教育，在锻炼中促进全面成长成才，也为壮大学生党员的队伍打下坚实的基础。

三是优化志愿服务考核机制，纯洁党员队伍。党校结合本学院学生党员的实际服务情况建立健全对党员、入党积极分子的志愿工作考核机制。党校对每位志愿者进行登记造册，对志愿者的每次服务情况进行登记，随时跟踪服务对象对志愿者服务情况的反馈信息，根据志愿者的工作表现进行考核评比，并把考核情况写进预备党员和入党积极分子的考查意见。近年来，党校通过志愿服务考核评比结果，在青年学生队伍中挖掘出许多优秀青年作为中共党员的发展对象，同时也为党员队伍剔除了不少入党动机不纯的青年学生，从而确保了学生党员队伍的纯洁性。

三、注重实际效果，推动青年学生的志愿服务蓬勃发展

经过近几年的实践，化学化工学院党委党校取得的成绩证明了以志愿服务为载体、创新培养学生党员的这一思路的可行性及有效性。

第一，体现在培育了学生党员和入党积极分子的服务意识和社会责任感。志愿服务制度的实施，提高了学生党员和入党积极分子参与志愿服务的热情，培育并不断增强了入党积极分子的服务意识、奉献精神和社会责任感，为形成良好的党员意识和党性修养打下基础，使党的全心全意为人民服务的宗旨融入志愿服务这一实践载体，使学生入党积极分子在学校和社会中展现自己的良好形象，在实践活动中提升和强化自己的服务意识和水平，在奉献中成长，从而在广大学生中体现党的先进性和党员的先锋模范作用。

第二，完善了学生党员发展的具体标准和条件，纯洁壮大党员队伍。志愿服务制度将大学生志愿服务与新党员发展相结合，使党章规定的全心全意为人民服务这一党员条件具体化，使入党积极分子的志愿服务表现与其政治思想表现、工作学习表现等一起成为发展学生党员的必要条件，丰富和完善了党员发展的具体条件，使党员发展的标准更加科学合理，更具有可操作性，一定程度上保证了新党员发展的质量。

第三，推动了学院志愿服务活动的蓬勃发展。自实施志愿服务制度以来，志愿服务活动在青年学生中如火如荼地开展，青年学生参与各类志愿活动的热情空前高涨。据不完全统计，近几年来，学生党员和入党积极分子仅在涌泉敬老院就开展了150余次"献爱心送温暖"活动，参与的党员、入党积极分子累计达1800余人次，团员青年3200余人次。学生志愿服务活动的优秀事迹也在赣州电视台、《赣南日报》《赣州晚报》等多家媒体进行了报道，进一步扩大了赣南师范大学的社会影响力。与此同时，学生党员和入党积极分子的行动也带动了学院大批优秀青年团员逐渐加入大学生志愿者的队伍中来，也为党校培训学生党员和入党积极分子提供了具有现实意义的良好素材。

赣南师范大学化学化工学院党委党校在培育党员这一工作上勇于探索，并付诸实践，为纯洁和壮大青年党员队伍起到了严把关的良好作用。为进一步加强和改进学生党支部建设、充分发挥党的政治优势和组织优势、做好大学生思想政治教育工作、培养和造就高素质人才提供了坚实后盾。

参考文献:

[1] 杨树政. 创新大学生党员发展、教育、管理和考评机制 [J]. 高校理论战线, 2010 (3).

[2] 耿宝福. 高校发展大学生党员工作的新思路 [J]. 青岛大学师范学院学报, 2005 (2).

[3] 修耀华. 新时期高校党建创新工作的基本思路 [J]. 思想理论教育导刊 [J], 2011 (1).

[4] 田宗碧. 学生党员之家: 创新高校党建工作方式的探讨 [J]. 探索, 2008 (2).

基于微信公众平台的高校"微党课"设计①

中共中央总书记、国家主席、中央军委主席习近平在第二十三次全国高等学校党的建设工作会议做出重要指示，强调高校肩负着学习研究宣传马克思主义、培养中国特色社会主义事业建设者和接班人的重大任务。加强党对高校的领导，加强和改进高校党的建设，是办好中国特色社会主义大学的根本保证。新媒体时代背景下，信息技术的蓬勃发展为高校党建工作提供了崭新的载体和广阔的空间。高校党的组织建设应该向"微"视角转变，凸显组织建设的时代性与创造性，切实提高高校党组织的服务能力和建设的科学化水平[1]。微信作为新媒体应用中的领军者，其极具个性化的传播方式和惊人的传播速度与广度为高校党建工作提供了一个新的手段。微信公众平台作为微信中的重要部分，运用于高校"微党课"教学中，对于增强高校党建工作的时代性、创造性与科学性意义重大。

一、基于微信公众平台构建"微党课"的依据

据腾讯发布的微信用户数据报告显示，截至 2015 年底，微信活跃用户已达到 6.5 亿，用户覆盖 200 多个国家和地区，超过 20 种语言。微信的兴起改变了人们的行为习惯和生活方式，而微信公众平台功能作为一项重要应用，对大学生的学习与生活产生着重大影响。"微党课"是新媒体时代背景下高校党建工作的一大创新，"微党课"的建设与发展要求党建队伍积极有效地将不断更替的新媒体技术运用于教学。将微信公众平台运用于"微党课"，是实现高校党建工作与时俱进的一项重要举措，有其科学的依据。

---

① 本文作者黄晖。

（一）微信公众平台有着完备丰富的功能及其独特优势

第一，操作的便捷性。微信公众平台支持跨通信运营商、跨操作系统平台使用，其应用一般只需经过注册、激活、审核和推广四个步骤，其过程简单易懂，方便加以运用，并且没有门槛，学生使用智能手机查找微信公众号或扫描二维码即可关注使用。第二，极强的互动性与时效性。微信公众平台不仅可以实现学生之间一对一、多对多的交流，也可以进行师生之间一对多的互动交流。交流的内容丰富多样，文字、视频、图片和语音都可作为交流方式。只要在有网络的环境下，微信可随时随地接收、回复信息。且微信中各种信息时效性强，不管是使用者之间的相互交流，还是运营主体推送新闻、通知等信息，对使用者进行管理等活动，微信公众平台的使用者都能在短时间内了解情况并做出反应，从而避免信息因时间过了特定时期而失去效用。第三，内容多样且传播广泛。内容多样包含信息的多样和功能的多样。微信公众平台可群发文字、图片、语音和视频四个类别的内容，可推送各类外界新闻、校内新闻，也可分享快乐、生活感悟等，信息内容多种多样。微信公众平台经过开发可设置多个版块，各个大版块下可包含多个小版块，各个版块功能不同。此外，使用者在微信公众平台的使用过程中还经常用到朋友圈、私信助手、群发助手和银行卡支付等功能，内容丰富多样。信公众平台拥有的丰富功能与独特优势，为高校党建工作者运用其作为"微党课"建设的工具提供了可能。

（二）微信公众平台有广泛的大学生使用群体

调查显示，86%的90后大学生通过手机上网，其次才是笔记本电脑（占比79%）和台式机电脑（占比40%）[2]。在日常工作中，我们发现，大学生基本上每人都有智能手机，微信则是他们手机里必备的软件之一，其使用相当广泛。"人之好动、好奇、好思、好名、好利、好戏、好美，以及人之自我超越性和人的自我装饰倾向，都是促进流行文化生生不息地产生和更新的精神动力。"[3]毫无疑问，微信的使用已然成为一种流行文化，而大学生的好奇心正是微信流行起来的重要原因之一。此外，大学生的学习能力、追赶潮流的能力都较强，而微信及微信公众平台的使用相当简单，易于接受；微信具备明显的资费优势，其使用只需耗费少量流量，在使用WIFI的情况下花费可以为零，不会增加大学生经济负担等。这些原因使微信及微信公众平台在大学生群体中得到广泛使用。此外，大学生使用微信还具有费时多、频率高的特点。微信广泛而坚实的使用群体基础是高校党建利用其进行"微党课"构建的重要依据。

二、基于微信公众平台构建"微党课"的意义

网络时代背景下，信息技术及其应用的迅速发展为高校党建工作带来了重要机遇和巨大挑战。高校党课建设的网络化、微型化也成为高校党建工作适应新形势的新任务、新要求。微信公众平台作为主流应用软件——微信中的一项重要功能，合理有效地将其运用于"微党课"的建设中，对于高校党建工作的落实与发展意义重大。

（一）有利于降低党课成本

传统党课一般按大学生入党的批次开班，每一批次都需开课，且为期较长。每期党课培训的内容基本相同，还需安排好时间、教室，以及花费资金邀请老师讲课等。很明显，传统党课模式存在着重复浪费的问题，需耗费巨大的人力物力，成本很高。相反，基于微信公众平台构建"微党课"，有利于克服传统党课的不足，降低党课成本。微信公众平台具备存储文本、视频等资源的功能，使用者可实现这些资源的共享，资源的一次投入可长期发挥作用。例如，传统党课每期都要进行的党的基本知识教育和党员思想教育等内容，都可以文本或视频的方式系统化地存储到微信公众平台中供学生学习，有利于避免这些课程的重复及多次邀请老师讲授相同内容，从而实现成本的降低。还可减少安排上课地点与时间的相关工作，降低时间成本，节省人力物力。同时，与传统党课相比，在微信公众平台上上党课只需耗费少量流量，在有 WIFI 的环境里甚至耗费为零，成本大大降低。并且同学之间或师生之间的交流也可通过微信实现，而不用花费话费与老师同学交流沟通。

（二）有利于提高管理效率

合理有效地将微信公众平台应用于"微党课"建设，有利于提高教学管理、党务管理和考核管理等的效率。在教学管理上，党建工作者可在微信公众平台上公布教学目标、教学进程和课程安排等供学生参阅，也可开发系统的自学机制鼓励学生进行自我管理，提高管理者工作效率。面对众多学生的疑问，且很多学生提出相同问题的情况，管理员可运用自动回复等功能，学生只需输入关键词即可得到答案，既节省了时间又减轻了负担。在党务管理上，基于微信公众平台的管理可突破传统党课学生管理在时空上的局限性，提升管理信息发布的时效性。传统党课的学生管理时常面对时间冲突、学员流动性强和信息传递滞后的困境，管理效率不高。在微信公众平台上，基于网络的管理不存在时空上的局限，学员可随时随地接收信息并做出反馈。在考核管理上，基于微信公

众平台构建学员考核、个人自评、民主互评和群众评议等考核体系，既可实现对流动学员的考核，又简化了传统考核模式的复杂程序，从而提高管理效率。

（三）有利于增强培训实效

微信公众平台的多媒体与自媒体特性丰富了党课内容，促进了课堂交流。在微信公众平台上，课堂内容以文字、语音和视频等多种形式呈现，并可实现与最新新闻资讯、社会热点的有效结合，容易引起大学生的关注并主动接受。同时，也可实现主讲人的多样化。党课主讲人不再只是传统党课中的老师，学员也可在网络上学习其他老师的优秀党课、其他优秀党员的先进事迹，甚至是同辈群体的学习感悟。微信公众平台上学生同辈群体之间的有序交流有利于激发各种思想的交融激荡，形成良好的互动学习气氛，促进党课知识的内化。基于微信公众号平台的"微党课"还有利于实现师生之间的多层次交流。教师既可在微信中直接参与学生的群聊，也可在朋友圈等平台上通过对学生发布的动态消息进行评论、留言等方式进行交流，还可通过发布消息、主持话题吸引学生转发并及时回复学生的评论、留言等方式实现交流。在这个过程中，教师可及时了解并分析学生所反映的有效建议或面临的困境等信息，然后采取建议，吸取经验，有针对性地调整课堂内容以解决学生的疑惑及面临的困境。此外，基于微信公众平台构建学员考核、个人自评、民主互评和群众评议等考核体系，有利于及时反映学员的学习状况及不足之处，从而为学员进一步的学习提供参考与依据，增强党课培训的实效。

三、基于微信公众平台的"微党课"设计

微信的出现不仅为高校党建工作队伍占领新媒体阵地，创新高校党建工作载体提供了极佳机遇，也对高校打造党建工作品牌，实现高校党建工作的"微"化具有重要意义[4]。高校党建工作应以满足学生党员的需求为前提，以引领为基础，以成长服务为重点，整合有效资源，以微信公众号功能为主，以朋友圈、微信群等功能为辅，有效建设微信公众平台以建构科学的"微党课"，从而使高校党建工作贴近学生、贴近生活，实现党课教育的时代性、创新性与科学性，为高校党建工作注入生机活力。

（一）科学运用微信群、朋友圈和自动回复等功能，构建流畅的沟通交流机制

党建工作者应积极主动地关注微信公众平台上的各种消息，及时解答学生提出的问题。对于有困惑的学生应充分利用微信不受时空限制的优点，要主动与党建工作者交流，及时为学生解除困惑。还应运用微信群，根据学生情况或社会热点，适时设计出不同问题，组织学生进行讨论，在潜移默化中实现对学

生的教育。同时，充分利用朋友圈功能，在关注学生动态、与同学交流的同时了解学生情况，根据学生的兴趣话题寻找党建工作的切入点，还可分享工作者自身的经历与感悟、实时工作状态，拉近与学生的距离。此外，微信公众号中的自动回复功能也应积极加以运用。依托微信公众平台具有的自动回复功能，通过设置自定义接口和不断丰富后台数据库内容，生动实现人机对话，以时尚幽默的语言及时准确地回答学生提出的问题，服务学生成长成才[5]。学生只需要键入相关问题的关键词，即可得到自己所需要的信息，既减轻了工作者的负担，又大大加强了师生间的交流互动。此功能的有效运用，需要工作人员根据学生需求及时丰富与更新数据库，尽量涵盖学生的问题领域。同时，通过微信加强与其他学校或组织的党员及学生之间的沟通交流，扩大学生的交际范围与思维空间，在广阔的空间中提升学生的思想素质与党性修养。

（二）设置课程指导版块，构建长效的教育服务机制

在基于微信公众平台的"微党课"设计中，微信群、朋友圈和自动回复等功能居于一个辅助机制地位，其主体应为微信公众号的设计。微信公众号可设置课程指导、资料宝库和考核管理三个版块，以形成合理有效的"微党课"机制。课程指导版块，主要以指导、服务学生的党课学习为主要内容，内含选择党课、课程安排、试题下载和课后活动四个子版块。在选择党课版块，学员可自主选择适合自己的、感兴趣的党课，从而充分发挥学生学习的主体性作用。在课程安排版块，学生可随时随地查询自己所选党课的上课时间与地点，方便快捷。在试题下载版块，学生可在课后自行下载适合自己学习阶段的试卷进行随堂检测或阶段测验，有助于学生了解自己的学习情况，查漏补缺。优秀的党课教学应做到知行统一，在实践中实现党性修养的内化与外化。在课后活动版块，一方面，工作人员可根据党课内容和学生情况组织主题实践活动，引导学生积极参与，在实践中巩固课堂知识、提升党性修养。另一方面，学生也可自发组织开展活动，教师加以积极引导，充分发挥学生的积极性与创造性。由选择党课、课程安排、试题下载和课后活动构成的课程指导版块，有利于实现学生党课学习的主体性、有效性和科学性，形成一个长效的教育服务机制。

（三）设置资料宝库版块，构建完善的自我学习机制

"微党课"是基于自媒体平台的党课教学模式，对学生学习的自主性要求较高。资料宝库版块主要包含党课教材、视频教程、新闻资讯、互动平台四个子版块。在党课教材版块，学生可根据自身情况自主选择工作者所提供的丰富多样的电子版党课教材。在视频教程版块，学生可以通过观看系统的视频教程实现自主

学习，板块数据库内含的各类视频可以满足学生的各种学习需要，有助于学生在生动有趣的视频课堂中掌握党课知识。在新闻资讯版块，学生不仅可以关注各类焦点新闻，倾听党的声音，也可以了解身边的党员风采，学习他们的精神与事迹。在互动平台版块，各阶段的学员可相互交流、相互学习、共同进步。微信提供了一个良好的同辈群体交流的平台，同辈群体无代沟、话题多，涵盖入党申请人到党员的各个阶段，他们之间的交流往往能取得良好效果。资料宝库版块的有效构建，有利于实现学习方式的多样化、学习内容的丰富化和学习时空的延伸与扩展，从而充分发挥学生的学习主动性，形成完善的自我学习机制。

（四）设置管理考核版块，构建科学的管理评估机制

此版块主要发挥管理与考核两大作用，包括党务管理、考核评估、民主评议三个子版块。在党务管理版块，构建电子党务系统，实现对党员信息的电子化管理，解决流动党员的管理问题，增强党务管理的智能性与公开性。在考核评估版块，形成系统的考核机制，按照学员情况分入党申请人、入党积极分子和预备党员等阶段进行考核，对单个学员也可实现从申请人直到党员的长效考核机制。在民主评议版块，形成个人自评、民主互评和群众评议等相结合的多维评价体系，结合考核评估对学员进行综合评价，为确立党员发展对象提供依据[6]。管理考核版块的设置，不仅可以减轻学员与党建工作者的负担、提高效率，也有利于实现考核评估的电子化、立体化，从而形成科学的管理评估机制。

参考文献：

[1] 谢庐明."微"背景下高校服务型党组织的建设路径 [J]. 赣南师范学院学报，2014（2）：62-64.

[2] 李华琼. 微信时代大学生思想政治教育创新刍议 [J]. 学校党建与思想教育，2013（13）：63.

[3] 李华琼. 微信时代大学生思想政治教育创新刍议 [J]. 学校党建与思想教育，2013（13）：63.

[4] 杨蕾，王文杰. 以微信为载体开展共青团工作的策略研究 [J]. 北京教育（德育），2013（Z1）：23.

[5] 杨蕾，王文杰. 以微信为载体开展共青团工作的策略研究 [J]. 北京教育（德育），2013（Z1）：23-25.

[6] 姚剑英. 高校网络党建的现状调查与优化策略 [J]. 学校党建与思想教育，2011（1）：45-47.

高校团干对90后青年大学生思想
教育应注重的几个问题①

　　90后青年大学生有五个鲜明特征：一是主体意识增强，能以主人翁的姿态关心国家大事，如近期对南海问题和钓鱼岛问题的极大关注。能主动参与学校和班级的活动，在活动中自我表现意识强；二是个性特征明显，无论国际赛事还是国内重大文体活动以及校内各项竞赛活动，都表现出90后在兴趣爱好及个人品性方面明显的个性特点；三是获取意识增强，由于电子技术的飞速发展，广大青年学生获取信息的途径广泛，又由于市场经济和受外来文化和信息的影响，相当多的青年学生获取能力增强，但协作精神不够；四是维权意识倍增，相对60后、70后而言，90后沿袭了80后许多优点，特别是面对社会上许多侵权现象，90后自觉运用法律手段维护个人利益的意识被增，但维权能力较为薄弱；五是心理发展不平衡，部分青年学生心理情感脆弱，独立生活能力较差，应对事物变化的心理承受力不强。

　　针对90后广大青年学生的身心素质和个性特征，高校团干在对90后进行思想教育时，应当树立以青年学生为本的工作理念和工作方法。在团的建设和团员管理中坚持以教师团干为主导，以学生团干为骨干，以广大青年学生为主体，通过团的思想组织作风建设，通过新型的师生关系构建，通过丰富多彩的团学活动开展，在为广大青年学生的成长成才提供更多的服务，为广大青年学生的身心健康和全面发展，打造良好的发展平台和育人环境几个方面下功夫，见成效。

---

① 本文作者刘俊楠。

一、树立以学生为本的育人理念

高校团干要适应新形势新任务的要求，牢固树立以青年学生为本的育人理念。高校团干作为广大团员和青年学生思想政治上进步成长的指导者和引路人，担负着"培养德、智、体、美全面发展的社会主义事业建设者和接班人"的根本任务。要针对90后青年大学生主体意识增强的特点，在团结带领广大90后团员青年学生坚定正确的思想政治方向，树立马克思主义"三观"方面切实负起责任。在教书育人、管理育人、服务育人方面切实发挥教师团干的主导作用。

大学阶段是当前90后青年学生个性发展的关键时期。首先，高校团干要尊重90后青年学生个体的主体性和独特性，既要进行普遍的思想政治教育，又要考虑个体间的差异性，避免用同一个模式来限制个体的自由发展。其次，尊重90后青年学生个体生命价值的尊严和个人生活价值的实现，发挥他们的自主性和独立性。要着力搭建利于青年学生个性发展的平台，让90后青年学生发展个性的道路更通畅，舞台更宽广。高校团干一般具有多重身份，既是团的工作的领导者和实施者，又是政治辅导员或任课教师。其现代育人理念体现了角色与功能的多样性，符合共青团工作规律要求和青年学生实际及其个性特征的多样性特点，体现社会的复杂性与多变性特征，同时体现高校学生思想政治教育工作其自身的特点和规律。所以，高校团干要有效实施以青年学生为本的理念，除了要具备团干基本素质外，还要具备一般教师所应具备的过硬的政治素质、高尚的道德情操、精湛的业务素质和健康的心理素质，还要掌握思想政治教育工作的原理及方法等方面的知识。从而实现共青团的职能与高校教师的育人功能两个方面相互结合，相互渗透，相互促进，从而全面、协调、可持续地引导90后青年大学生的健康成长成才。

二、构建新型的主导和主体关系

高校共青团工作从某种意义上讲，就是育人和树人的工作，所以构建新型的主导与主体关系就显得尤为重要。当前育人，主要就是教育90后青年学生学会做人。学会用马克思主义的世界观和方法论来观察问题解决问题，从而坚定中国特色社会主义信念。当前树人，重点就是培养90后青年学生树立正确的人生观、价值观和世界观，促进他们身心健康全面发展，真正成为国家社会的有用人才。而灌输式、填鸭式的教育方法已不适应当前高等教育，师尊、生卑的师生关系也不符合时代发展的要求。因此树立正确的教育理念和管理理念，构建新型的师生关系，是做好高校共青团工作和教书育人工作的必然要求。

首先，要构建新型的师生关系，作为教师的团干对广大90后青年学生要充满着爱心，要有强烈的事业心和责任感来做团学工作。与学生交往时，要俯下身来和学生在同一平台上，平等交心、平等交流。不是一时一事的谦恭如朋或者矫揉造作，而是一以贯之，出于一种对青年学生真挚的爱和赤诚心。通过团学活动、教学工作和平时交往的双向互动，到感情上畅然交流，这样培养和建立起和谐健康向上的师生关系。

其次，要构建新型的师生关系，作为教师的团干要懂得尊重、理解、宽容90后青年学生的方法。

教师团干应关心每一个90后青年学生，尊重每一个青年学生的人格。在组织共青团活动或教学实践活动时，要从青年学生的实际情况出发，尊重他们的个性心理。要根据青年学生的特点，扬长避短，充分展示他们的才华，从而培养他们的个性特长。并在团学活动中有机组合他们的优势，挖掘他们的"潜能"，养成协调合作的习惯，打造团支部、班集体团结进取，健康向上的团队精神。

教师团干应理解和宽容每一个90后青年学生，学会与每一个青年学生交朋友。在与他们交往中，应当多一些换位思考，少一些指手画脚。多一些将心比心，少一些我讲你听。应当"严于律己，宽以待人"，对任何学生都不要求全责备。对困难学生要多一份关爱，多一些帮助。对犯错误学生，要多一份宽容，多一份启迪。这样，90后青年学生就会把我们的教师团干当良师、当益友。也只有这样，我们的教师团干在广大90后青年学生中才会有亲和力和感召力，才会赢得广大90后青年学生的信赖与爱戴。

三、努力彰显共青团活动育人特色

开展丰富多彩的适合青年特点的共青团活动，是共青团工作的重要体现，也是高校共青团组织教育人、培养人的一种重要途径和形式。所以，高校团干要在积极开展团的活动方面特别是活动育人方面要有所作为，做到三个注重：

第一，加强理论武装，注重学习活动育人。

要坚持不懈地在90后青年学生中进行中国特色社会主义体系教育学习活动。以学校团校，学马列（邓小平理论）小组等学习活动为载体，以学校示范组为重点，在活动形式、学习内容、组织制度等方面不断充实完善，向经常化、规范化、制度化的方向发展。增强针对性、时效性，扩大覆盖面，通过专家、学者辅导报告、学员座谈、讨论等升华学习育人效果。

要坚持不懈地在90后青年学生中深入开展以爱党爱国，成长成才为主旨的主题教育活动。包括党史教育，爱国主义教育，形势政策教育，校史系史教育，奋斗成才教育，英模典型教育，法制法规教育等主题教育活动。同时，动员青年学生积极参加各种形式的文艺体育活动和各类竞赛活动，积极投身于学校的发展和建设中。在活动中陶冶情操，在活动中受到潜移默化的教育。

要坚持不懈地开展校园文化活动和社会实践活动。努力加强校内学生社团组织建设，通过校园文化艺术节、社团活动月、文学创作、书法比赛和电脑技能大赛等，不断丰富校园文化活动内容。还要不断加强大学生社会实践活动基地建设，扩大活动覆盖面。要通过青年志愿者活动、三下乡活动、社区联谊、法制维权和扶贫助困活动等，形成"假期为重点、平时不断线"的工作格局。使广大90后青年大学生在校园文化活动和社会实践活动的过程中，展示才华，提高技能，增强团队合作意识，法制维权意识，创新竞争意识，为将来就业走向社会打下良好的思想基础和能力基础。

四、建立健全学生干部自我管理机制

青年学生是受教育的对象，是学校办学的主体，学生自治自律是高校学生教育和管理的一大特点，建立健全学生干部自我管理机制是高校共青团工作和学生工作的必然要求。大学生大多数已成年，具备一定的自我调控和管理能力，为更好地锻炼他们的能力和发挥他们的潜力，应从校、院、班三个层面来全方位构建学生干部自治管理体系。

学校层面设立校学生会、团工委等机构，学院层面设立团总支、学生分会等机构，班级层面设立班级委员会。在各级机构中指派负责老师，任命主要负责学生干部，定期召开学生干部培训，明确职责分工，强调组织纪律。要经常对学生干部进行党的知识教育，向他们贯彻党和国家当前的重大方针和政策，从思想上牢固树立热爱党、热爱祖国、热爱人民的"三热爱"品质；积极调动学生干部的积极性，让他们主动开展各类当代青年喜闻乐见的大学生文体活动，既锻炼提高学生干部的素质，也能更有效地丰富校园文化生活；从维护校园安全稳定方面，要充分发挥学生干部的主体作用，学生干部长期身居一线，对于掌握许多学生内部的问题有得天独厚的优势。此外，学生干部人数众多对于校方及时掌控校园学生群体能提供有效的支持。

总而言之，高校团干是一个既辛苦又锻炼人的岗位，团干既需要有实践能

力又需要有组织能力，既需要有领导般的智慧又需要有父母般的耐心。对于祖国的新生代 90 后，高校团干既是队他们言传身教的老师，也是与他们打成一片的大哥大姐，只有不断地提高自身业务素质和思想认识水平，更多地亲自参与实践和考察，全面地了解和熟悉当代大学生的心理和特征，才可能更好地完成团中央所交付的艰巨使命，为党和国家输送培养更多的优秀人才，为祖国的明天提供更多的期待。

赣南师范大学体育专业学生团员意识现状调查[①]

本文通过大量阅读文献资料、调查了解到赣南师范大学体育学院学生团员，普遍缺乏对团组织的认识，缺乏组织归属感，与普通同学相比先锋榜样作用没有得到较好的体现，通过分析找到症结所在，最后有针对性地提出一些意见和建议。

一、前言

团员，全称为中国共产主义青年团。是一个具有光荣历史和革命传统先进青年的群众组织。在中国共产党的领导下，共青团不断发展，共青团组织自诞生之日就面临对其成员进行团员意识教育的首要任务，同时也是共青团工作的一项重要内容。所谓增强团员的意识，团员青年团组织有一种归属感、集体感、荣誉感，工作中以一名团员的标准严格要求自己，做好带头的榜样，做好广大青年的思想引领和服务工作。

二、调查结果与分析

（一）团员与普通学生数量情况

根据调查，该院大学生团员约占学生总人数的90%，这样的一种现状导致许多大学生团员认为团员就是普通青年的一员，和其他同学没有什么两样，缺乏团员学生和非团员学生的对比性，再加上团的基层工作做得不够扎实，团组织生活不能经常性开展，使很多大学生团员逐渐淡化了政治身份，降低了对自己的严格要求，团组织的凝聚力不强。

---

① 本文作者吴建辉、郭军、王吉星。

（二）团员学生对团的基础理论知识的掌握情况及分析

通过调查，发现有近80％的团员学生，对党的性质、党的宗旨、党的行动指南、党的最终目标，团的性质、团的作用、团的纪律等基础理论知识掌握甚少或者只言片语，剩下10％左右的团员掌握的也不够全面透彻。这首先说明了，团员在理论知识学习上的欠缺，团员学生自主学习的积极性和主动性不高，团组织的相关培训较少，要求不够严格，团校培训、党校培训，没有发挥出实际效果。

（三）团员学生遵纪守法情况分析

通过调查，大学生团员在遵纪守法方面，也没有体现出特别优秀的一面，学生漏宿、晚归、逃课、甚至打架、考试舞弊、盗窃等违法违纪事件与普通学生不存在明显差异，这不仅说明了一部分团员学生对团章的学习不够，也说明了，当前大学生团员没有明确的认识到自己的政治身份，把自己和普通青年一样看待，没有认识到团员是广大青年的优秀分子。

（四）团员学生学习成绩情况分析

在初中、高中要学习优秀的同学，班主任才会准许入团，所以团员的学习不会很差。但进入大学后，在一群优秀的群体中想再次表现自己的突出便更加困难，更多的是做一名普通的学生，于是在思想认识上也慢慢放松了对自己的要求，很多团员不爱学习，把学生成绩差当作一种正常现象，甚至通过作弊手段提高成绩，获得奖学金。

（五）团员学生参加集体活动的情况分析

积极参加班集体活动和团日活动，是增强班级凝聚力和团组织建设工作的重要载体和手段，只有通过各种活动优秀团员青年才能深入群众，了解和掌握情况，有的放矢的帮广大青年解决困难，但在实际班级开展活动的过程中，团员没有体现出更大的积极性，甚至还不如普通学生，团的先进性没有得到体现。

（六）团员学生对团员身份的自我认识情况分析

由于各种因素的影响，使得高校大学生团员的意识在逐步削弱。团员意识的共性本质是记得自己是一名共青团员，是追求先进的中国青年，是中国共产党的助手和后备军。经过调查，有90％的团员认为大学生团员应该具有强烈的进取心，应该有着在开创事业中实现自身价值的渴望。凭着"一分耕耘，一分收获"的信念，在大学四年中拼搏进取，思想上要求上进，积极向团组织靠拢。把自己培养成适应社会发展和现代化建设的优秀青年。但也有还有10％的团员认为加入团组织并没有什么用，因为在团组织里并没有得到什么福利。

（七）团的制度的严肃性调查

通过调查发现，在团的基层工作中，团的制度作用发挥不大，尤其是团的处分，甚至可以说形同虚设，团的处分共分为警告、严重警告、撤销团内职务、留团察看、开除团籍五个级别，但事实操作中很少真正动用该处分制度，一些团员学生的思想行为、学习态度等早已不符合一个团员的基本要求，甚至出现较为恶劣的打架、偷盗、考试舞弊等行为，但最终处分仅仅是行政方面的处理，没有从团的制度上着手，从某种意义上来说，这些制度没有发挥出其严肃性和权威性。

三、建议

控制总量，优化结构，提高质量，发挥作用；加强理论学习提升团员学生的理论水平；开展团日活动，通过活动增强团员学生的身份认同感；做好五四表彰团推优等工作，加强团的工作的严肃性；加强团的基层干部的培养，树立典范；充分发挥团的制度的严肃性；给基层一定的时间和精力，以便使工作做得更加扎实有效。

第五篇

05

队伍建设篇

提高领导干部思想政治工作能力的思考①

提高思想政治工作能力是加强党的执政能力建设的重要内容和主要途径，是提高各级领导干部能力素质的客观要求和迫切需要。各级领导干部必须围绕加强执政能力建设，在增强思想政治工作的指导力、引导力、吸引力、说服力、示范力、领导力上下功夫，切实提高驾驭思想政治工作的能力和本领。

在改革发展的关键时期，加强和改进思想政治工作，对于推进社会主义政治、经济、文化和社会建设，构建社会主义和谐社会具有重要意义。提高各级领导干部思想政治工作能力，是加强党的执政能力建设的重要内容和重要途径，是提高各级领导干部能力素质的客观要求和迫切需要。

一、提高思想政治工作能力是做好领导工作的基础和前提

做好领导工作，履行领导职责是每个领导干部的天职。那么，从领导学视角，领导工作包含哪些职责，对这一问题国内外领导学者众说纷纭，莫衷一是。综合国内领导学研究成果，从中国国情和特色出发，领导工作职责包含五个方面，即领导决策、领导用人、沟通与协调、激励与鼓舞、思想政治工作。可见，思想政治工作既是一项专门性工作，又是领导工作的重要任务，是领导者的重要职责，是做好领导工作的重要内容，是把握领导工作的重要中心环节，关系到领导工作的方方面面，贯穿于领导工作的始终。因此，思想政治工作在领导工作中具有十分重要的地位。要做好领导工作，提高领导工作水平，必须高度重视思想政治工作，努力提高做好思想政治工作的能力。

（一）思想政治工作是治党治国的科学

领导工作从更高层上说就是治党治国，提高领导工作水平就要提高治党治

---

①　本文作者曾志刚。

国水平，而思想政治工作就是一门治党治国的科学。

关于思想政治工作是不是一门科学，长期以来存在争论。从 20 世纪 80 年代初提出实现思想政治工作科学化的任务以来，思想政治工作的内容体系不断完善，原则、方法不断创新，思想政治工作学科的理论化和实践经验的总结提炼取得长足进展，思想政治工作是一门治党治国的科学已在全党形成共识。

思想政治工作是中国革命胜利的重要法宝。思想政治工作是我们党的优良传统和政治优势，它与党的创立、发展、成熟、壮大紧紧联系在一起，始终贯穿于革命、建设和改革开放的全过程。从中国革命的成功实践看，我们党是靠思想政治工作起家的，也是靠思想政治工作发家的。从中国革命和建设的经验教训看，什么时候重视思想政治工作，坚持了正确的方针、原则和方法，事业就顺利就发展，什么时候淡化思想政治工作或指导思想失误，事业就受损甚至失败。正反两方面的经验教训告诉我们：思想政治工作是我们党的传统、特色和优势。在新的历史时期，要做好领导工作，就必须继承优良传统，发挥政治优势，不断创新。

思想政治工作是思想上治党的重要武器。思想政治工作是党的工作的重要组成部分，是加强党的领导的中心环节。从实现党的领导看，思想政治工作是实现思想领导的前提、政治领导的途径和组织领导的保证。从党的自身建设看，思想政治工作与党的思想建设、组织建设、作风建设、制度建设、执政能力建设和先进性建设密不可分，与党的命运紧密相连。加强党的领导和党的建设都离不开思想政治工作，都要以思想政治教育工作为基础，都要靠思想政治工作来保证。

思想政治工作是治国理政的重要手段。思想政治工作不仅事关党的建设，而且关系到经济社会发展全局。思想政治工作具有凝聚人心、巩固政权、化解矛盾、稳定社会的政治功能。思想政治工作是经济工作和其他一切工作的生命线，是治国理政的重要手段，是办好一切事情的保证。在改革开放形势下，思想政治工作在党的全部工作中地位不能变，各级党组织抓思想政治工作的任务不能变，不断提高思想政治工作质量和水平的要求不能变。在治国理政中，必须紧紧抓住思想政治工作这一生命线，只有这样，才能保证经济工作和其他一切工作的正确方向，才能保证党的路线、方针、政策的贯彻落实，从而为改革发展稳定提供强大的动力和保证。

（二）思想政治工作是执政能力建设的重要方面和主要途径

我们党执政以来，一条最基本的经验便是：必须高度重视思想政治建设，加强思想政治工作，这是对党的执政规律的深刻认识，是我党执政必须遵循的一条重要规律。

高度重视思想政治工作，提高各级领导干部思想政治工作能力是加强党的执政能力建设的必然要求。可以说党的执政地位的取得和巩固离不开思想政治工作这一优良传统的继承与发扬；党的执政绩效的取得，离不开思想政治工作的推进与支撑；党的执政骨干的成长，离不开思想政治工作的灌输与传承；党的执政能力的提高，离不开思想政治工作的加强与改进。

思想政治工作能力是贯穿党的五大执政能力的基础性能力。思想政治工作能力是驾驭社会主义市场经济能力的先导，是发展社会主义民主政治能力的前提，是建设社会主义先进文化能力的核心，是构建社会主义和谐社会能力的保证，是应对国际局势和处理国际事务能力的基础。思想政治工作能力是贯穿于党的执政能力的生命线，五大执政能力都离不开思想政治工作这一基础性能力。

能否应对新形势加强思想政治工作是对我们党的领导水平和执政能力的重要考验。只有掌握强有力的思想政治工作，才能宣传、教育、引导群众，加强党的阶级基础，扩大党的群众基础，赢得人民的拥护和支持；才能使党的主张变成广大人民群众的自觉行动；才能贯彻党的群众路线，调动广大人民群众的积极性、主动性、创造性；才能牢固占领思想阵地，掌握思想领域的领导权和主动权，为巩固党的执政地位提供坚强的保障。

思想政治工作是加强党的执政能力建设，提高领导工作水平的重要途径。党的执政能力建设，要靠对广大干部的教育培训和各种锻炼，要靠加强各项制度建设以及体制、机制的完善与创新。这几方面都与思想政治工作息息相关。

（三）思想政治工作是推进社会和谐发展的重要支柱

加强思想政治工作是促进和保证社会和谐稳定的一项重要工作。和谐社会的构建是硬环境和软环境的统一。和谐不仅是经济发展的和谐，经济利益的和谐，政治关系的和谐，更包括人的精神领域和自身心理的和谐。构建社会主义和谐社会需要两个核心机制，一是物质制度层面的机制保障，另一是价值心态方面和社会认同的支撑。作为执政党的思想政治工作，理应担负起在精神领域构建和谐的重要使命。思想政治工作在为构建社会主义和谐社会打牢共同思想基础、营造和谐舆论氛围、提供强大精神动力、培育文明道德风尚、创造良好文化环境方面具有十分重要的作用。

思想政治工作贯穿于构建和谐社会的各个方面和全部过程。和谐社会具有民主法制、公平正义、诚实友爱、充满活力、安定有序、人与自然和谐相处六大特征。建设民主法制，思想政治工作大有可为；实现公平正义，思想政治工作理应伸张；倡导诚实友爱，思想政治工作铺路搭桥：社会充满活力，思想政治工作激发、引导；保持安定有序，思想政治工作强本固基；人与自然和谐，思想政治工作始终相伴。

思想政治工作是构建社会主义和谐社会的重要保证。思想政治工作具有激励、调节、导向、控制、凝聚等社会功能。充分发挥思想政治工作的社会功能对增强全社会的创造活力，妥善处理各方面利益关系，加强社会建设和管理，健全工作机制，维护社会稳定，加强和改进新形势下群众工作都起着十分关键的作用。

（四）思想政治工作能力是各级领导干部素质能力的重要体现

提高思想政治工作能力是提高领导干部素质、能力的迫切需要，当前，在领导干部尤其是部分年轻领导干部中，思想政治工作能力与新时期干部素质要求存在不适应、不符合的状况，一些干部存在思想政治工作的本领恐慌。表现在：一是群众观点淡薄，不愿做、不会做、不敢做群众工作。台上能演讲，台下却不会与群众面对面谈心；能走出省门、国门招商引资，却不善走街串巷排解民忧争取民心；谈起话来战略思维、名词术语层出不穷，面对群众却无话可说，缺乏与群众沟通的话语体系。二是思想政治工作能力不强、水平不高。方法简单，实践历练不足。正像人们形容的：老办法不管用，蛮办法不敢用，软办法不顶用，新办法不会用。三是重视不够。讲起来重要，干起来次要，出了问题需要，没有问题不要。这种思想政治工作能力的缺失，成为执政能力的硬伤。

提高思想政治工作能力是干部成长进步的客观要求。有的学者认为、随着我们党执政理念的转变，干部选拔任用导向将逐步发生变化。领导干部的能力特征将从专家型向治理型转变，从注重选拔经济能人向更加注重选拔社会治理干才转变。尤其注重选拔具有较高协调利益关系、引导利益诉求、解决利益冲突能力的干部。思想政治工作能力不仅成为领导干部必须具备的重要素质，而且成为衡量领导干部合不合格、称不称职的重要标志。

二、围绕执政能力建设切实提高驾驭思想政治工作的能力

思想政治工作是实现党的执政使命的重要环节，是夯实党的执政基础的重要手段，是营造党的执政环境的重要途径，是发挥党的执政资源的重要方面。

加强执政能力建设，提高各级领导干部执政能力，必须着力提高驾驭思想政治工作的能力和本领。

（一）坚持马克思主义意识形态的指导地位，增强指导力

加强和改进思想政治工作，最根本的是坚持和巩固马克思主义在我国意识形态的指导地位。意识形态是执政党传播思想影响、实现社会控制和社会整合的重要工具和基本手段，是统治阶级执政的理论依据和巩固政权的指导思想。意识形态领域历来是一条重要的路线，在新的历史条件下，各级领导干部必须在坚持马克思主义意识形态指导地位问题上始终保持清醒头脑和坚定性。

坚持马克思主义意识形态的指导地位，增强指导力。一是要把握方向，坚持用马克思主义中国化的最新理论成果武装全党、教育人民、指导实践。这是思想政治工作的中心内容，是巩固马克思主义意识形态指导地位的基础和前提。当前就是要用邓小平理论、"三个代表"重要思想和习近平新时代中国特色社会主义思想尤其是以党的十九大以来系列重要战略思想武装头脑，统领各项工作。二是要突出重点。理想信念教育是思想政治工作的核心内容和灵魂，是坚持马克思主义意识形态指导地位的落脚点。当前在部分干部群众中不同程度地存在信仰模糊、信念动摇、信心不足、信任下降的现象，必须高度重视，创新方法，务求实效。三是要结合实际，认真研究和回答干部群众关心的重大思想理论问题。对重大理论和实际问题做出正确回答，是加强和改进思想政治工作，实现思想政治工作内容创新的重要方面。当前尤其要进行"四个如何认识"教育，着眼于新的实际和新的发展，做出科学的、实事求是的、有说服力的回答。四是要主动引导。既要坚持马克思主义指导思想一元指导地位不动摇，又要正视当前思想观念、价值取向多元化的社会现实，发挥思想政治工作的整合、引导功能，引领社会思潮，尊重差异，包容多样，形成共识，建立起支撑意识形态的核心价值体系。

（二）加强正面舆论引导，增强引导力

舆论工作是思想政治工作的重要组成部分，是思想政治工作的一条重要战线。现代社会，舆论的社会影响力越来越大，有人认为传媒已成为继经济力量之后世界第二大支配力量。正反两方面经验告诉我们，宣传舆论，关系人心向背、事业兴衰和执政地位的巩固。加强正面舆论引导，是我们党的意识形态建设和思想政治工作的一条重要经验。

加强正面舆论引导，一是要把握正确舆论导向，坚持以科学的理论武装人以正确的舆论引导人，以高尚的精神塑造人，以优秀的作品鼓舞人。坚持团结稳定鼓劲、正面宣传为主的方针，唱响主旋律，打好主动仗。在多元中求主导

在多样中成主体，在多选择中争主流，强化主流意识，倡导价值共识。二是提高舆论宣传工作水平，要贴近实际，贴近群众，贴近生活，坚持主旋律与多样性的统一，讲究宣传艺术，提高引导水平，注重宣传效果。三是加强舆论宣传管理，坚持党管新闻媒体原则，健全相关制度和机制，提高舆论宣传人员素质。四是把握尺度，营造和谐舆论环境。当前在舆论宣传和把握中，尤其要处理好对改革中出现问题的讨论反思与否定改革方向的界限的关系，处理好关注民生与正确引导群众利益诉求的关系，处理好共建和谐社会和共享和谐社会的关系。有效疏导化解消极化情绪，把公众情绪引入理智、平和的建设性轨道，最大限度地统一思想，增进共识。

（三）坚持情理相济，增强说服力

思想政治工作既要坚持以理服人，又要重视以情感人，做到情理相济，这是思想政治工作一条重要原则，是进行卓有成效的思想政治工作的基础，也是增强说服力的基本条件。

坚持情理相济，一是坚持教育人、引导人与尊重人、理解人、关心人、帮助人相结合。坚持以人为本，促进人的全面发展，对于更新思想政治工作观念，实现思想政治工作创新，具有十分重要的意义。思想政治工作要改变从概念出发、从理论出发、板起面孔教训人的做法和形象，要以人为出发点和目的，努力丰富人的精神世界，全面提高人的素质，维护人的正当利益，满足人的合理要求，为人的全面发展服务。二是要解决思想问题与解决实际相结合。这既是思想政治工作的一条重要原则，也是提高思想政治工作成效的一个有效方法。从人们思想行为形成和变化规律看，只有把两者有机地结合起来，才能显示思想政治工作的作用与成效。因此，各级领导干部要避免空对空，切实把关心群众、帮助他们解决实际问题作为重要手段，避免和纠正解决思想问题与解决实际问题脱节的现象。同时，也要注意避免用解决实际问题代替思想教育的倾向，做到既办实事又讲清道理，从而达到提高人们思想认识的目的。三是坚持思想教育与严格管理相结合。把教育与管理、自律与他律结合起来，是新时期思想政治工作的客观要求。由于社会转型和四个多样化的出现，要求思想教育"包打天下""一通百通"是不现实的，思想教育要与行政手段和法律手段有机结合，体现说服教育与严格管理的统一，疏导性与强制性的统一。四是坚持先进性与层次性相结合。这既是思想政治工作目标的科学定位，也是创新发展的必由之路。坚持先进性与层次性相结合是由社会主义初级阶段的历史条件和人们思想观念的特点所决定的，符合当前人们思想形成发展规律。我们要避免一刀切、一锅煮的弊端，既鼓励先进又照顾多数，既统一思想又尊重差异，坚持指向性与层次性、渐进性相结合，这样才能取得良好效果。

（四）提高群众工作本领，增强吸引力

党的思想政治工作，从根本上说是做人的工作，做群众的工作。党的群众工作是党的建设的出发点和切入点，是党的建设的根本归宿，是党生存发展的前提。群众工作是思想政治工作的立场、基石和根基。各级领导干部提高群众工作水平，不仅是当前思想政治工作的要求，而且对巩固党的执政基础具有决定性意义，关系到思想政治工作这一生命线是否有生命力。

提高群众工作水平，必须面向群众、立足群众，提高宣传、引导水平，做到有说服力和吸引力。一是把维护和实现最广大人民群众的根本利益作为出发点和归宿。这是对党的思想政治工作本质的科学概括，也是对做好当前思想政治工作的根本性要求。二是把人民群众满意不满意作为工作的根本标准。思想政治工作和群众工作都要以此作为衡量成效得失直接的工作标准。三是提高团结群众，凝聚人心的主动性。切实了解群众的思想状况和利益诉求，掌握群众情绪，了解群众的思想；善于用群众语言讲解党的主张；平等待人，用人格力量去感染群众；善于缓和化解矛盾，争取多数群众。各级领导干部必须切记执政党最大的危险在于脱离群众，把教育引导群众与服务群众相结合，与依靠群众自我教育相结合，从世界观的高度把握群众路线，打牢做好群众工作的思想政治基础，提高群众工作的针对性和有效性。

（五）领导干部率先垂范，增强示范力

思想政治工作是党的工作的重要组成部分，要做好思想政治工作，党的建设是关键，领导干部是表率。领导干部是思想政治工作的主体，承担着做好思想政治工作的重大责任。所以各级领导干部要提高思想政治工作能力，必须搞好自身的思想政治建设。着力做好党员干部的思想政治工作，是加强改进思想政治工作的迫切要求，是思想政治工作真正具有感召力、提高实效性的关键。

思想政治工作既包括群众思想政治工作，也包括党内思想工作。一段时间以来，思想政治工作主要针对群众来展开，把领导干部作为新时期思想政治工作的重点之一，是由领导干部的地位和承担的责任决定的。领导干部是组织者、管理者和领导者，地位高，权力大，责任重，能否做好他们的思想政治工作，直接关系到党和国家的命运。领导干部影响很大，群众往往从他们身上看党和政府的形象，他们的思想和作风如何，不仅影响党和政府的威信，而且影响一个地区、一个部门、一个单位的政风、行风和社会风气。加强对领导干部的思想政治工作，还是干部思想现状的客观需要。一方面，领导干部也会有各种思想问题，如长期无人问津，不利于他们主观世界的改造。另一方面，领导干部也会犯错误，因此，问题的关键在于教育干部，在于做好领导干部的思想政治工作。做不好领导干部的思想政治工作，或者说领导干部对自己要求不严，就做不好也没有资格做群众的思想政治工作。因此，各级领导干部要在"立行"和"立言"上多下功夫，努力把真理的力量和人格的力量统一起来，带头实践自己倡导的价值观念和道德标准，言行一致，以身作则，率先垂范，以自身的人格力量去引导、感化、影响群众。只有这样，领导干部做群众的思想政治工作才有力量，也才谈得上能力的提高。

（六）牢牢把握思想政治领域的领导权，增强领导力

加强和改进思想政治工作，必须牢牢把握思想政治领域领导权。加强党对思想政治工作的领导是一项在长期实践中形成的重要原则和制度，是加强党的领导的一个重要方面，必须始终牢牢坚持不能动摇。各级领导干部必须牢记使命和职责，努力提高领导思想政治工作的能力。

加强党对思想政治工作的领导，必须建立起党委统一领导，党政领导亲自抓，党政各部门和工会、共青团、妇联等人民团体齐抓共管、形成合力的领导机制和工作机制。一是党组织对思想政治工作负主要责任，党政领导亲自抓。一个地区、一个部门的宣传思想工作和精神文明建设，责任主要在这个地区和部门的党组织，各级党委首先是主要负责同志一定要深入实际，调查研究，总结经验，精心指导，督促检查，加强和改进宣传思想战线工作。二是充分发挥行政、生产和业务部门的作用，把思想教育与经济工作、业务工作结合起来去做，生产和业务管理部门干部要自觉担当起思想政治教育的责任，和思想政治工作部门协调一致，共同做好思想政治工作。三是认真协调党委各部门和群众组织关系，加强领导，协调步伐，形成强有力的思想政治工作网络。四是牢记党的群众路线，依靠和动员广大群众做好思想政治工作。各级领导干部要增强忧患意识，居安思危；把握导向，守土有责；与时俱进，大胆创新；不断提高领导思想政治工作能力和水平，切实把党对思想政治工作的领导落到实处。

发现培养选拔优秀干部的识人治理对策[①]

2018 年 6 月 29 日，习近平总书记主持召开了中共中央政治局会议，审议《关于适应新时代要求大力发现培养选拔优秀年轻干部的意见》，会议指出，"遵循干部成长规律，按照拓宽来源、优化结构、改进方式、提高质量的要求，进一步创新理念、创新思路、创新模式，以大力发现培养为基础，以强化实践锻炼为重点，以确保选准用好为根本，以从严管理监督为保障，健全完善年轻干部选拔、培育、管理、使用环环相扣又统筹推进的全链条机制，形成优秀年轻干部不断涌现的生动局面，把各方面各领域优秀领导人才聚集到执政骨干队伍中来，为决胜全面建成小康社会、夺取新时代中国特色社会主义伟大胜利、实现中华民族伟大复兴的中国梦提供充足干部储备和人才保证。"[1]这些意见进一步凸显出了发现培养选拔优秀干部所依托的识人治理的重要性。但在寻求干部选拔任用的识人治理对策时，需要着力解决三个方面的发展任务：一是防治腐败；二是选人用人；三是提高执政实效。其中第二个任务是识人的浅层次目的，而第一、第三个任务是识人的深层次目的。浅层次目的是实现深层次目的的条件，而深层次目的能够指引浅层次目的的发展方向。从 1994 年党的十四届四中全会开始，防治腐败和提高执政实效成为党的建设两大中心任务，而选拔干部无疑成为能否完成这两大中心任务的关键。与此同时，在全面深化改革，践行习近平新时代中国特色社会主义的现阶段，中国防治腐败和提高执政实效的任务也提升到了一个新高度，那就是中国的防治腐败需要从治标向治本的推进；中国的执政实效需要推进制度整合与国家定型的发展目标，从而实现国家治理的现代化。在这样的时代背景下，本研究结合优秀干部发现培养选拔中存在的突出问题，探究其中的识人治理对策。

---

① 本文作者郑青。

一、完善优秀干部发现的识人治理制度

中国庞大的干部队伍，一方面不可能企求仅仅通过"伯乐相马"式的偶然因素对优秀干部进行识人用人，另一方面作为干部选拔任用的前提和基础，识人环节又存在制度缺失的问题。那么如何完善识人制度呢？任何制度的完善都有一个循序渐进的发展过程，包括从无到有，从有到优。而推进这一过程的，既离不开实践对制度的发展需求，又缺不了制度在实践中的适用探索。实践需求是制度存在的理由，而适用探索是制度发展的途径。基于上述制度发展的规律，完善优秀干部发现的识人治理制度可从以下三方面进行推进。

（一）在干部选任中增加识人的原则要求

《党政领导干部选拔任用工作条例》是开展选人用人工作的基本依据，而识人是干部选拔任用的前提和基础，理应增加到现在由动议、民主推荐、考察、讨论决定、任职这五个干部选拔任用工作的组成环节之中。增加的方式有两种，一是在动议之中增加识人的原则要求，二是把识人放在动议之后，民主推荐之前，独立成一部分，至于这两种方式到底哪一种比较合适，这取决于组织部门对识人认知的深浅度。在识人认知处于浅层次状态时，建议把识人工作环节放置在动议之中，以突显识人环节的重要性；当对识人认知达到较深层次时，提议将识人工作环节的原则要求独立成一部分，以便于指导识人的工作实践。

（二）在防治腐败中出台识人的功能意见

干部边腐边升所形成的"带病提拔"暴露知人不深、识人不准的问题，为防治这一人事腐败问题，2016年8月中央出台了《关于防止干部"带病提拔"的意见》，提出了"落实工作责任、深化日常了解、注重分析研判、加强动议审查、强化任前把关、严格责任追究"等六个方面知人识人的意见措施。这些意见措施的提出，既明确了防止干部"带病提拔"中识人不准的问题，又指明了解决这一问题的途径。可见，结合腐败问题，能够使识人问题的解决有的放矢。据此获得的启发是，结合干部腐败的类型突出识人的防治功能。除了"带病提拔"，干部腐败的其他类型有火箭提拔、裸官、两面人、消极腐败、裙带腐败、家族腐败等，这些个性化的腐败又需要怎样的识人防治呢？对此，结合腐败类型出台识人的防治功能意见，这是拓展识人功能、提升识人准确，防止腐败的重要发展途径。

（三）在组织工作中编写识人的试行手册

组织人事部门是干部选拔任用工作实施的专职部门，有着丰富的识人经验，

同时组织人事部门也有责任引导党委、纪检监察部门在各自的职责范围内知人识人，为了有效地完成以上两大工作任务，组织人事部门可先行先试编写《党政领导干部选拔任用识人手册》。组织人事部门对这项工作任务的开展，并不尽然完全孤立无援，如 2016 年中央出台的《关于防止干部"带病提拔"的意见》提出的识人要求，即"强化审核措施，做到干部档案'凡提必审'，个人有关事项报告'凡提必核'，纪检监察机关意见'凡提必听'，反映违规违纪问题线索具体、有可查性的信访举报'凡提必查'。"组织人事工作者学习习总书记对组织部门提出识人的建议概括，如"'四要求四途径'即'四要求'是总书记对'识人'之人——党的领导干部以及组织工作者提出的要求。一要近距离接触干部，二要多到基层干部群众中、多到乡语口碑中了解干部，三要健全考察机制和办法，多渠道、多层次、多侧面深入了解干部，四要坚持全面、历史辩证看干部，注重一贯表现和全部。'四途径'是总书记在'四要求'的基础上进一步阐明'识人'的具体方法、具体路径。他提出从四个方面去考察了解干部。一是观察干部对重大问题的思考，看其见识见解，二是观察干部对群众的感情，看其品质情怀，三是观察干部对待名利的态度，看其格局境界，四是观察干部处理复杂问题的过程和结果，看其能力和水平。"[2] 这些渠道都可成为《党政领导干部选拔任用识人手册》编写的知识来源。

二、明确优秀干部培养的识人治理责任

在领导干部选拔任用中，究竟谁是识人的主体，按道理清楚明白，党委管人事组织工作的领导、组织人事部门负责具体的执行，这两个识人主体的责任泾渭分明。但干部腐败反映出人事工作的根源性问题，选不好人，用不好人，除了追究腐败干部作为责任主体为他人职位调动或晋升所犯的人事腐败之外，对腐败干部选拔任用往往无法进行追责或追责不到位。显然，所谓的识人主体不明，其实质是识人的主体责任不明，不明确主体责任，即使有识人主体，也无法保障在领导干部选拔任用中识人到位。那么，如何明确责任主体呢？2016年中央出台的《关于防止干部"带病提拔"的意见》（以下简称《意见》）给予了明确的解答。《意见》规定，"落实工作责任。各级党委（党组）对选人用人负主体责任，党委（党组）书记是第一责任人，组织人事部门和纪检监察机关分别承担直接责任和监督责任。"在这一规定中有四个责任主体，即党委（党组）、党委（党组）书记、组织人事部门、纪检监察机关。由于这四个责任主体具有一贯的责任中心、工作惯性及责任分工定位，因此如果要切实地落实这四

个识人主体的责任，首要的就是进一步明确各主体的主要责任并实现职责的转变。

（一）党委（党组）承担主体责任

长期以来，这一主体的主要责任是抓党建，选人用人也是其主要责任，如在干部选人用人的五大环节中，动议与讨论决定两个环节，党委（党组）都居组织工作的主体地位。虽然如此，但在这两个环节实际操作层面，党委（党组）人事工作"走过场"式的履行程序问题还很突出。表现为"基层党委对'两个责任'认识不到位、工作不到位，往往还是以纪委的监督责任来代替党委的主体责任，或者由纪委来包办党委的主体责任，存在定位不准、责任不清等问题。落实责任制也仅仅停留在下发分工文件、签责任状等老一套上，缺乏创新。考核往往交由同级纪委实施，党委的领导仅限于开会部署、听取汇报、带队检查，执行和推动责任制落实的具体工作仍多由纪委负责，落实责任制仍然处于'党委挂帅、纪委出征'的状态。"[3]此次《意见》规定党委（党组）人事工作承担主体责任，就需要加强以下几方面的责任担当，"切实担负起领导之责，着力把好选人用人正确方向；切实担负起把关之责，着力发现和选准好干部；切实担负起监督之责，着力营造风清气正用人环境；切实担负起示范之责，着力传递选人用人正能量。"[4]

（二）党委（党组）书记承担第一责任

《意见》规定，在选人用人方面，党委（党组）书记是第一责任人。党委（党组）书记担负选人用人的职责，在2014年中共中央办公厅出台的《2014—2018年全国党政领导班子建设规划纲要》文件中明确规定"对各级各部门党组织负责人特别是党委（党组）书记的考核，首先要看抓党建、抓领导班子和干部队伍建设的实效，考核其他党员领导干部也要加大这方面的权重。对履行职责不到位，导致领导班子软弱涣散、不正之风长期滋生蔓延的，要严肃追究主要负责人和相关责任人的责任。"虽然党委（党组）书记必须承担包括识人在内的选人用人职责，但在实际的工作中，由于党委（党组）书记具有"一岗双职"的特点，而重业务轻党建又是其中的突出问题表现之一，对此，党委（党组）书记要树立"'第一责任人'是岗位的职责所在。党委书记在领导班子中处于核心地位，理所当然应成为全面从严治党的第一责任人。坚持把抓好党建作为从政的最大'政绩'、把抓不好党建作为政治上的最大'不合格'，做到党建责任常思在心、党建工作常抓在手。正确处理好中心与核心的关系，既要会算经济账、发展账，更要会算政治账、大局账，推进党建工作项目化、项目推进责任化、责任追究制度化,真正把每条战线、每个领域、每个环节的党建工作都抓细致、抓深入、抓具体,绝不能隔岸观火空吆喝、卷着袖子不干活,让责任田沦为'撂荒地'。"[5]

(三)组织人事部门承担直接责任

《意见》规定,在选人用人方面,组织人事部门承担直接责任。组织人事部门是选人用人的专职部门,选好人用好人是其基本职能。但十八以来中央巡视组开展的几轮巡视,发现最为突出的一个问题,就是广泛存在选人用人不规范的问题,这无疑反映了一些组织人事部门选人用人的失职。对组织人事部门选人用人的职责,2014 年中央出台的《关于加强干部选拔任用工作监督的意见》中有明确的规定,即"各级组织人事部门要把干部选拔任用工作监督摆在突出位置来抓,干部监督机构要具体负责监督任务的组织实施,干部工作机构要结合自身职责做好有关监督工作。干部考察组要履行'一岗双责',既做好考察工作,又监督用人风气。组工干部要切实增强党性,坚持原则、公道正派、敢于担当,严格按党的政策办事、按规章制度办事、按组织程序办事,带头维护干部工作的严肃性,坚决抵制和纠正用人上的不正之风。对违反组织人事纪律的,一律清除出组工干部队伍。"为了使组织人事部门纠偏工作诟病,按《意见》规定履行好选人用人的直接职责,应在履行职责中实现三个方面的工作转变,包括"一是要做好从少数人参加到多数人参与的转变;二是要做好从任前集中考察到注重平时了解的转变;三是要做好从因人因事定规矩到靠制度保障的转变。"[6]

(四)纪检监察机关承担监督责任

《意见》规定,在选人用人方面,纪检监察机关承担监督责任。纪检监察机关的职能,在 2017 年新修订的《中国共产党章程》第八章中有明确的规定,"党的各级纪律检查委员会是党内监督专责机关,主要任务是:维护党的章程和其他党内法规,检查党的路线、方针、政策和决议的执行情况,协助党的委员会推进全面从严治党、加强党风建设和组织协调反腐败工作。党的各级纪律检查委员会的职责是监督、执纪、问责,要经常对党员进行遵守纪律的教育,作出关于维护党纪的决定;对党的组织和党员领导干部履行职责、行使权力进行监督,受理处置党员群众检举举报,开展谈话提醒、约谈函询;检查和处理党的组织和党员违反党的章程和其他党内法规的比较重要或复杂的案件,决定或取消对这些案件中的党员的处分;进行问责或提出责任追究的建议;受理党员的控告和申诉;保障党员的权利。"其中"对党的组织和党员领导干部履行职责、行使权力进行监督"的规定表明纪检监察机关对选人用人承担监督责任。

但一大批干部腐败反映一些纪检监察机关对党员领导干部行使权力进行监督的低效甚至缺失。这可从一些纪检监察机关多年来落实责任的简单方法可见一斑，"多年来，基层党委纪委贯彻落实责任制的主要模式是：年初开会部署，年中下发文件责任分解，年终检查考核。结合所在地方、部门和单位，实际制定的具有操作性的办法不多。落实途径被动单一，难以充分调动领导班子及其成员履行责任的主动性、积极性。贯彻实施的手段也较为落后，工作方式上仍停留在'以文件落实文件、以会议贯彻会议'上。"[7]对此，有专家指出，"一个完善、成熟的监督体制应具备三大基本条件：对其监督对象进行全面监督；监督制约的力度必须与监督对象的职位和权力相适应；监督制约过程须具有独立性和权威性。"[8]这三大条件中两个要素成为长期制约纪检监察职能发挥的阻碍，即人事和权限。根据2016年修订出台的《中国共产党党内监督条例（试行）》中规定，"落实纪律检查工作双重领导体制，执纪审查工作以上级纪委领导为主，线索处置和执纪审查情况在向同级党委报告的同时向上级纪委报告，各级纪委书记、副书记的提名和考察以上级纪委会同组织部门为主。"这一规定的一个进步之处，在于人事安排方面有了很大的改进。"过去，上级纪委对下级纪委只是业务上的领导，而纪委的人、财、物领导都在同级党委手里。在很长一段时间里，纪委书记是由同级党委副书记担任，这样一来，很难实现有力的监督，容易出现'同级监督软'的局面。"[9]但保留"双重领导体制"的机构设置，在实际工作中纪检监察机关的监督责任可能还会在不同程度上受到同级党政权力的干扰和制约，在这方面依然还需做出进一步的改革力度。

三、改进优秀干部选拔的识人治理方式

腐败暴露干部选拔任用过程中知人不深，识人不准的原因，除了对腐败干部有效监督管理的缺失之外，一个很重要的原因，就是干部腐败的方式方法越来越隐蔽、多发，腐败期权化、利用权力影响间接为他人以权谋私，特别是出现了腐败官员的两面人化以及腐败呈现向整个社会肌体全方位渗透之势，这使得以往任职识人、晋升识人、问题识人这类有限时间内对有限人员进行识别的方式越来越不适应新形势下对领导干部选拔任用的监管了。那么，面对这样的政治社会生态，如何改进对干部选拔任用的识人方式呢？

这一问题实际上包含两个层面的问题，一是问题的性质，二是解决问题的方法。这两个问题在2016年习近平总书记的系列讲话和中央出台的几份党的文件中都能得到不同程度的解答。如对于两面人的问题，2016年1月12日习近平

在第十八届中央纪律检查委员会第六次全体会议上指出，"大量案件表明，党内有一些人在这方面问题很突出。有的修身不真修、信仰不真信，很会伪装，喜欢表演作秀，表里不一、欺上瞒下，说一套、做一套，台上一套、台下一套，当面一套、背后一套，手腕高得很；有的公开场合要党员、干部坚定理想信念，背地里自己不敬苍生敬鬼神，笃信风水、迷信'大师'；有的口头上表态坚定不移反腐败，背地里对涉及领导干部的问题线索不追问、不报告；有的张口'廉洁'、闭口'清正'，私底下却疯狂敛财。这种口是心非的'两面人'，对党和人民事业危害很大，必须及时把他们辨别出来、清除出去。"对于两面人官员在选与用的识人方式，在2016年10月中央出台的《关于新形势下党内政治生活的若干准则》（以下简称《准则》）和2016年10月中央出台的《中国共产党党内监督条例》（以下简称《条例》）中给予了原则的要求，如在《准则》中详述了防止包括两面人"带病提拔"的措施，包括"落实工作责任、深化日常了解、注重分析研判、加强动议审查、强化任前把关、严格责任追究。"在《条例》中的第四条规定，"党内监督必须贯彻民主集中制，依规依纪进行，强化自上而下的组织监督，改进自下而上的民主监督，发挥同级相互监督作用。坚持惩前毖后、治病救人，抓早抓小、防微杜渐。"在这些包含改进识人方式的党纪党规高密度出台之际，改进识人方式就不仅仅是思想认识的问题，而且更重要的是如何贯彻落实的问题。与干部的选拔相比，干部任用过程中的两面人问题尤为严重。为此就干部任用中从整合自律与他律两条识人路线来看，目前应常态化地加强以下三个层面的识人渠道。

（一）加强巡视工作的制度化、常态化，发挥自上而下的识人治理作用

一个单位、一个部门之所以会出现领导干部的两面人化或"带病提拔"的问题，与所在单位、部门的党委纪委监管不力有很大关系。在一些领导干部问题严重的单位或部门，党委纪委组织涣散、职能低效很严重，不仅纵容了违纪违法领导干部的任用，而且直接营造了一个单位、一个部门不良的政治生态，这是领导干部违纪违法的一个重要的根源所在。为此，对党委、纪委加强监管力度势在必行。而中国共产党开展的党内巡视工作就是加强党委、纪委监管的一个有效措施。党内巡视工作伴随着中国共产党的发展进程，如改革开放后，1996年3月中央纪委制定了《中共中央纪委关于建立巡视制度的试行办法》，并于当年开启了中纪委的第一次巡视。2001年5月至2002年10月，中央纪委、中央组织部联合开展了第二批巡视。2003年，中央颁布了《中国共产党党内监督条例（试行）》，其中巡视作为党内监督的一项重要制度写入条例。2009年7

月中央颁布《中国共产党巡视工作条例（试行）》。2015 年 8 月中央纪委会同中央组织部联合出台《中国共产党巡视工作条例》，伴随着巡视制度的完善，巡视工作越来越密集。从十八大以来，中央共开展了 12 轮的巡视工作。正是通过这些巡视工作发现了一大批干部腐败问题。足以可见巡视工作是一项十分有效的加强党内监督的途径。巡视工作之所以对加强党内监督有重要的成效，原因在于这一工作方法有四个方面的着力，即"着力发现领导干部是否存在权钱交易、以权谋私、贪污贿赂、腐化堕落等违纪违法问题；着力发现是否存在形式主义、官僚主义、享乐主义和奢靡之风等问题；着力发现是否存在违反党的政治纪律问题；着力发现是否存在选人用人上的不正之风和腐败问题。"[10]可见，巡视工作的工作重点正是对领导干部违法违纪的监督，是党内监督识人的有效途径。《中国共产党巡视工作条例》规定的制度适用范围，是"党的中央和省、自治区、直辖市委员会实行巡视制度，建立专职巡视机构，对所管理的地方、部门、企事业单位党组织进行巡视监督，实现巡视全覆盖、全国一盘棋。"各个地方和基层党委也比照着中央开展了巡视，但目前，下沉到地方层面和基层的巡视还存在着不定期、不规范的问题，这样的巡视成效差强人意，还是需要加强巡视工作的制度化、常态化，从而更好地发挥自上而下的识人作用。

（二）加强党内政治生活的规范化、实效化，发挥同级监督的识人治理作用

每个腐败的干部都有工作的单位，在这个时空内，无论其两面性隐蔽多么的周全，由于是长年累月与工作单位的同事打交道，其一言一行的性质在常年累月中最终都可以被识别。但为什么还是有那么多的具有隐蔽性的官员腐败呢？其中有一个重要的原因，在于腐败官员缺乏所在单位组织的监管。每个干部无论其是否是党员，首先应是组织中的个体，党员干部属于党组织中的一员，非党员干部属于领导班子成员。根据《中国共产党章程》规定："每个党员，不论职务高低，都必须编入党的一个支部、小组或其他特定组织，参加党的组织生活，接受党内外群众的监督。党员领导干部还必须参加党委、党组的民主生活会。不允许有任何不参加党的组织生活、不接受党内外群众监督的特殊党员。"即使对于非党员干部，如果是属于主要行政领导，一般也要参加领导班子民主生活会。党员领导干部为什么非得要参加党的组织生活，接受党内外群众的监督呢？邓小平曾指出，"同等水平、共同工作的同志在一起交心，这个监督作用可能更好一些，"[11]"上级不是能天天看到的，下级也不是能天天看到的，而同级的领导成员之间彼此是最熟悉的。"[12]可见干部参加党的组织生活能够起到被监督教育的作用，为预防腐化变质起到经常性的提醒作用。但是以开展批评与

自我批评等为方式的党的组织生活在一定时期存在名不符实的情况。对此 2016 年 10 月中央出台的《关于新形势下党内政治生活的若干准则》指出，"一个时期以来，党内政治生活中也出现了一些突出问题，主要是：在一些党员、干部包括高级干部中，理想信念不坚定、对党不忠诚、纪律松弛、脱离群众、独断专行、弄虚作假、庸懒无为，个人主义、分散主义、自由主义、好人主义、宗派主义、山头主义、拜金主义不同程度存在，形式主义、官僚主义、享乐主义和奢靡之风问题突出，任人唯亲、跑官要官、买官卖官、拉票贿选现象屡禁不止，滥用权力、贪污受贿、腐化堕落、违法乱纪等现象滋生蔓延。特别是高级干部中极少数人政治野心膨胀、权欲熏心，搞阳奉阴违、结党营私、团团伙伙、拉帮结派、谋取权位等政治阴谋活动。这些问题，严重侵蚀党的思想道德基础，严重破坏党的团结和集中统一，严重损害党内政治生态和党的形象，严重影响党和人民事业发展。"正是因为存在这些问题，使党的政治生活中，一些党员领导干部查找问题不实，纠偏不力，党的政治生活对官员腐败识别不及时。为此在《准则》中，第一次明确了为加强党的政治生活应严格党的政治生活制度的要求，包括坚持"三会一课"制度、坚持民主生活会和组织生活会制度、坚持谈心谈话制度、坚持对党员进行民主评议等。但如何使这些党内政治生活制度规范化、实效化，发挥同级对领导干部监督的识人作用，还有待实践检验。

（三）加强个人述职述廉的问题化、程序化，发挥自我内省的识人治理作用

通过巡视工作和党内政治生活的方式对干部的选拔任用进行识别，是属于外在监督的识人范畴，外在监督体系无论多么完善和精密，都无法防止干部腐化变质的可能，因此外部监督式的识人方式是存有漏洞的。外部监督的他律对领导干部个体起到的是威慑、约束的功能，最终的目的，是希望干部个体能够自律地廉洁奉公。在干部选拔任用中的识人意识中，引导和激发干部个体对自我的约束是处于比较弱化的地位的，这既有"信任不能代替监督"的教训，又遵循只要有权力的地方就可能有腐败的常识。但对于干部个体而言，能否保持廉洁奉公自律又是其任职的基本要求。这就需要领导干部在任职期间有强化其廉洁奉公自律的环节和平台。为此，无论是 2003 年的《中国共产党党内监督条例（试行）》版，还是 2016 年的《中国共产党党内监督条例》升级版，都独立设置个人"述职述廉"的原则规定。述职述廉的目的是为了让干部增强人民公仆的意识和加强党内组织监督。具有自我内省与慎独的功能。述职述廉这一党内监督机制会有招致非议的情况，这既与部分领导干部述职述廉态度不认真、表里不一的实情有关，又与述职述廉这一党内监督机制本身具有的特点有关，

其实，导致述职述廉这一机制没有充分发挥应有作用，缺少配套机制只是其中的一个原因，关键还是要加大群众的参与度，让干部的述职述廉成为个人职级晋升的重要参考，从述职述廉的目的高度加强对这一制度实施重要性的关注度，这才是提升这一制度有效性的根本。为此，需要对《中国共产党党内监督条例》中第二十条"述职述廉时可以邀请群众代表参加会议。"建议改为"述职述廉必须在民主管理大会上进行。"并把"基层党委、纪委，党总支、党支部负责人，每年在规定范围述职述廉一次。"建议改为"基层党政领导班子成员，每人每年在规定范围述职述廉一次。"以此把述职述廉这一党内监督机制覆盖到全体领导干部，真正发挥制度引导领导干部内省的识人作用。

参考文献：

［1］培养选拔一批又一批优秀年轻干部接续奋斗［N］．人民日报海外版，2018 - 06 - 30.

［2］聂磊．把握"四要求四途径"跟总书记学"识人"［N］．增城日报，2015 - 04 - 17.

［3］向卫华．浅析基层党委纪委如何落实"两个责任"．百度文库，2018 - 06 - 30.

［4］曾庆红．严格落实选人用人主体责任［N］．中国组织人事报，2016 - 03 - 02.

［5］张曙光．全面从严治党中党委书记的责任担当［N］．学习时报，2015 - 12 - 06.

［6］朱玉．落实"直接责任"要做好"三个转变"［EB/OL］．共产党员网，2016 - 9 - 27.

［7］向卫华．浅析基层党委纪委如何落实"两个责任"［EB/OL］．湘西纪检网，2015 - 05 - 27.

［8］专家："双重领导"有损纪检独立性［N］．法制晚报，2014 - 07 - 04.

［9］邹春霞．多省效仿中央成立纪检改革小组　强化纪委独立性［N］．新华网 - 北京青年报，2014 - 03 - 05.

［10］周学馨．巡视制度怎样实现规范化常态化［N］．学习时报，2015 - 03 - 16.

［11］［12］中共中央文献编辑委员会．邓小平文选：第 1 卷［M］．北京：人民出版社，1989：309 - 310.

地方高校教师心理健康的现实分析及其对策[①]

——基于江西省赣南部分地方高校的调研

一、问题的提出

从现实的视角看，目前高校几乎有一种共识，谈起教师队伍建设，着眼点就放在提高教师队伍的教学水平、学术科研能力、人才引进和加强师德师风建设等方面，而普遍忽视教师心理健康；另一方面，众多高校十分重视和关注学生的心理健康，对教师心理健康却重视不够。而教师心理健康对学生的影响是个必须予以重视的问题：一是教师心理健康直接影响教学工作和学生获知水平的发展。不健康的心理和不健康的身体一样，会直接影响人的各种活动的正常进行。如果一个教师心理不健康，就等于缺乏从事教育工作的必要条件，那就会直接影响到教师正常的教学工作，直接影响到教师作为学生学习指导者的角色职责，影响到教师的教学效果，从而势必影响学生获知水平的发展；二是教师心理健康间接影响学生心理健康发展和人格健康形成。在学生心理健康发展和人格健康形成的过程中，起重要作用的除了父母以外，就是教师了。由于教师在学生心目中的形象和地位，教师在教书育人过程中普遍被学生当成行为的榜样。教师的心理健康状况良好与否，会直观表现在他日常的言行和思想上，作为受教育者的学生，就不可避免地要受到间接的影响。从这层意义上说，教师不仅是科学文化知识的传授者，也是学生心理健康发展和人格健康形成的促进者。由此可见，教师心理健康状况对高校教育教学工作和人才培养的意义非常重大。高校在推进教师队伍建设这一"核心工程"时，必须将促进教师心理健康纳入工作的视野。

---

① 本文作者魏美春。

二、高校教师心理健康的现实分析

在 20 世纪 90 年代初，部分心理学研究工作者开始关注和研究教师的心理健康问题。虽然，当时的研究起步较晚，基础较弱，研究的方法也基本是问卷调查，但通过一些对比研究发现，教师的心理健康状况不如其他行业的人员。随后，教师心理健康的研究在广度、力度、深度上有所增强，结果表明教师的心理健康状况仍然是极不乐观。

2009 年 5—6 月，我们依托学校的心理咨询与健康教育中心，利用症状自评量表（SCL—90），对驻赣州市的 3 所本科院校和 2 所高职院校的部分教师的心理健康进行调查，结果发现高校教师的心理问题相当普遍。通过因子分析发现，高校教师在症状自评量表（SCL—90）中各因子及阳性分数均高于全国常模，其中躯体化、强迫症状、焦虑、偏执和人际敏感，是最突出的心理健康问题。

2009 年 9 月，我们同时遴选我们所在学校的 1 个文科学院、1 个理科学院合计 102 名教师进行有关心理健康问题的问卷调查，结果发现有 50.98% 的教师认为在工作中烦恼多于欢乐，有 24.51% 的教师认为在工作中常常有苦恼，有 26.47% 的教师在校很少与别人交往，有 42.16% 的教师平时很少与外校人交往，20.59% 的教师属于"轻度心理障碍"，8.82% 的教师属于"中度心理障碍"，1.96% 的教师已构成"心理疾病"。而且，从纵向比较看，高校教师心理健康状况问题越来越突出。

根据调查，我们还发现，教师心理问题形成的原因错综复杂，主要有以下几点：

1. 教育体制改革的挑战。近年来，许多地方高校正进行着自身教育体制的全面改革，诸如职称评定、教师聘任、末位淘汰、按绩取酬等，而改革势必触动方方面面的利益。伴随着这一改革进程，每位教师都感受到前所未有的压力，于是一些心理比较脆弱的教师往往因压力过度而导致心理危机。

2. 超负荷的工作。从教育现状看，目前地方高校普遍为了办学效益，严控和缩减人员编制，推行工作量考核和各类评教制度，导致教师任务重、压力大，教师心力交瘁，很难一直保持愉快的工作心态。

3. 教师交际范围狭窄。从工作性质来说，教师工作独立性强且相对封闭，造成人际交往范围狭窄，平时与学生交往最多，学生的状况各不相同，给教师的人际交往提出了许多挑战。此外，教师由于时间问题和兴趣问题，较多不愿意与其他人交往。据调查，教师在校内除工作关系外，经常与他人交往的只有

16.99%，在校外和他人经常交往的只有 11.49%。交际范围狭窄，直接导致了教师视野和内心世界狭窄。

4. 职业的特殊性。教师职业要求教师无私奉献，社会舆论也常把教师比喻成"红烛""人梯"等，这种职业的神圣感在客观上迫使教师不得不掩盖自己的情绪，而教师也是普通人，同样有常人的七情六欲、喜怒哀乐。于是，面对家长以及社会的沉重期望，不少教师往往"载不动许多愁"。

5. 环境、对象相对稳定。高校教师的工作环境相对封闭，除教室就是办公室、家庭，缺乏与外界交流的机会，生活比较单调，人生视野受到限制，进入社会与人打交道往往带有很浓的书生气，缺乏灵活性、通融性，缺乏与各种人沟通的能力。教师的工作对象是学生，学生表现出来的不成熟又影响老师。这使得一些教师的心理成熟要比同期进入其他行业的同学晚得多，有的教师甚至终生都无法具有成熟的心理。

6. 多数教师缺乏心理学知识。按照知识的功能划分，教师的知识分为四类：第一类为学科类知识，主要是关于课程内容方面的知识；第二类为条件性知识，是教师成功进行教育教学所必备的知识，是关于教与学以及学生发展等方面的知识；第三类为实践性知识，教师在教学活动中解决具体问题的知识，这种知识是教师教育教学经验的积累和提炼；第四类为一般文化知识，指教师需要具备的除专业知识以外的广博的文化知识。其中，第二类条件性知识，就是关于心理健康、心理学修养方面的知识。我们调查发现，现在高校教师中关注学科知识的多，很少关注心理健康、心理学修养方面的知识。教师自身心理一旦出现问题，很多人不知道如何及时调节，导致心理问题愈演愈烈。

此外，调查还发现，部分高校教师有病得不到及时治疗，目前高校和社会对教师心理健康的关注程度还有待提高，维护教师心理健康的措施和办法还不够完善和有效，这也导致了高校教师的心理健康问题越来越多，越来越复杂。

三、促进地方高校教师心理健康的对策

从对地方高校教师心理健康的现实分析来看，影响教师心理健康的因素无非来自三个方面，即社会、学校、个人，所以促进教师心理健康的措施和方法也应从这三方面入手。社会因素虽不容忽视，但学校、个人分别是引发教师心理健康问题的主要因素和内部因素。这里我们仅从学校、个人方面来谈谈促进高校教师心理健康的若干对策。

（一）学校可为的对策

1. 完善高校德育工作体系。地方高校不仅要把学生心理健康教育纳入学校德育工作范畴，而且同时也应把教师心理健康教育真正纳入学校德育工作范畴。学校党委、行政部门要转变观念，调动工会、教务、人事、宣传、团委以及各二级院（系）的职能和积极性，齐抓共管，自上而下形成一个教师心理健康教育、学生心理健康教育"双线互动、立体交叉"的心理健康教育支持体系，推进学校心理健康工作的开展。

2. 成立教师心理健康辅导站。针对当前高校心理健康教育效果不佳的现状，设立能担负高校心理健康教育工作的专门机构——教师心理健康辅导站，负责全校教师心理健康教育计划的制订、协调和实施，面向教师开展阶段性的心理测试，建立教师心理档案，为教师开设心理教育课程和讲座，开展各种教师团体心理辅导培训、教师心理素质拓展训练和心理咨询、治疗工作。目前，许多高校都成立了大学生心理咨询与健康教育中心，投入较大的人、财、物予以保障。教师心理健康辅导站可参照大学生心理咨询与健康教育中心模式运行，并可以借助和整合大学生心理咨询与健康教育中心或者相应心理学科院（系）的资源，支撑教师心理健康辅导站的建设。

3. 广泛开展丰富多彩的教职工文化活动。工会、团委等职能部门和各教学学院要利用中国传统节假日、重大纪念日等契机，结合各高校的大学精神，坚持"思想性、广泛性、先进性、教育性"的核心价值取向，经常面向教师开展喜闻乐见、大众化参与的文艺、体育、休闲、趣味等题材的系列文化活动，充实教师的业余生活，让广大教师在文化活动中受到启迪和感受娱乐，凝聚人心，奋发向上。丰富多彩的文化活动可以营造和谐的校园环境，为广大教职工创建温馨和谐的工作、学习和文化娱乐环境，有利于教职工情绪调节，缓和个体之间、个体与团体之间、群体与群体之间的社会矛盾，促进学校整体和谐发展和教师的身心健康。

4. 优化高校心理健康教育环境。高校心理健康教育环境指高校的校园文化境、教育教学活动以及师生关系等对师生心理形成影响的因素。高校应充分发挥各校的有利条件，充分挖掘其环境潜力，为心理健康教育创造适宜的条件，形成自己的特色。一是要积极倡导"以人为本"的思想，重视校园文化和环境的建设，丰富校园文化和环境的内涵，提高校园文化和环境的品位，增强校园文化和环境的心理教育功能。二是要积极倡导"健康第一"的理念，将教师心理健康塑造渗透到教师的工作、学习和生活的方方面面，在大学校园内外营造一个有利于教师心理素质健康发展的环境和氛围。

5. 改革对教师评价的模式。教师评价的模式，是直接影响打造高素质教师队伍的一项基础性的措施。要体现全面贯彻党的教育方针，从学生的德、智、体、美、劳的情况来全面评价教师的教育效果；同时，要将教师心理健康如同教师教学效果、科研水平、师德师风等一样，作为教师综合评价的重要观测点。引导教师以高尚的思想品德、健康的人格心理，真正成为青年学生成长的指导者和引路人。

（二）教师可为的对策

1. 学会正确认识和悦纳自己。正确认识和悦纳自己，是一个心理健康的教师应该具有的特点。主要包括两个方面：一是对自己的能力、行为和性格等能进行正确的自我评价，自己的长处和短处能不受别人的左右；二是对自己职业角色的认同，做到爱岗敬业，热爱学生，增强本职工作的强烈使命感，拥有一种积极的工作态度。教师只有真正做到正确认识和悦纳自己，才能使自己心安理得、气顺劲足，保持心理健康。

2. 积极构建和谐的人际关系。社会学告诉我们，教师和其他行业一样，都是社会的人，都生活在一定的人际关系之中。教师的人际关系可分为与学生的关系、教师之间的关系和与其他人的关系三种。和谐的人际关系是教师顺利工作的基础，也是教师心理健康的重要保障条件之一。紧张不友好的人际关系会给教师带来一定的心理负担和心理压力，会引起教师不愉快的情绪体验，导致一定程度的心理压抑。教师要坚持"平等""友好""谦逊"等为人处世的原则，和谐地对待周边的学生和他人，尊重学生和他人的个性，这样才能获得自己所需的人际互助，才能集思广益，愉快地投入自己的工作和生活。

3. 科学安排业余生活。教师平时工作确实很忙，应该学会"忙里偷闲"，有弹性地合理安排自己工作之余的时间，留给自己意外的短暂空白，培养各种兴趣和爱好，参加各类丰富多彩的文化活动，使业余生活多滋多味，促进身心健康。

4. 关注增强生理防卫能力。健康的心理寓于健康的生理，教师的职业特点要求教师必须有充沛的体力和精力才能承担起繁重的日常教育教学工作，因此学校要切实引导教师加强生理防卫能力：一是积极防止脑力过度疲劳。教师的劳动是属于较高强度的脑力劳动，而大脑的工作能量是有限的，要注意劳逸结合，注意大脑皮层的兴奋过程和抑制过程的替换，防止脑力过度疲劳。二是要加强大脑的营养。营养是大脑活动的物质基础，而教师这种较高强度的脑力劳动需要消耗大脑大量的能量，所以要注意大脑的营养供给。三是要加强身体锻炼。脑力劳动不等同于体力劳动，教师要想在工作中保持充沛的体力和精力，还需坚持锻炼身体，经常做一些适合自己年龄段的户外、室内运动，使自己拥有一个健康的体魄。

高校辅导员职业等级认定的意义、困境与对策[①]

专家化是我国高校辅导员队伍建设的必由之路[1]，设立辅导员资格认证机制，这是辅导员走向专业化的一个重要制度保证[2]。经过学术界以及广大辅导员多年来深入研究和强烈呼吁，高校辅导员职业终于盼来了自己的能力等级体系。教育部2014年颁布的《高等学校辅导员职业能力标准（暂行）》（以下简称《职业能力标准》）明确规定，"本职业共分为三个等级，分别为：初级、中级、高级。"[3]并从职业功能、工作内容、能力要求以及相关理论和知识储备等四个方面，对每个等级应达到的相应条件和标准进行了细化规定。回顾我国高校辅导员制度60余年特别是近10年来的发展历程，《职业能力标准》当之无愧是辅导员队伍职业化专业化探索的集大成之作，具有承前启后的里程碑意义。等级的形成需要认定，接下来要做的工作，就是按照《职业能力标准》的要求，对辅导员队伍进行发展性等级认定，从而使每位辅导员都拥有一个与自身能力素质相对应的，而且是动态发展、逐级攀升的等级身份。

但是，据不完全了解，目前高校辅导员职业等级认定的实践状况并不乐观，基本处于等待、观望和无所作为的状态，学术界也鲜有这方面的研究。究其原因是多方面的，但笔者认为关键因素还是对辅导员职业等级认定的现实意义认识不到位，认定缺乏成就感、价值感，这是其一；二是对等级认定的困难分析不够，尚未找到影响认定的"病灶"和症结；三是对等级认定的方法对策研究显欠缺，认定工作无从下手。对此，笔者拟进行简单探讨，以期对辅导员职业等级认定实践有所裨益。

---

① 本文作者叶芜为。

一、辅导员职业等级认定的现实意义

辅导员职业等级认定的理论意义,《职业能力标准》从四个方面做了精辟阐述,精确表达了制定职业能力标准对于增强辅导员职业自信心和职业归属感,推进辅导员职业化专业化建设的意义和作用。结合高校辅导员队伍建设实际状况,开展等级认定,对于加强辅导员队伍建设具有重大现实意义,主要表现在推动"三个转变"上。

（一）队伍建设格局转变:"重心在上"转向"重心在下"

客观地看,近10年来推动全国辅导员队伍建设的操盘手在"上面",准确地说在教育部思政司。由于有来自"上面"的政策支持以及组织策划,辅导员的学术组织、职业伦理、学术园地、培训基地、专项课题、年度人物,以及学历上升的"绿色通道"等专业化建设平台,才得以顺利建成并发挥积极作用。但是,仅有"上面"发力是远远不够的,需要"下面"尤其是基层高校和广大辅导员的积极配合和参与。因为"上面"建设的这些平台,一是主要属于"软环境"范畴,重在宣传造势,意在触动"灵魂",并未大面积触及高校及辅导员个体的切身利益;二是这些平台和项目重在面向辅导员中的"优秀分子",意在发挥榜样的先导和示范作用,先求得点上突破,实现以点带面。目前全国辅导员队伍建设能取得良好发展态势,跟"上面"的这些努力是分不开的。

但是,客观规律表明,任何活动或工作若没有广泛的群众基础是无法深入和持久的。"年度人物"全国每年不过10位,"专项课题"全国每年不到百项,"辅导员博士招考"全国每年也不过100个指标。相对于全国12.4万的专职辅导员,这些平台和项目无论如何努力,也是僧多粥少的局面。这必然造成大部分辅导员有意无意地被排除在"上面"资源性平台之外,久而久之,必然产生与己无关的感觉,演变成辅导员事业发展的旁观者。

开展辅导员职业等级认定,势必触及每一位辅导员的个人名誉和切身利益,是调动"下面"尤其是广大辅导员积极性的关键一招。因为,"清晰而明确的职业身份和角色定位是高校辅导员在其本职范围内卓有成效地开展工作的前提和条件。"[4]这样,辅导员队伍建设格局才有可能实现由关键少数转向最大多数,由与己无关转向人人相关,由"上面"发力转向上下同力,从而形成巨大的建设合力。笔者认为,未来几年甚至更长时间,我国高校辅导员队伍研究和实践的方向与重点,将围绕基层高校辅导员职业等级认定而展开。

（二）队伍结构模型转变："板型"团队转向"梯型"团队

根据教育部提出的"专职辅导员总体上按 1∶200 的比例配备"要求，目前全国高校辅导员总数已达 12.4 万。如此庞大的一支队伍，却缺乏相对独立和统一的结构模型，是"平板型"团队。这种团队的最大特点就是"非差异化"，最大弊端则是"大锅饭"，工作时间长短，质量好坏，与辅导员个人的社会政治经济地位关联性不强。显然，这种队伍结构模型不利于调动辅导员的工作积极性。曾有辅导员这样抱怨：自己在辅导员岗位上工作快 10 年了，但感觉跟当年初任辅导员没有"明显区别"、与新近加入辅导员队伍的新人没有"特别区别"，工作缺乏成就感，开始滋生职业倦怠。事实上，没有区别是不可能的，之所以会产生彼此雷同感，是因为缺乏凸显区别感的显性"标识"。

开展辅导员职业等级认定，把辅导员队伍分成初、中、高三个等级，从而打造"梯形"团队，真正营造起辅导员自己与自己比、彼此相互比的良好成长生态，促使辅导员队伍由盲目发展转向目标发展，由均衡化转向差异化，由平板一块转向梯形错落。这既是辅导员结构模型上的巨大突破和创新，也是人力资源有效开发的必然要求。

（三）队伍评价机制转变："工作评价"转向"专业评价"

当前，工作评价是教育行政部门和高等学校对辅导员工作表现进行考核评估的主要方式，比如，辅导员年度人物评选等均属工作评价的结果反映。辅导员专业性评价尚未实质启动。那么，工作评价与专业评价有什么区别呢？至少体现在以下方面。首先，从情感接受来看，作为高校教师队伍重要组成部分的辅导员，典型的知识分子，自然更愿意接受来自专业评价的结果，而排斥或不屑于工作评价的结果；其次，从评价的出发点来看，工作评价意在奖优罚劣，是甄别性评价，具有"管理"属性。专业评价重在区别档次，是发展性评价，具有能力"开发"特质；第三，从评价结果的生效期来看，工作评价结果具有暂时性，今年"优秀"，明年就不一定优秀。专业评价结果具有长期性和相对稳定性，是身份和能力的标志与象征。

毫无疑义，辅导员职业等级认定就是专业性评价，相较于工作评价，专业评价更具生命力和人文情怀，符合高校特点，满足了辅导员的心理诉求。

二、辅导员职业等级认定存在现实困难

作为新生事物，开展辅导员职业等级认定是有诸多现实困难的。教育部在颁布《职业能力标准》提出辅导员职业等级划分的时候，对等级认定的困难就有充分估计，并持明显的谨慎态度。有两点足以证明：一是《职业能力标准》文种后面加上了"暂行"二字，本来标准就是标准，无须"暂行"或"试行"，足见国家最高教育行政部门对此的慎重态度；二是教育部思想政治工作司负责人就《职业能力标准》答记者问时就指出，标准"目前是一个导向型标准"，意在"帮助广大辅导员根据自身的工作年限，更清晰地对照自己当前所处的职业发展阶段和应具备的职业能力，从而明确自身职业发展的方向和目标，按照人才发展规律循序渐进地进步提升"[5]，倡导自我评价。

可见，目前辅导员等级认定还是"导向型"而不是"操作型"，是"自封型"而不是"认定型"。那么，辅导员职业等级认定的操作存在哪些现实困难呢？笔者认为主要有四个方面。

（一）认定主体不定：谁来认定

辅导员职业等级认定，必须解决认定主体即由谁来牵头组织和策划认定的问题。显然，以自我为认定主体的"自封型"认定是没有实际意义的，所以，认定主体应该在"自我"主体以外寻找。这里面有诸多寻找选择的空间和可能。

一是教育系统内主体认定还是系统外主体认定？提出这样的选择是有原因的，辅导员职业等级及其划分标准是教育部门提出来的，按理谁出台政策，谁就有责任和义务负责政策的实施或指导实施，等级认定理应教育系统牵头组织。但是，职业资格考试及认定历来是国家人力资源和社会保障部门的工作领域，辅导员职业作为社会众多职业中的一个，国家人社部理应将其纳入工作视野。二者关系如何协调，谁主谁辅，甚难确定。

二是行政认定还是行业认定？无论是教育部门牵头认定，还是国家人社部牵头认定，均属于行政认定。事实上，"行业协会认证是国际上通行的第三方认证的做法"[6]。那么，全国高校辅导员工作研究会作为辅导员行业协会，是否理应担负起牵头组织认定的责任。另外，在职业等级认定过程中，行政作用与行业作用各自发挥到什么程度，也没有明确的说法。

三是教育行政部门认定还是高等学校内部认定？教育行政部门从国家层面有教育部，省级层面有教育厅，地市层面有教育局，是由他们的相关司（处、科）室牵头组织，还是权力下放，由高等学校自主认定，一切都还是未知数。

四是如果由高等学校自主认定，是学校的学工部门牵头呢？还是学校人事部门或科研部门牵头呢？同样存在诸多的选择和不确定性。

（二）认定动力不足：认定何用

辅导员职业等级认定的成功实施，离不开辅导员的积极参与。而推动辅导员积极参与的动力机制既有外部的，如组织要求，也有内部的，如强烈的等级上升需求，其中内部动力机制起决定作用。世俗生活告诉人们，内部动力机制产生于"获得感"，获得感越强，参与动力越强，获得感越弱，参与动力越弱。这种获得可以是精神世界即灵魂上的某种获得，也可以是物质世界即利益上的某种获得，而且利益获得相比灵魂获得更具现实性，也就是说来自利益获得的动力要强于灵魂获得的动力。正如李克强总理指出的，现在触动利益往往比触及灵魂还难。当今高校，影响辅导员利益获得感主要来自两大动力机制。

一是专业技术职称晋升动力机制。实现专业技术职称由"助教—讲师—副教授—教授"的逐级甚或破格晋升，这是我国高校教师重要的职业目标追求和生存发展模式。因为专业技术职称晋升既是高校教师人生价值的体现，更直接决定他们的政治、经济和社会地位，尤其是经济地位。而影响职称晋升的主要因素是科研水平，其中论文和课题则是衡量其科研水平的重要观测点。专业技术职称晋升犹如一根无形且威力无比的动力指挥棒，驱赶着高校教师在职称（确切地说在论文和课题）这条道路上无奈狂奔。

二是行政管理职级提拔动力机制。实现行政职级由"科级—处级—校级"的逐级甚至破格提拔，这是我国高校部分教师人生的另一种职业目标追求和生存发展模式。而行政职级提升有一套严密复杂且独立的干部评价机制，尽管社会对高校"去行政化"呼声很高。辅导员作为高校管理队伍中的重要组成部分，希望在行政管理职级方面有所体现，也是情理之中的事情。

大凡具有高校工作经验体会的人都清楚，无论是高校教师的职称评聘，还是高校行政职级的进步晋升，它们均已形成约定俗成且牢固稳定的习惯性评价体系。习惯一经形成，改革就极其困难。加之辅导员职业等级的概念出现时间晚，所以，从目前来看，要把职业等级确定为辅导员职称职级晋升的必要条件或重要依据，还缺乏认识土壤和气候，这势必影响辅导员参与职业等级认定的积极性。

（三）认定标准不明：凭啥认定

开展辅导员职业等级认定，必须要有标准，因为标准是衡量事物的参照和尺子。尽管《职业能力标准》的"第三部分"对初级、中级、高级辅导员各自应满足的条件和要求做了规定。但是，这个规定不够明确，定性的东西太多，认定自由裁量权过宽，操作难度较大，容易导致认定的随意性，使得认定结果缺乏公正与权威。

第一，各等级"工作内容"的规定区分太难。《职业能力标准》列举了辅导员九个方面的职业功能，并对每个等级履行每项职业功能应完成的工作内容进行了区分。而事实上，无论哪个等级的辅导员，其所从事的工作内容基本上是相似甚至相同的，即学生的教育、管理和服务，只不过因个人能力素质的差异，工作效能有所区别而已。

第二，各等级"工作能力"的规定区分太细。能力是完成一项目标或者任务所体现出来的素质。能力总是和人从事的实践联系在一起的，离开了实践既不能发现和评估人的能力，也不能发展人的能力。由于辅导员工作对象不同，有的是高年级的学生，有的是低年级的学生，其工作目标和任务的侧重点也各不同，自然因工作任务而体现出来的能力素质的可比性就不强，就工作能力要分出高低来是有困难的。

第三，各等级"相关理论和知识要求"的规定区分太泛。比如，"心理健康教育与咨询"职业功能要求"初级"辅导员具备的相关理论和知识要求是："心理咨询的方法、技巧；心理异常的判断标准、原则"。"中级"辅导员的要求是："心理问题、神经症、精神病识别知识；各类测验的功能与使用范围，施测手段；教育学心理学基础知识"。"高级"辅导员的要求是："心理学相关理论，应用心理学相关理论，思想政治教育心理学相关理论"。要进行这种知识水平程度的区分和认定，将会是一项艰难细致的工程。

（四）认定程序不清：如何认定

"程序"，即行事的先后次序，任何工作都有个程序问题，辅导员职业等级认定同样需要走程序。坚持走程序是认定工作有序进行的必要条件，也是保证认定结果合法性、科学性的必要手段。通观《职业能力标准》文本，没有出现规定辅导员职业等级认定程序的文字。笔者认为，等级认定的程序至少包括三个方面。

一是等级认定细则或方案的产生程序。《职业能力标准》是政策性导向型文件，具有宏观指导的特点。那么，各认定主体出台的具体认定细则或方案，其产生必须要遵循程序，否则，认定就缺乏合法性。

二是辅导员等级认定意愿的尊重程序。这里面需要明确一个前提，辅导员职业等级认定不应该是强制性认定，而是自愿行为。这就要求组织者在认定过程中设置一道程序，比如，申请认定程序，以尊重辅导员个人的认定意愿。

三是等级认定结果的报批或备案程序。认定结果出来以后，要根据管理权限进行报送，报批或备案，增强认定工作的严肃性，扩大认定工作的影响力。

三、辅导员职业等级认定相关对策

辅导员职业等级认定存在诸多困难，但并非无"药"可解。荀子《劝学》有言："天下事有难易乎，为之，则难者亦易也；不为，则易者亦难也。"只要我们树立认定比不认定好、早认定比迟认定好、探索认定比徘徊观望好的观念，勇于担当，务实推进，创新驱动，敢为有为，认定就一定能付诸实践，《职业能力标准》就一定能落到实处。

（一）坚持"四项"原则，增强务实精神，克服认定困境

1. 坚持基层先行原则，以解决认定主体问题

辅导员职业等级认定由谁去牵头组织，虽然存在多元选择的空间和可能，但是，笔者认为，把辅导员职业等级认定简单地推向教育系统外，推给行业协会或国家（省级）教育行政部门，短时间内是不可能实现的。辅导员职业等级认定就其本质是为了激发辅导员的工作积极性。随着高校办学自主权的扩大，实施人才分类管理，最大限度调动各类人才包括辅导员的工作积极性和创造性，本该是基层高校工作权力和职责范围内的事情。所以，辅导员职业等级认定，要坚持基层先行原则，各基层高校应自觉主动地把认定工作做起来，不等不靠不观望，不断积累认定经验，凝聚认定共识。只有各高校认定工作的星星之火，就必能形成推动辅导员职业等级认定专业化发展的燎原之势。

2. 坚持利益适度挂钩原则，以解决认定动力问题

一方面，针对年轻的辅导员队伍，要大力弘扬"但问耕耘，莫问收获"的精神境界，少一些世俗和功利，乐做"无用"之事，在信念上淡化职业等级认定对于自身职称、职级"有用之事"关联度的注意，并引导广大辅导员坚定"功不搪捐"的古训，确信自己在参与职业等级认定过程的成长，必定在将来某一时刻获得某种形式的回报。另一方面，基层高校可以探索职业等级与辅导员切身利益适度挂钩的措施。教育部思想政治工作司负责人指出，"有条件的地方和高校也可将《职业能力标准》作为高校辅导员评定职称职级的参考依据，制

定相应的配套实施政策。"[7]要通过有限适度挂钩，比如，对辅导员在电话补助、进修提高、办公条件、职称职级倾斜等学校资源配置时进行区别化对待，使高、中、初级辅导员各自处于学校不同的利益格局之中，一定程度激发辅导员参与等级认定的内生动力。

3. 坚持先易后难原则，以解决认定标准问题

老子《道德经·第六十三章》有言："图难于其易，为大于其细。天下难事，必作于易；天下大事，必作于细。"辅导员职业各等级标准区分有难度，我们不妨先从"易"区分的地方入手，"难"的方面暂时放一放，等到条件成熟后再做细化考虑。哪些方面是比较容易区分评价呢，可以参照职称评定的条件和标准，从工作年限、工作业绩、科学研究、学生满意度等方面加以细化量化，从而提高认定的可操作性，并逐步形成体现校本特色，反映职业特点，具有辅导员职业特殊性的等级认定标准。

4. 坚持审慎推进原则，以解决认定程序问题

辅导员职业等级认定工作极其复杂，既涉及辅导员的名誉，又关系辅导员的切身利益；既要考虑政策衔接，又要体现校本特色；既要彰显辅导员群体利益最大化，又要增强大局意识，防止本位主义。所以，认定工作要积极推进，更要小心谨慎，关键是要走程序。首先是学习研究程序，要组织广大辅导员对相关政策文件进行认真学习研讨，形成共识；其次是民主集中程序，要广纳群言，集中众智，民主讨论，集体决策，防止一言堂；再次是请示报告程序，就认定工作的实施，要及时向上级组织做到事前请示，事后报告，自觉接受上级的领导和指导，确保认定工作万无一失；最后是公示程序，要对认定结果进行公示，接受各方的监督和评价。

（二）探索"五个"结合，勇于开拓创新，形成认定特色

辅导员职业等级认定是一项开创性工作，没有现成经验可以借鉴，这无形中也给予认定工作充分想象和大胆发挥的空间。同时，开展辅导员职业等级认定，并非为了认定而认定，就其本质是为了推进辅导员职业化专业化建设，更好地发挥辅导员在大学生思想政治教育中的骨干作用。所以，认定工作要结合实际，勇于创新，努力探索出具有辅导员职业特色的等级认定之路。笔者建议从以下几个"结合"上入手。

第一，自我认定与学校认定相结合。所谓自我认定，就是辅导员自我认定等级。正如教育部思想政治工作司负责人答记者问指出的，"标准"突出强调了辅导员要对照自身状况和标准要求，进行自我认定，具有自我总结和评价的意

味。然后对照学校认定的等级，寻找存在差距，明确今后努力的方向。自我认定有利于调动辅导员等级认定的主观能动性。

第二，校内认定与校外认定相结合。本文提出"基层先行"的认定原则，主张基层高校率先创造性开展认定工作，但并不排斥行政部门或行业单位等校外力量认定的可能和介入，特别是全国性辅导员协会的参与。事实上，校外认定有利于进一步打造辅导员的群体形象，增强辅导员组织归属感和职业自信心，这是值得期待的。校外认定的具体方式可以进行务实探讨，比如，关于辅导员各等级"相关理论和知识"是否可以采取辅导员协会全国性统考的方式进行认定，这完全具有可行性。

第三，以考定级与以评定级相结合。社会上的很多职业，其等级的认定主要采用以考定级的方式进行，即只要通过了某个等级的培训和考试，就可以获得相应的等级资格。这种以考定级的方法，在辅导员职业等级认定过程中可以借鉴采用。但是，辅导员等级的认定，只有"考"是不够的，还要"评"。"评"就是认定主体对照标准条件，经反复比较，民主讨论，最后综合平衡，审慎定级。以评定级一定程度可以防止"高分低能"现象的发生。

第四，逐级认定与破格认定相地合。逐级认定，顾名思义，就是一级一级往上认定，初级是中级的前置条件，中级是高级的必要过程。逐级认定有利于鼓励辅导员在岗位上一以贯之地干下去。破格认定，则打破了工作时间、等级界线等限制，规定只要达到了某个等级的条件，就可以认定成某个等级。破格认定则鼓励辅导员创新冒尖，同时，也为已具备对应能力等级的专任教师、行政管理干部转入辅导员队伍提供了衔接机制，有利于打消他们"从零开始"的顾虑，从而增强辅导员队伍的开放性，促进队伍的多元结构发展。

第五，业绩认定与能力认定相结合。一般而言，职业等级认定，旨在对个体是否具备某种职业的能力及其能力等级的认定和区分，是完全可以与实际工作相剥离的，比如，心理咨询师的认定，在校大学生也可以通过培训考试认定等级，然而他们并没有从事实际的心理咨询工作。但是，这种单纯的能力等级认定对于辅导员实际工作毫无促进作用，我们更希望看到能力等级与实际工作业绩相一致的情况，以促成辅导员能力与业绩正相关发展，防止出现"高级低绩"现象的发生。

参考文献：

[1] 崔益虎. 专家化是我国高校辅导员队伍建设的必由之路 [J]. 江苏高

教，2015（2）：99－101.

　　［2］房玲. 近三十多年来高校辅导员队伍建设研究概况［J］. 江苏高教，2014（5）：45－46.

　　［3］教育部. 高等学校辅导员职业能力标准（教思政［2014］2号）［A］. 2014－03－27.

　　［4］殷润林. 高校辅导员专业化建设存在的问题与对策［J］. 教育探索，2012（1）：125－126.

　　［5］教育部. 教育部思想政治工作司负责人就《高等学校辅导员职业能力标准（暂行)》答记者问［EB/OL］. 教育部门户网，2014－04－04.

　　［6］曾准. 试论高校辅导员职业资格制度的建立［J］西南民族大学学报（人文社科版），2008（12）：292－293.

　　［7］教育部. 教育部思想政治工作司负责人就《高等学校辅导员职业能力标准（暂行)》答记者问［EB/OL］. 教育部门户网，2014－04－04.

新时代高校党组织微评员队伍
规范化建设的研究[①]

互联网技术和新媒体的发展给大学生的学习、生活和交流带来了巨大的便利和享受，但同时给大学生思想极大的冲击，对高校党组织开展网络思想政治教育工作提出了新的更高的要求。随着"两微一端"（微博、微信和客户端）等新媒体的快速发展，"微评员"队伍也应运而生，"微评员"是新时期高校育人的需要，加强高校党组织"微评员"队伍建设是开展网络评论工作的组织保障，同时为充分发挥其作用，积极开展网络评论工作，应加强高校党组织"微评员"队伍规范化建设和管理。

一、高校党组织"微评员"队伍的界定

本文所指是高校党组织"微评员"队伍，主体以部分教师党员和学生党员等组成，高校党组织通过构建校级、院级、班级三级联动工作体系，立足"两微一端"等新媒体进行网络评论，主要开展网络评论和网上思想政治工作。从广义上讲，这支队伍主要由高校党委机关部门、各二级学院党委和党支部的党务工作人员代表，以及学生党员代表等共同构成。

高校党组织"微评员"队伍工作职责主要集中在几个方面。一是持续正面宣传。根据高校党组织的工作安排和工作任务，主动宣传高校党组织的工作开展情况、工作特色和取得的工作实效，主动占领"两微一端"等新媒体的评论高地，积极弘扬正能量，扩大党组织工作的影响力，营造风清气正的良好氛围。二是收集舆情信息。在"两微一端"等新媒体上收集师生员工的思想、学习、工作、生活等方面的信息，注意师生员工的动向，同时开展相关媒体上的调研，

---

① 本文作者饶志勇。

定期和不定期向学校党组织汇报情况，让党组织能够第一时间掌握师生员工的思想动态。三是开展日常评论。"微评员"要结合国内外时政和社会热点、结合学校改革和发展、结合大学生的特点，在"两微一端"等新媒体上开展评论工作，引导媒体走向，形成权威舆论发布。四是批驳不实言论。由于新媒体的传播速度快，加上一些人的信息传播责任心不强，容易导致一些不实信息的谣传现象，"微评员"在日常工作过程中要在第一时间针对虚假信息进行甄别，开展深入分析和客观论证，批驳不实言论，拨云见日，净化网络。五是处理突发事件。"微评员"在发现突发事件信息时，要本着"线上"和"线下"联动原则，"线下"要第一时间进行控事态的发展，"线上"要及时跟踪动向，掌握舆论方向，采取网络评论和公布事情真相，使整个事件的处理过程平稳有序。

高校党组织"微评员"队伍通过"两微一端"等新媒体在网络引导和控制方面发挥重要作用，因此我们必须加强"微评员"队伍的建设和管理，注重在实际工作中培养以下三个方面的能力。第一，夯实理论功底。高校党组织"微评员"应全在掌握党的基本理论和基本知识，政治立场坚定，高举中国特色社会主义伟大旗帜，拥护党的路线、方针和政策。为准确掌握信息，针对性开展评论工作，引导学生正确认识新媒体的各种信息，"微评员"要善于运用马克思主义观点和立场开展工作，进行评论，正面说理，推进新媒体的健康发展。第二，注重业务素质。高校党组织"微评员"队伍的工作对象主要是高校师生，"微评员"除了熟悉国家法律法规、高等教育政策法规等，还应发挥高校教师的学科、专业优势，通过专业与高校师生之间搭建桥梁，形成良好的沟通机制。因此，在高校党组织"微评员"队伍当中，应从不同的学科、专业背景中选拔，同时还要考虑性别、年龄、籍贯等方面因素，组建一个结构合理的"微评员"队伍。第三，善于联系群众。"微评员"队伍从群众中来，到群众中去，只有真正了解社会和广大师生实际，评论作用才能得以体现，关键时刻才能一呼百应。

二、高校党组织"微评员"队伍建设存在的主要问题

（一）"微评员"队伍选拔机制工作相对滞后

随着网络的发展，目前各高校都有自己的"网评员"队伍，而且"网评员"队伍也大运行过程中积累了一定的经验，这为高校党组织"微评员"提供了建设依据，"微评员"队伍的选拔可以从高校现有的"网评员"队伍中遴选一部分，工作内容也可以参照"网评员"的工作内容来制定。"微评员"队伍人员要避免主要集中在党委宣传部、党委组织部、党委办公室、党委学工部等

党委部门，要加上共青团等群团组织和学生组织中的骨干，同时还要注重从那些经常与学生在一起的专家学者、学生当中的一些"网络达人"等中进行选拔，加强"微评员"队伍建设的群众性、广泛性和先进性建设。

（二）"微评员"队伍培训不够经常

当下"微评员"队伍中，有的来自思政工作岗位。有的来自网络技术岗位。在工作当中，难免出现"微评员"的思政工作能力和网络技术能力不太平衡的问题，容易导致一"手"硬，一"手"软的现象，出现这些现象，必须引起高校党组织的高度重视，必须加强对队伍培训重要性的认识，培训工作不要只停留在年初和年终会议上，甚至培训工作只是邀请几个专家开展几次报告会算完成任务，培训只注重工作的布置和总结，没有结合"微评员"队伍实际情况开展培训，不重视工作过程的监控和阶段性的培养，培训针对性不强，培训后能力没有明显提升，因此"微评员"队伍培训要以会代训、专题培训和日常自我培训等方式开展。

（三）"微评员"队伍作用发挥机制不健全

"微评员"队伍整体年龄也较工作对象更大，与工作对象存在一定的代沟，"微评员"队伍建设的根基薄弱，队伍的发展速度远远跟不上工作对象的更新发展速度，微评员队伍的创新能力与工作对象有很大的差距，因此在这种不利的情况下，我们必然给"微评员"队伍的发展创造良好条件，让他们作用充分发挥，工作得到广大师生的高度认可。同时"微评员"队伍的内部管理机制，比如，激励机制、团队协作机制、考评机制、应急机制等，目前都还存在不完善的现象，这些都会降低工作效率，不利于激发工作积极性，影响了"微评员"队伍作用的有效发挥。

三、高校党组织"微评员"队伍建设的必要性

（一）"立德"的需要

随着改革开放的不断深入，互联网的广泛使用，国内外环境的变化，西方国家利用互联网对思想文化意识形态进行扩张，网络已成为意识形态中无硝烟的战场，这些不同的意识形态的碰撞，经济、社会和生活等方面不断出现新问题，特别是对高校党组织工作带来了新挑战，我们必须高度重视，推进网络思想政治工作改革创新，在开展思想政治和宣传工作中，高校党组织"微评员"队伍在高校意识形态建设中发挥重要作用。

（二）"树人"的需要

《管子·修权》一文中，"一年之计，莫如树谷；十年之计，莫如树木；终身之计，莫如树人。"管子主要谈治国与治民的关系，管子强调"树人"的重要性。思想政治工作是一个"内化于心，外化于行"的过程。目前，一些学生对思想政治课不太感兴趣，学生主动学习的意识不够强烈，但是随着全国高校思想政治工作会议的召开，给新时期的思想政治工作指明方向，高校坚持立德树人，注重知行合一，注重培养学生的主体意识，把思想政治工作的主动权交给学生，从而使思想政治工作真正转化为大学生个人成长成才的内在需要。

（三）"时代"的需要

随着我国进入社会主义新时代，目前经济处于发展新常态，经济增长速度一段时间将保持在中高速的发展，发展方式从规模型的粗放增长转向质量效率型集约增长，人力结构将逐步从劳动驱动转到人力资本驱动过程，经济发展将进入重要战略转型期。随着经济发展的变化，大学生思想政治教育的环境也正发生深刻的变化，在校大学生都出生在我国改革开放之后，成长在和平年代，生活的比较安逸，也正因为这样，他们对中国革命和中国发展的艰苦认识不足。因此，新时代高校党组织"微评员"是顺应时代需要发展和建立起来的，他们是网络思想政治工作的主渠道和生力军。

四、推动高校党组织"微评员"队伍规范化建设

（一）规范组织建设，完善"微评员"队伍组织机构

"微评员"队伍由教师党员和学生党员等组成，如何充分发挥不同身份党员的优势，让全体师生形成合力，这是高校"微评员"队伍建设的重要工作之一。因此高校必须厘清关系、总揽全局、有的放矢，牢牢以"两微一端"等新媒体为主阵地，构建"一个中心，两支队伍、三级联动"的管理体制，即微评员队伍建设工作必须以高校党委为中心，组建教师和学生两支队伍，实行校、院、班三级管理机制。教师队伍具体由党委宣传部牵头负责，党委组织部、党委学工部、团委、信息中心等部门协同合作，学生党员具体由党委组织部牵头负责，团委等相关部门支持配合，搭建有效覆盖全体师生的高校党组织"微评员"队伍。

（二）规范工作职责，建立"微评员"队伍运行制度

当前，随着互联网时代的到来，互联网是人类活动的第五空间，身处信息数据时代，我们应把握信息的历史机遇，建设网络强国。因此，高校党组织

176

"微评员"队伍应加快建设步伐，进一步明确"微评员"的职责和任务，规范微评员的行为，把握好网上舆论的时、度、效，使网络空间清朗起来。"微评员"一方面收集信息，特别是从"两微一端"等新媒体汇集有用的信息。另一方面"微评员"要第一时间对信息进行处理，真正做到立场鲜明、明辨是非，有效开展评论工作。事情有轻重缓急之分，"微评员"要动态掌握舆情，对形势进行研判，同时应有能力及时处置突发事件，形成"线上"和"线下"统筹兼顾的机制，确保安全稳定。

（三）规范队伍建设，提高"微评员"队伍能力水平

目前，高校党组织党务工作人员大多具有丰富的党建工作经验和群众工作能力，但也存在个别党务工作者，因年龄偏大，存在网络应用不太熟练的现象，而"微评员"队伍的工作主要就是运用网络评论这个武器开展工作。为保证"微评员"队伍能力和水平，一要把好入口关，扩大选拔渠道，采取自荐和推荐方式广纳贤才，邀请高校知名专家学者、学生达人、网络红人等学生喜闻乐见的师生中的优秀先进典型加入队伍中来。二要把好培训关，改革培训方式，采用案例式、互动式、启发式多种培训方式，充分选用"互联网"实现"线上"和"线下"互动，使"微评员"真正掌握理论知识，提升业务能力，能够独立开展工作。三要把好退出关。网络评论工作具有很强的先进性、群众性和斗争性，社会日新月异，网络评论员队伍也要有序更新，特别是需要及时调整那些积极性不高的"微评员"。

（四）规范保障措施，营造"微评员"队伍建设的良好氛围

高校党组织"微评员"队伍以兼职为主，他们原有工作岗位的任务重，加之"微评员"工作需要投入一定的时间，工作成效也不是立竿见影，如果长期坚持从事"微评员"工作，容易导致精神倦怠，工作积极性明显下降，工作容易出现波动。因此，为了保护好网评员的工作积极性，给他们创造一个良好的环境，充分保障他们的利益。高校要给予政策保障、提供足够的经费、营造良好的工作环境、创设美好的发展空间等方面支持，形成全校上下共同参与和支持网络评论工作的氛围。

新媒体的发展，给高校党组织微评员工作带来机遇与挑战，网络强国建设的目标已绘就，我们只有认清"微评员"队伍建设工作的规律，规范"微评员"队伍的建设，实现"线上"和"线下"有机互动，才能不断深入推动高校网络思想政治又好又快的发展。

参考文献：

［1］陶莉，沈洁，周铮铮．加强高校基层党组织带头人队伍建设的研究［J］．学理论，2014：12.

［2］史亮．党委组织部门加强网络舆论建设的对策研究［D］．沈阳：沈阳师范大学，2014.

［3］王瑛莹．论网络舆论的政府引导［D］．长沙：湖南师范大学，2014.

［4］丁慧民．高校校园网络文化建设研究［J］．学校党建与思想教育（普教版），2015：2.

［5］孙国敏，赵正洲．高校突发公共事件网络舆论的特点及引导机制［J］．中国农业教育，2015：5.

［6］王森萍．试论微政时代的网络舆论引导及舆情管控［J］．行政与法，2017：3.

基础教育改革背景下高师政教专业教师职业技能训练存在的问题与对策①

随着基础教育改革的深入进行，思想政治（品德）新课程改革对高师政教专业教师职业技能要求越来越高，同时高师政教专业教师职业技能的训练又存在着一些问题。为此，我们应该结合实际多方面、多角度对其进行原因分析，并提出可行的对策，进而提高高师政教专业教师职业技能，提高政教专业学生的就业竞争能力。

近年来，随着基础教育课程改革的不断推进，基础教育对教师的要求越来越高，同时教师的作用也越来越突出。为了适应新的要求和挑战，高师院校应该积极提高师范生的教师专业化水平。当前，在高师政教专业教育实践中，政教专业学生的教师专业化培养还存在着许多的不足和缺陷，比如说其教育教学能力偏低，就业竞争力优势下降。造成这种状况的因素是多方面的，但其中一个重要因素是忽视了政教专业学生的教师职业技能训练。师范生教师职业技能是指高校师范类各专业的学生都应具备的专门从事教师职业的技能，是运用教育理论知识和实践经验完成教育教学任务所应具备的行为方式和能力。教师职业技能包括讲普通话和口语表达、书写规范汉字和书面表达、教学工作、班主任工作技能等四个部分。教师职业技能的强弱直接影响到教育教学实践能力的高低，影响到教育教学质量的高低。因此，在高师政教专业教育中应当高度重视教师职业技能的培养，加强政教专业学生教师职业技能的训练。

一、基础教育改革背景下高师政教专业教师职业技能训练存在的问题

高师院校政教专业一直十分重视学生教师职业技能的培养，近些年来，高师院校师生共同进行了一些有益的探索和改革。在课程设置方面，分阶段开设

---

① 本文作者贺新春、刘柳珍。

了一系列有利于培养政教专业学生教师职业技能的课程。如"思想政治教育方法论""思想政治学科教学论""现代教育技术与应用""微格教学"等。同时，围绕教师职业技能的培养，组织学生开展丰富多彩的课外活动，举行各种层次、各种形式的比赛，如"三字一话"比赛、课件制作比赛、说课讲课比赛等，此外还会邀请一些优秀的中学政治教师举办专题讲座。这一系列的课堂教学和课外活动，有效地培养了政教专业学生的教师职业技能，使大多数政教专业学生具备从事基础教学的技能。但是，从目前政教专业学生在中小学的实习情况和毕业之初的工作状况看，其教师职业技能往往不能较好地适应新课程改革的要求，他们在实际课堂教学中除了存在教学时间把握不准、教态不自然、教学应变能力欠缺等共性问题之外，还有思想政治（品德）学科的特殊问题。归纳起来，主要包括以下几方面。

（一）不适应新课程改革，教学过程未能较好地突出思想政治（品德）学科的特殊性

1. 未能注重思想政治（品德）教学内容的多变性。思想政治（品德）与其他学科一样，有其特定的教学内容，即以马列主义、毛泽东思想、邓小平理论、"三个代表"重要思想、科学发展观等基本常识、习近平新时代中国特色社会主义思想、社会主义政治思想道德相关的知识等为教学内容，但思想政治（品德）时代性很强，由于受形势发展和社会要求的影响，其教学内容又具有一定的不确定性。然而，政教专业学生在实习的课堂教学中过分依赖教材与教参，不能及时根据形势发展和社会要求对教学内容进行必要的调整和补充，从而影响和制约了教学内容的充实性和新意性。

2. 未能全面落实思想政治（品德）教学目标。较之以往中小学思想政治（品德）课程目标，新课程目标增加了"情感态度价值观"的教学目标，强调对创新精神和实践能力的培养，尤为关注学生情感态度价值观的养成；同时思想政治（品德）作为一门德育性质的课程，在教学过程中较之其他学科，它不仅关注知识教学，而且更加注重思想教育、情感教育。然而，有些政教专业学生在教学中一味地向学生传授知识，强调知识教学的重要性，认为只要达到了知识与技能目标、过程与方法目标就行，没有把握好情感态度价值观目标，未能将思想政治（品德）的三维目标有机结合并全面落实。

3. 未能有效解决思想政治（品德）教学矛盾，使学生达到"知—信—行"的转化。大部分政教专业学生虽然认识到思想政治（品德）的德育性，并在实际教学中向学生传授了马克思主义基本知识，使学生对思想政治（品德）学科

知识有了一定的了解，实现了从不知到知、由知之不多到知之较多的转化。但是学生相不相信所学的知识与会不会用所学知识、观点去分析解决问题指导自己的实践，这个现实问题却被许多政教专业学生所忽略，导致思想政治（品德）教学过程所要解决的矛盾和其他学科没有区别。然而思想政治（品德）教学过程所要解决的矛盾比其他学科更为复杂，它不仅要解决知与不知的矛盾，更要解决信与不信、行与不行的矛盾，使学生实现"知—信—行"的转化，即不仅让学生学习马克思主义基本知识，而且相信这些知识与运用这些知识分析并解决实际问题，进而使学生的思想水平得以提高。[1]

（二）未能将现代化教学手段与传统教学手段有效结合使用

随着现代教育技术的不断发展，思想政治（品德）教师必须懂得运用现代化的教学手段开展课堂教学。为了适应形势需要，高师院校开设了相关课程，政教专业学生通过学习掌握了简单课件的制作，但是在实际课堂教学中却不一定能设计和制作合理有效的课件。如有的政教专业学生只是简单的文本加图片制作课件，有些图片、表格运用不到位，这样制作出的课件肯定不能突出思想政治（品德）学科的科学性与思想性，更不可能有效地提高教学质量和激发学生的学习兴趣。

另外，有些学生不能正确地认识到现代化教学手段和传统教学手段的优缺点，于是在课堂上一味追求使用现代化教学手段。如有的学生一味地采用多媒体演示学科知识，然而思想政治（品德）的很多知识和观点比较抽象，倘若一味地演示知识，师生缺乏交流，易使学生产生空洞乏味的感觉，影响教学效果。事实上，现代化教学手段和传统教学手段在实际教学中是互补的。为此，政教专业学生应该在今后的教育教学中，掌握各种教学手段，依据教学目标、教学内容和教学条件等因素精心选择、恰当组合和合理运用教学手段，从而设计出良好的课件进行教学，提高教学效果。

（三）对班主任工作不太了解，组织管理能力差

大部分政教专业学生在大学期间只认识到教学工作重要性，觉得只要掌握教学技能就能胜任以后的教师岗位，往往忽视班主任工作的学习与训练。在当前政数专业学生的教育实习中，我们可以看到：大部分学生花大部分的时间进行教学工作实习，而对于班主任工作只是简单开展主题班会和个别教育，在教育实习中害怕担任见习班主任，怕组织学生活动，对学生组织管理工作训练不足，导致对班主任工作不了解、班级组织管理能力低，进而班主任工作和组织管理能力没有得到很好的提高。

同时，政教专业学生没有充分认识到思想政治（品德）课在中学德育中的特殊地位，未能有效地使思想政治（品德）教学与班主任工作有机结合，对学生进行由浅入深、循序渐进、有的放矢的思想教育，提高学生的思想水平，进而促进班主任工作的有效展开。

二、高师政教专业教师职业技能存在问题的原因分析

针对新课程对教师提出的新要求，高师院校开展了一系列的教师职业技能培养活动，同时也进行了一些相关的教师职业技能培养模式的改革，取得了一定的成绩，但是总体看来，一些问题还没有从根本上得以解决，究其原因，主要有以下几个方面。

（一）政教专业教育类课程设置与教学不够全面合理

在我国的高师院校中，师范生的教师职业技能主要通过教育专业课程的学习而养成的，但是高师政教专业教育类课程的设置与教学不够全面合理，极大地影响了高师政教专业学生教师职业技能的培养。首先，课程设置不合理，教育类课程门类少，学时短。目前高师院校开设有关教育类的课程较少，仍然以"教育学""心理学"和"思想政治学科教学论"为主，而且在总学时所占比重小。这样的课程设置不能充分让政教专业学生学习相关的教师职业技能的理论知识。其次，教育类课程不能与教学实践有效结合。一般情况下，教师只对政教专业学生进行相关的教育理论知识的传授，很少发挥课堂教学的示范作用，往往忽视对学生实际教学能力的培养，开设理论课程较多，而实际教师职业技能训练课程较少，如从开设的"微格教学"课程可知，政教专业学生的训练机会非常有限，只有两次十分钟的"微格教学"时间，同时政教专业教学论教师没有将教育理论与实际教学相结合，导致政教专业学生教师职业技能偏低。

（二）政教专业学生的教师职业技能意识薄弱

政教专业学生学习的态度对教师职业技能的培养有很大的影响，在实际中，政教专业学生对教师职业技能认识不足，认为教师职业技能可以在短期内形成，同时也不认真的学习教师职业技能。首先，从政教专业学生时间管理的角度来看：在校期间，政教专业学生除了要完成大量的专业课程的学习外，有的政教专业学生还要准备计算机、英语等各种等级考试。为了有效培养政教专业学生的教师职业技能，高师院校开设了"微格教学"，模拟课堂等相关训练教师职业技能的课程；尤其是在大四期间，高师院校为了进一步全面系统地培养政教专业学生教师职业技能，安排了近三个月的教育教学实习。但是，从目前高师政

教专业学生在中小学实习情况来看，有近80%的学生没有进行教育教学实习，使教育教学实习流于形式化；有12%进行了一个月的教育教学实习，之后他们便利用剩下的时间准备公务员考试；认真进行教育教学实习的学生不足10%。由此可见，大部分政教专业学生未认识到教师职业技能的重要性，将教育教学实习当成完成任务一样进行，对教师职业技能训练缺乏积极性、主动性，态度不认真，没有有效地利用有限的训练时间进行全面系统地训练。这种明显缺乏教师职业技能意识使得政教专业学生教师职业技能的培养和提高无法得到有效的时间保证。其次，从高校学业管理的角度来看，现在大部分的高校政教专业都采取学分管理制度。政教专业学生只需完成相应规定的课程任务，并修满相应的课程学分就可以毕业，这种制度导致许多政教专业学生只注重专业理论知识的学习，忽视职业技能课程的学习。

（三）思想政治（品德）学科教学未受到应有的重视

一方面，随着新课程改革的推行，许多政教专业学生认为思想政治（品德）学科在中学教育中的地位下降了，当一名中学政治老师较难实现自身的理想，可能会阻碍自身发展，进而忽视专业理论知识和教师职业技能的学习。另一方面，在许多高师院校里，存在着一种重学术轻技能的氛围，教师职业技能被视为简单的机械训练，教师职业技能得不到应有的重视；同时高师院校政教专业教师职业技能训练主要依靠少数教学论教师，将其他教师排斥在外，导致全体教师在教学中缺乏协作性，影响政教专业学生的教师职业技能的培养。虽然教学论教师在一定程度上有利于提高政教专业学生的教师专业技能，但是他们的长期在高校工作，很少深入中学教学在第一线做调查研究，对中学思想政治（品德）课教学接触不多，这种脱离实际的教学训练方式与思想政治（品德）的时代性不相适应，使他们的教学模式与中学思想政治（品德）教学要求和教学实际存在着一些偏差。

（四）教学实践缺乏系统性，整体配置不足

高师政教专业教师职业技能的培养应该是一个系统性的训练过程，学校各部门应该充分发挥各自的职能，共同培养政教专业学生的教师职业技能。然而高师院校政教专业学生的教师职业技能训练方面却存在着教学实践缺乏系统性，整体配置不足的问题，集中表现如下三个方面：第一，在教育类课程的课堂教学中，由于课程资源不足等方面的限制，大部分的教师以理论性知识传授为主进行教学，很少采用启发式教学、参与式教学等开放互动的教学方式，以发挥政教专业学生的主体性，这样的教授方式使政教专业学生的知识目标得到很好地完成，但能力目标进步却不大。第二，课外活动是完成教学任务，实现教学目标的重要形式，同时是充分锻炼政教专业学生教师职业技能的重要场所。然而许多高校课外活动的功能却没有得到充分的发挥，没有有效引导政教专业学生结合政教专业特点来关注相关的时事政治。比如，在课件制作比赛、师范生教师职业技能比赛等课外活动中，由于资源配置有限，只有少数政教专业学生参与，同时由于这类活动的影响具有短暂性，未能将校园其他文化活动带动起来，共同培养政教专业学生教师职业技能。第三，大四的教育教学实习形式化严重。由于实习人数较多、实习经费有限、指导教师有限和教育基地等因素的制约。大部分高师院校实行一位教师带十名学生进行相关的教育实习。在实习前每位学生需进行至少两次的课堂教学，但是由于课程资源有限，有些政教专业学生只能采用传统教学手段进行训练；有些政教专业学生的授课内容没有与实习年级的课程很好地结合；有些政教专业学生的实习训练只是走过场（只进行 15 分钟的训练或是不进行训练），这种教师指导不足导致学生训练不足，影响政教专业学生的教育实习。在实习中，由于教育基地条件的限制，大部分只能进行课堂教学训练，很少结合思想政治（品德）学科特点开展班主任工作。可见，政教专业学生教师职业技能在教育实习中未能得到很好的锻炼。

（五）缺乏严格的考核评价体系

在我国，1994 年国家教委师范教育司颁布《高等师范学校学生的教师职业技能训练大纲（试行）》规定教师职业技能包括普通话和口语表达、书写规范汉字和书面表达、教学工作、班主任工作技能等四个部分。但是近年来，这四部分考核执行情况不佳，除了普通话水平测试和书写规范汉字考核比较规范、正常、成熟以外，对于其他训练内容很多高校没有结合学科、学生等实际情况进行相应的细化，从而很难进行比较严格的考核。比如，在政教专业教育教学实习中，指导教师没有及时引导政教专业学生了解中学德育课程改革的前沿动态和把握住思想政治（品德）教学内容的多变性；同时没有有效评价政教专业学生的教案，使得教学训练工作缺乏针对性。

三、提高高师政教专业教师职业技能的对策

通过对上述存在的问题和原因的分析，我们认为：在高师院校，要真正重视政教专业师范教育，切实提高政教专业学生的教师职业技能，应该从以下几方面努力。

（一）转变思想观念，重视思想政治（品德）学科教学

在思想观念上，要引导政教专业学生正确定位在基础教育改革背景下的思想政治（品德）课，使政教专业学生重视思想政治（品德）学科教学。目前，随着基础教育改革的进行，思想政治（品德）在中学考核中分数下降，但作为社会主义公民素质教育课程和进行德育的主要途径之一，思想政治（品德）课在中学教育中的仍然具有重要地位，起着不可替代的作用。因此，政教专业学生应该转变思想政治（品德）教学不重要这种思想观念，充分认识到身上的责任，重视思想政治（品德）教学，让教师职业技能训练融入自己的学习和生活之中，这样才能适应新课程改革对政教专业学生提出的新要求，今后更好地进行思想政治（品德）学科教学。同时高师院校政教专业应该转变对教师职业技能的看法，改变重学术轻技能的氛围，引进优秀教学论教师，激发教师的教学积极性与主动性，让教师不断提高自身能力与加强教学的集体协作性，从而有针对性地引导政教专业学生学习与训练教师职业技能。

（二）完善并优化课程设置，突显政教专业的师范性与特殊性

高师院校教育类课程设置与教学不合理现象已经影响到高师政教专业学生的教师职业技能的培养，为此，我们应该从以下两个方面完善并优化课程设置，从而突显政教专业的师范性与特殊性。第一，重构教育类课程体系，突出师范性。针对目前高师院校教育类课程门类少、课时少、缺乏操作性与实践性等弊端，高院校应该多增设一些关于学科教学方面的课程，同时相应增加学时，这样不仅有利于政教专业学生在课堂上有更多的训练机会，让政教专业学生的教师职业技能更好得到教师的指导，而且有利于增强学科的综合性。比如在大三、大四年级时，可以以教师基本功训练课程为中心，多开设教师职业技能训练课程，从而使政教专业学生的教师职业技能得到合理的培养和训练，进而突出政教专业的师范性。第二，优化教学内容，突出政教专业的特殊性。如今有些关于思想政治学科教学论的教学内容比较陈旧、抽象，远离基础教育教学实际，无法体现学科研究的最新成果。为此，高师院校政教专业教师应该根据政教专业学生的特点、学校特点等因素，顺应基础教育改革的潮流，及时采用思想政治（品德）教学新理念，优化政教专业教师职业技能教学内容，进而突出政教专业的特殊性。

（三）优化教学实践环节，加强政教专业学生教学实践技能的培养

政教专业学生教师职业技能的培养不仅需要理论知识的培养，而且应该注重教学实践环节，两者相互促进，从而培养政教专业学生教师职业技能。教学

实践环节的优化可以从以下两个方面进行：第一，在校期间，高师院校可以利用课堂教学和课外活动两种形式进行政教专业教师职业技能训练。在课堂上政教专业教师可以先进行理论知识传授，之后政教专业学生实际演练，教师进行相关点评与指导。如结合教学内容，以微格教学、案件教学等方式进行课堂教学，做到课堂教学与技能训练、教师示范指导与学生演练练习充分结合。在课外，班集体可以利用晚自习组织相关的模拟课堂，或相应的教师基本功训练小组，进行思想政治（品德）学科的教学实践。两种训练模式的结合，可以有效地使政教专业学生的理论与实际操作相结合，提高政教专业学生的教师职业技能。第二，在校外期间，如暑假期间，政教专业学生应因地制宜，结合实际情况，到有关中学进行教育见习活动，培养与训练自身的教师职业技能。到了大四的实习期间，政教专业学生要合理安排时间，认真进行教育教学实习，若出现与考研、考公务员时间冲突时，可以来年三月份自行择校进行实习，不能使教育教学实习流于形式化，应该好好利用实习机会，提高自身的教师职业技能。

（四）制定切实可行的考核与评价体系

如今的高师院校采取学分管理制度，致使有些政教专业学生的教师职业技能训练流于形式化。针对这种现象，我们应该制定切实可行的考核与评价体系以确保教师职业技能训练的质量。一是在教育类课程考核时，可以采用专项考核或定时考核，而不是采用终结性考核来衡量政教专业学生的教师职业技能水平。如在微格教学考核中，教师应该制定一套详细的考核方案，结合政教专业学生多次教学情况进行考核，而不是以一两次来衡量政教专业学生的教师职业技能水平。二是在教育教学实习期间，采取过程性评价。若对政教专业学生的实习情况进行纸质材料式的终结性评价，这样就不能达到理想的效果。因为有些政教专业学生平时不认真对待，最后通过纸质材料让教师以为他们达到了教师职业技能训练效果。因此，在政教专业学生实习中，指导教师应该定期进行指导监督，对政教专业学生实习采用过程性评价，进而有效提高政教专业学生教师职业技能。

（五）优化教学资源，改革教师培养模式

现在高师院校的教学设施较齐全，但是有关政教专业教师职业技能培养资源却是有限的，为此，高师院校应该建立思想政治（品德）课程资源库，充分利用信息资源，为政教专业学生职业技能的培养提供条件。其次，改革教师培养模式。针对现行教师教育培养模式的弊端，我国学者相继提出"3＋1""3＋2""4＋2""4＋3"等几种不同的培养模式。在现在本科教育阶段，大部分高师院校普遍采用"3 + 1"培养模式即前三年接受一般本科教育，后一年选修教师教育模块课程，包括参加一定量的教学实践，取得教师资格。对于政教专业学生来说，这种培养模式具有一定的实效性，但对于政教专业学生的长期发展又有局限性。为此，各大高师院校应该根据时代发展趋势和自身实际情况，相应引进"4 + 2""4 + 3"培养模式来提高政教专业学生的教师职业技能。

（六）政教专业学生加强自我发展意识，提高自身教师职业技能

高师政教专业学生的教师职业技能除了接受教师培养、培训等"他主"途径外，还可以自我发展。因此，政教专业学生应该加强自我发展意识，提高自身教师职业技能。具体来说，政教专业学生可以通过以下三种途径进行。

1. 自主学习。在基础教育改革下，思想政治（品德）学科教学要求密切联系社会生活和学生的实际生活。为此，当代政教专业学生不仅要掌握过硬的专业知识，而且要加强自主学习能力，多渠道获取知识，使自身视野更加开阔，提高对教材二次开发的能力，拓展教学思路，实现自我完善与发展。

2. 自主研修。政教专业学生在校期间，可以结合政教学科特点，在日常学习生活中密切关注教育科研前沿信息，收集、储存相关信息和资源，充分开发自身教师潜能，逐步提高自身教师职业技能水平。比如，可以吸取高级教师的经验，不断地探索出适合自己的教学模式，从而使自己在今后的教学工作中能有效地实现知识与技能、过程与方法、情感态度价值观三维目标。

3. 教学实践。政教专业学生应该主动地在教学实践中学会探索相关的教育教学规律，通过教学实践来发展自身的教师职业技能，之后进行不同视角的教学反思，进而扬长避短，实现教学相长。如政教专业学生应该通过多次的教学实践与反思，合理地调整教学方法与手段，让学生实现"知—信—行"的转换，进而提高学生分析与解决问题的能力，促使学生的全面发展。

综上所述，高师院校应切实加强政教专业学生的教师职业技能培养，优化课程设置，完善考核评价体系，充分发挥教师的指导监督作用，规范教育教学实习，给政教专业学生创造更多的训练条件和机会以积累实践经验，从而提高政教专业学生的教师职业技能水平，提高政教专业学生的教学质量，增强政教专业学生的就业竞争力。

参考文献：

[1] 田庚. 理念思想政治（品德）教学论 [M]. 北京：北京大学出版，2009.

第六篇 **06**

|网络教育篇|

网络时代背景下大学生思想政治教育工作探析①

随着世界多极化、经济全球化的深入发展，各种思想文化的交流、交融、交锋变得更加频繁，并通过网络新媒体对大学生主流意识形态形成极大冲击。新形势下如何因势利导地利用网络加强和改进大学生思想政治教育，提高他们的思想政治素质，把他们培养成中国特色社会主义事业的建设者和接班人，是高校当前乃至今后相当长的一段时期内值得认真思考、仔细研究、积极探索并着力解决的问题。

一、网络时代背景下高校思想政治教育工作面临的困境

（一）外来文化通过互联网络对大学生进行意识形态渗透，使思想政治教育的宏观环境更加严峻

以美国为首的西方发达国家凭借其掌握的先进科技，利用在信息资源上的垄断优势，通过网络平台对涉世未深的大学生兜售资产阶级的世界观、人生观和价值观，灌输西方的思想观念和思维方式，使得大学生的思想观念面临着西方意识形态的全面渗透，其价值取向呈现多元化的趋势，传统道德意识逐渐弱化。

（二）低俗网络文化对大学生道德行为和情感发展产生巨大的负面影响

网络媒体在传播时间、内容、方式上的无限开放性使它所涵盖的广阔信息量在满足受众日益增长的获取信息与休闲娱乐等需求方面发挥重要作用的同时，其低俗文化以内容浅薄、空洞、甚至粗俗搞怪、噱头包装的方式吸引学生眼球，使大学生往往在无意识中模仿其中的思想、行为和感情。[1]低俗网络信息容易使大学生脱离社会诸多人伦、道德等约束，忘记自己的社会责任，容易出现各种

---

① 本文作者翟建华。

心理健康问题。网络的"虚拟化""无序化"和"自由化"也容易使大学生形成对自由的盲目崇拜和对一切权威的藐视，助长极端个人主义思想观念的滋长。

（三）网络资源的"共享性"对高校思想政治教育者提出挑战

传统的教育过程中，教育者一直处于信息优势的地位。互联网这扇大门打开后，信息开放了，打破了原来分级传达信息的模式，学生和教师获得信息是同步的，有的甚至比教师知道得还早、还多，思想政治教育者的信息优势在很大程度上丧失，其信赖感和权威感受到威胁。同时，随着网络传媒的迅速发展，各方面的信息鱼龙混杂，如何提高自身的媒体素养去主动消解和过滤负面信息，做到既对学生的成长负责又对社会的发展负责是给思想政治教育者提出的新课题。

二、网络时代也给高校思想政治教育带来了新的增长点

网络所具有的新颖高超的技术特性，是传统思想政治工作的技术、手段和方法都无法比拟的，它为新时期思想政治工作提供了一个崭新的天地。

（一）互联网具有快捷的速度优势，这种迅速、及时的传播方式，有利于及时传播健康、科学、正确的思想政治教育信息。

（二）网络受众的广泛性使思想政治教育工作者能凭借迅速扩散的信息网络开展大学生思想政治教育工作，范围大、辐射面广、冲击力强。

（三）网络运用了多媒体和虚拟现实技术，可使思想政治教育工作的政治性、思想性和娱乐性紧密结合，大大增加了大学生思想政治教育工作的渗透效果。

（四）网络的互动性改变了过去搞思想政治教育"你说我听、你问我答"的单向方式。网络的交互式传播方式使大学生在通过网络接受思想教育时能及时与教育者开展思想交流，赞成什么、反对什么均可在网上袒露无遗，有利于思想政治教育工作者针对性地进行教育引导，使受教育者树立良好的思想作风、理想信念。

三、趋利避害，依托网络优势加强思想政治教育

教育部在《关于加强高等学校思想政治教育进网络工作的若干意见》中指出："针对高校思想政治工作面临的新情况和新要求，进一步增强用马克思主义占领高校思想文化阵地的政治意识，提高对思想政治教育进网络重要性和紧迫性的认识，对思想政治教育进网络和利用网络为思想政治教育服务尽快做出具

体规划和统一部署，提上学校重要议事日程。"可见，利用互联网开展大学生思想政治教育不仅是为了运用一种新的技术手段，更重要的是要用先进文化占领新的思想阵地。对互联网这一新阵地，思想政治教育必须以与时俱进的精神主动、全面地介入。

（一）利用网络优化思想政治教育外部环境

"人是环境和教育的产物"，环境作为独立于思想政治教育之外并制约教育活动的客观现实，是一种能影响和塑造人的综合教育力量。校园文化环境是高校思想政治教育的主要外部环境，对大学生发挥着潜移默化的熏陶引导作用。"蓬生麻中，不扶而直；白沙在涅，与之俱黑"，加强校园文化建设创造良好的育人环境是加强思想政治教育的必要手段。在传统校园文化积淀的基础上，利用网络加强校园文化建设是对大学生进行思想政治教育的重要途径。[2]高校要充分发挥思想政治教育"红色网站"主流媒体的作用，通过丰富的思想内容、有较强吸引力和感染力的形式，唱响时代主旋律。每逢重大节日、重大活动和敏感时期通过网站进行主题讨论，在讨论中拨云见日，实现认识的统一，完成思想的升华。

（二）利用网络强化思想政治理论课在思想政治教育中的主渠道作用

思想政治理论课是对大学生进行思想政治教育的主渠道。高校思想政治教育者是在道德的层面上使用自己的专长柔性地对大学生施加影响，这就要求高校思想政治教育者要有较强的对于媒介信息的理解力和判断力，能够以批判性的视角去解读媒体信息，在教学中根据教育内容的实际情况，合理运用媒介资源，实现教育者讲授与借助媒介的有机结合，使教学与网络传媒形成一种相互补益、相互耦合的关系，达到理想的教学效果。在授课过程中积极引导大学生形成正确的价值取向，使大学生能在学校思想政治教育所要求的价值观念下对各种价值观念和思想进行正确的判断和选择，坚定自己的价值取向而不受各种社会浪潮的冲击。

（三）利用网络深化对大学生的"深度辅导"

所谓"深度辅导"就是在深入、动态了解学生的基础上，依据教育规律和大学生成长发展的需求，运用科学的知识和方法，有目的地对学生进行思想、学业、情感、心理等方面的深层次辅导。[3]"微博""微信"等新兴的网络沟通平台为此提供了便捷渠道。思想政治教育者利用这些新兴媒介及时了解学生思想变化，掌握学生思想动态，与学生进行更加方便快捷地实时互动交流，以避免少数学生与教育者面对面交流时的紧张与尴尬，同时更有利于用文字展现心灵最深处的声音。借助"微博"等媒介，思想政治教育工作者也可对学生进行团体心理健康干预，化解大学生来自学习、就业、交友等方面的心理压力，提高思想政治教育工作成效。[4]

（四）利用网络监管和道德自律弱化网络带来的副作用，

胡锦涛同志在十八大报告中指出，要"加强网络社会管理，推进网络规范有序运行。"中国互联网络信息中心在 2019 年 8 月发布的《中国互联网络发展状况统计报告》显示，截至 2019 年 6 月，我国网民规模达 8.54 亿，较 2018 年底增长 2598 万，互联网普及率达 61.2%，较 2018 年底提升 1.6 个百分点；我国手机网民规模达到 8.47 亿，较 2018 年底增长 2984 万。网络已无处不在，我们在享受网络带来便捷的同时，也要看到由于网络社会具有开放性、虚拟性等特点，网络使用者可以隐匿其在真实世界的部分或全部身份，这容易使网络使用者忽视责任归属感和社会约束感，把自己内心中一些不良东西显现出来，利用网络有目的地攻击他人和社会，或利用网络为自己谋取不当得利等，网络道德失范和网络犯罪现象时有发生，亟须社会制约机制去约束和规范网络行为。

1. 加强网络监管。学校应该联合教育、公共安全等相关部门建立网络信息管理监控机制，加强对网络安全系统的管理，通过防火墙技术、数据加密技术、身份认证技术等网络技术从技术层面对大学校园网上的内容进行严格的过滤与筛选，以确保网络畅通安全。学校应该组织专门的机构，研发网络舆情监管系统，通过调查大学生的上网情况，关注并分析他们在一段时间内的心理压力、心理缺陷、心理需求等，及时进行舆情研判并有针对性地进行疏导，防患于未然。

2. 加强大学生道德自律。"道德的基础是人类精神的自律。"[5]马克思的这一论断精辟地阐述了道德自律的意义。在网络交往中，由于交往主体具有"匿名化""面具化""数字化"的特点，对道德自律的强调就显得尤为重要。[6]所谓道德自律，就是道德主体借助于对自然和社会规律的认识，借助于对现实生活条件的认识，自愿地认同社会道德规范，并结合个人的实际情况践行道德规范，从而把被动的服从变为主动的律己，把外部的道德要求变为内在良心的主动行动。大学生要不断提高自己的道德意识、法律意识水平，培养自我教育自我管理能力，遵守网络协议履行网络职责，文明使用网络，以个体的自律行为营造整个校园和谐健康的网络运行环境。

实现大学生全面发展是思想政治教育的终极目标。网络时代我们既要充分利用互联网这一具有时代特征的传播工具，主动引导大学生树立科学的世界观、价值观和人生观，激发学生健康向上的精神境界，又要规避网络风险，让网络思想政治教育与现实思想政治教育形成共振和谐振，不断开创大学生思想政治教育工作新局面，为推进教育事业又好又快发展、培养更多中国特色社会主义事业合格建设者和可靠接班人做出新的贡献。

参考文献：

［1］廖晓衡，付小容. 论高校思想政治教育环境的优化［J］. 重庆工学院学报，2005（4）.

［2］方素弟. 网络时代大学生思想政治教育工作的思路创新［J］. 广州大学学报，2010（8）.

［3］寇洪江，王洵. 对辅导员深度辅导工作的若干思考［J］. 思想政治教育研究，2010（6）.

［4］孔令凯. 浅议微博在大学生心理健康教育中的应用［J］. 安徽文学，2011（9）.

［5］中共中央马克思恩格斯列宁斯大林著作编译局. 马克思恩格斯全集：第1卷［M］. 北京：人民出版社，1971.

［6］吕耀怀. 信息伦理：数字化生存的道德新知［J］. 新华文摘，2000（11）.

高校思想政治工作进网络的若干思考①

　　网络是继报刊、广播和电视之后崛起的第四媒体。与传统媒体相比，它具有全球性、双向性、即时性和容量无限性等显著特点。这些特点深受高校广大师生特别是大学生的喜爱。互联网在给大学生带来诸多便利的同时，也给高校思想政治工作带来了许多新的问题。面对这种情况，高校如何充分利用网络这种现代传播手段，搭建有效的思想政治工作平台，积极开展网络条件下的思想政治工作，是一个非常重要和需要进一步解决的问题。

一、网络给高校思想政治工作带来的机遇和挑战

　　计算机网络是一把"双刃剑"，它在带来种种有利机遇的同时，也带来激烈的文化冲突。因此，必须辩证地看待计算机互联网的作用，正确处理好创新与继承的关系。在实际工作中，既要注意克服片面夸大其作用，对之盲目推崇的倾向，又要克服因计算机网络带来的消极影响，而对其全盘否定或盲目排斥的倾向。高校党组织要主动而不是被动地适应新形势，积极参与对网络思想政治工作的领导和管理。既要认识到互联网给高校思想政治工作创造了良好的机遇，拓宽了高校思想政治工作的空间和渠道，又要认识到网络文化在给高校思想政治工作带来机遇的同时，使高校思想政治工作面临着严峻挑战。

　　其一，网上有害信息容易导致学生思想迷失方向。网络文化的最大特征是开放性。这必然会导致不同文化的传播、碰撞、交融。西方的一些敌对势力会利用网络这一特点，向涉世未深的青年学生大肆宣扬和倾销资产阶级的民主、自由、人权等价值观，这极容易使缺乏政治经验，人生观、世界观尚未成熟的大学生迷失政治方向。

---

　　① 本文作者邹永华、李瑞萍。

其二，网上的信息垃圾会对学生思想和行为产生误导。以往学生们接触的信息主要来源于广播、报纸、电视等传媒和教育者的灌输，其内容经过层层过滤，不正确、不恰当的信息已被删除。而网络信息中不乏非法信息和有害信息，特别是在政治观点、宗教信仰和种族问题上无视他人的文化背景的有害信息；网络中的不道德现象和违法犯罪现象也不同程度地存在着。不少学生因为沉溺于网上的有害信息导致思想观念向错误的或庸俗的方面变化，有些学生甚至模仿网上的生活方式和一些不健康的行为。

其三，网络过多地介入学生生活，容易对学生的心理健康带来不良影响。网络的虚拟性使人们的交往与传统意义上的人际交往大不相同。人人界面变成人机界面，每个人在网上都成了隐形人，使他们在网络上的交流可以无所顾忌。使得不少学生把更多的时间和精力投入到网络上，热衷于虚拟交往，而疏远了现实的人际关系，大大减少了参加日常社交活动的时间。这容易使学生对现实中真实可信的人际关系产生多疑、恐惧、防范等心理，从而形成某些心理障碍或心理疾病。

其四，一些学生长时间沉溺于网络，玩网丧志，贻误学业。上网已成为大学生的新时尚，有的学生以网吧为家，通宵达旦、乐不思归；有的学生迷恋网上游戏而不能自拔；有的热衷于网上聊天；还有的倾心网恋。这些学生忘了自己的大学生身份，丢掉了自己的社会责任感和使命感，也严重影响了周围的同学。

二、积极开展网络化条件下的高校思想政治工作

如何开展互联网时代下的高校思想政治工作是摆在我们面前的一大课题，为此，学校应结合学生思想实际状况，因时制宜，根据新形势下高校学生工作的特点，搭建高校思想政治工作网络平台，构造学生喜闻乐见的网络空间，卓有成效地开展思想政治工作。

首先，适应信息化的时代要求，以与时俱进的精神切实转变思想观念。网络给思想政治工作带来的积极作用和消极影响是客观存在的。思想政治工作者一是要正视网络条件下思想政治工作面临的机遇和挑战，消除对网络的不信任感和距离感，充分认识网络技术的发展和普及给思想政治工作带来的各种影响，不断更新观念，这样才能赋予思想政治工作鲜活的时代特点；二是要利用好网络信息量大、功能强大、生动富有感染力的优势，坚持"趋利避害"的原则，不断进行网络教育内容和方式的创新，在网上创造一种轻松自由、民主平等、

相互尊重、相互学习的环境，使思想政治工作真正收到实效；三是要坚持疏导结合。网络条件下的思想政治工作是长期和艰巨的，由于网络的开放性，在网络面前，思想政治工作者不再具有信息上的优势和权威，因此重要的是要善于引导，在尊重和维护学生主体地位的前提下，引导学生正确地分析和利用信息，让学生以积极的姿态开展网上讨论，正确进行思考和判断。

其次，建立具有吸引力和正面导向作用的网站，推进校园网络系统建设。网络是信息化时代开展高校思想政治工作的新阵地。主动占领网络阵地，拓展思想政治教育空间，可以争取主动权，增强网络思想政治工作的可控性。《中共中央关于加强和改进思想政治工作的若干意见》明确指出："思想领域的阵地马克思主义不去占领，非马克思主义反马克思主义的东西必然会去占领。"因此网络条件下的思想政治工作，最基础和最首要的工作之一，就是要建立思想政治工作网站，使思想政治工作以主动的姿态在网上拥有属于自己的一片天地。近年来，不少高校结合实际，大胆创新，创办红色网站，初步形成了集教育、管理、服务于一体的德育网络体系。面对网络争取主动，在网络上唱响主旋律，加强正面引导，目前已成为各高校的基本共识。在此基础上，高校还应加大资金投入，让网络进办公室、实验室、学生寝室，逐步形成网络化校园；要集中力量建设一批有正面影响导向作用的网站；要积极开发一些有教育意义、有亲和力的软件，增强思想政治工作的辐射力、吸引力和感染力，提高思想政治工作的实效性。

再次，开展丰富多彩的网上活动，占领网上思想政治工作阵地。各高校必须确保思想政治工作进网络有一个正确的理论导向，要在网络中旗帜鲜明地宣传马列主义、毛泽东思想、邓小平理论、"三个代表"重要思想、科学发展观和习近平新时代中国特色社会主义思想，加强党的路线、方针、政策教育。同时，要围绕一些重大的政治问题、意识形态敏感问题、影响稳定大局的问题，旗帜鲜明地发表评论，积极地进行引导，对错误思潮要敢于开展批评。开展丰富多彩的网上活动，一是要结合学生的思想实际，可以通过邀请事业有成的教师、校友、海外归来的专家、学者上网谈自己的经历、体会，用动人的事迹感召青年学生，引导学生树立正确的世界观、人生观、价值观；二是要针对学生存在的心理问题，开通网上心理咨询，解答学生的心理困惑，帮助学生克服心理障碍，潜移默化地对学生实施理想、道德、心理健康方面的教育；三是要在网上大力弘扬中华民族的优秀传统文化和介绍国外的优秀文化，使学生进一步增强民族文化的认同感和自豪感；四是在校园网上设立校长信箱和各种问题建议与答复版块，为学生通过网络表达自己的意见、观点、看法提供空间。与此同时，学校要注意通过网络收集学生传递出来的各种信息，及时加以整理、分析、解答和落实，促进学校决策的科学化和民主化，使学校管理向民主化、规范化方向发展。

第四，加强对信息网络的监控和管理，防堵有害信息的入侵。保证网络化条件下思想政治工作健康发展。面对有害信息的侵入，要通过技术、行政、法律等手段，控制信息源头，以达到正本清源的目的。一是建立国家级"信息海关"，采用先进的技术手段，严密监控和检测国际互联网入口，对所有进入我国的信息进行严格"过滤"。二是加强对国内所有的骨干网、区域网、校园网的管理，完善规章制度，规范网络运作，倡导和评选"环保网""环保网站"，进一步防止有害信息进入校园。三是加大依法打击信息犯罪活动的力度，发挥社会主义法律的威慑力。通过设立层层"关卡"，最大限度地阻止各类不健康的信息输入高校，为高校开创思想政治教育新局面创造良好的网络环境。四是要规范网络运行，引导学生树立正确的网络观念，增强学生上网的法制意识、责任意识和安全意识；要结合学校实际，制定网络管理的规章，以规范网上秩序，严肃网上纪律；还要加强对学生日常生活管理，教育学生处理好上网与学习的关系，引导学生合理使用网络。

第五，建立一支政治理论功底深厚、网络技术精湛的新型思想政治工作队伍。网络化条件对思想政治工作者提出了更高的要求：一是要有较高的政治理论水平，始终坚持用马克思主义的理论做指导，占领校园网络阵地；二是要具备娴熟的信息网络技术，能深入了解网络的特征，熟练地使用网络，及时发现和解决网络传播中的问题；三是要有独立思考和正确判断的能力，对学生关心的热点、难点问题，以及当代世界政治经济形势能做出正确客观的分析评价，引导学生正确思考、科学认识和分析解决问题，辨别是非，提高思想理论水平。高校应利用多种渠道，增强干部、教师的网络育人意识，改变把网络建设当成纯业务的观念；对从事思想政治工作的干部和教师，要开展思想政治工作进网络的相关培训，并为他们熟悉和使用网络提供条件。建立一支既熟悉思想政治工作业务，又精通网络技术的思想政治工作队伍，是做好思想政治工作进网络的重要保证。

网络的影响及加强大学生思想政治
教育的途径分析①

随着网络（在本文中特指国际互联网 INTERNET）的快速普及，它不仅改变着人们的生活、学习和工作方式，而且改变着人们的思维方式。尤其是世界观、人生观和价值观正趋于成熟的大学生，他们普遍较多地接触甚至依赖网络，网络在他们思想定型的过程中发挥着极其重要的作用。这对当代大学生思想政治教育工作带来了前所未有的挑战。认识网络，了解大学生心理特点，利用网络服务于大学生的思想政治教育工作成为众多教育工作者共同的努力方向。

一、网络的功能及其特点

（一）信息功能

由于现代信息技术的应用，信息生产周期日益缩短，信息资源数量迅速增长，从而使得信息资源的内容更加丰富。网络作为最为重要的现代信息技术之一，为信息资源的传播甚至产生提供了极其便捷的条件。随着网络发展进程的加快，信息资源网络化已成为一大潮流，各种各样的信息充斥于网络之中，人们可以轻易地通过网络获取自己所需要的信息。

（二）交互功能

网络的交互功能从字面可以理解为交流互动的功能。计算机一旦成为了网络的一个终端，用户就可以利用它与网络中的任何其他一个计算机用户进行交流和互动。网络中的交流与互动，从时效看，有即时交互和延时交互之分。即

---

① 本文作者卢剑明、王金平、李颖中。

基金项目：本文为 2010 年江西省高校人文社会科学研究青年项目"网络环境下独立学院思想政治教育的困境与对策研究"（MKS1007）的研究成果之一。

时交互是指不同的网络终端用户通过网络实行即时在线的交流和互动。如拥有众多用户的腾讯 QQ 聊天软件。延时交互是指在不同的时间点网络终端用户可以利用网络进行的交流与互动，如通过电子邮件的交流与互动。从内容看，有虚拟交互和现实交互之分。虚拟交互指的是网络终端用户在通过网络构建起来的虚拟空间中所进行的交流与互动，如网络游戏中的协同游戏。而现实交互则是网络终端用户借助于网络所进行的实质性的交流与互动。在现实交互中网络充当的是类似于电话等工具作用，为人们之间的交流和互动提供了新的途径。如电话会议、网络办公等。

（三）娱乐功能

娱乐是以心理愉悦为过程和目的，展示人的能力的活动方式。现如今，物质需求已不再威胁人类生存，精神生活需要慢慢凸显出来。网络正好给人们提供了一个极其便捷的休闲娱乐平台。它包括了大部分现实生活中的休闲娱乐项目，甚至有些体育项目都能在网络中通过虚拟场景得以实现。

二、大学生心理特点分析

据调查，网民中 18~24 岁的年轻人最多，达到 35.3%，远远高于其他年龄段的网民而占据绝对优势。这在一定程度上显示了大学生是网民中的主力军。这不仅与他们的生活环境有关，而且与他们这个年龄段的心理特点有关。大学生的心理呈现出明显的阶段性变化的特点。我们将大学四年划分为三个阶段：大一为第一阶段，大二、大三为第二阶段，大四为第三阶段。第一阶段，大学对于他们是个全新的环境。这种新表现在校园、同学等方面，也表现在学习的目的、与老师和家长的关系等方面，特别是后者。高考是高中阶段学习上明确的目标，为此老师家长会给学生许多约束。来自老师和家长以及自身的高考压力在某种程度上成为学习的强大动力。进入大学以后，他们突然感觉到原先的那些约束没有了，学习的压力也似乎消失了，心里往往容易滋生一种迷惘和失落的情节，在学习上表现为某种程度的无所适从。网络就成了他们与好友、同学、亲人交流的最佳选择，也是他们宣泄情绪的最好平台。第二阶段，他们已经适应了大学生活，心理上逐渐走出了那个落寞的过程，开始规划自己的未来，并根据自己对于未来的规划而选择不同的学习态度和学习方式。由于他们对社会生活体验的局限性，影响到他们世界观、人生观和价值观的确立。他们对于人和事的评判容易受情绪的影响，缺乏理智的科学的评价立场和方法。这一阶段大学生在对社会的认知方面存在一个值得关注的矛盾，一方面是自我意识的彰显，他们自以为自己已经成熟，坚持自己看问题的立场、观点和方法，不太愿意接受他人的规劝，对于强制性规劝往往会有逆反心理。另一方面，他们有限的社会认知和社会经验，以及行为的情绪化，都使他们客观理智地认识问题和处理问题的能力受到影响。表现在网络行为上，他们对于网络上的现象辨别真伪的能力有待提高，在评判现象时候情绪化倾向严重，缺乏深刻理智的分析。第三阶段，大学生基本上忙于完成自己的学业论文，忙于应付各种考试，忙于寻找工作机会，背负着沉重的就业压力。压力下的大学生反倒更愿意静心去思考一些现实问题。前一阶段那个彰显的自我在现实面前自觉地得以收敛。思考问题更趋冷静深刻，行为也显得更为沉稳。他们已经有了自己对于社会的认知模式和行为取向。

三、网络的影响及加强大学生思想政治教育的途径分析

（一）网络对大学生思想政治教育的影响

大学生上网首先遭遇的是网络中海量的信息。他们可以快捷地通过网络获取所需要的各类知识和信息，为他们知识的增长和视野的拓展提供了便利。然而，在如此纷至沓来的混乱信息"集市"上，大量肤浅、冗余、破碎的信息容易使他们误入歧途。一方面由于他们缺乏足够的社会阅历，对于各类信息尚不具备较强的分辨能力，容易将一些虚假信息当真实信息接收、储存并传播，进而影响其对社会现象的客观认识。另一方面由于他们自制能力较差，往往会在好奇心的驱使下追逐一些无益甚至有害的信息。沉迷于这类不良信息对身心健康也会产生伤害。网络聊天是大学生上网的一项重要内容。通过它，可以得到关于社会、人生的间接的认知，并且交流本身也是获取各类信息的一个重要途径。但由于他们与人，尤其是与"社会上"的人的交往阅历不足，对人的认识也容易出现偏差。网络的隐匿性、开放性和自由性使人们更愿意在网上吐露自己的心声，容易在网络上信任他人，也更容易在网络上撒谎。因而，网络对于大学生的诚信和责任感都会产生一定的冲击。由于网络的即时交互功能及其虚拟性，使得参与进网络的主体容易发生身心的裂变——即所谓的人格分裂。而且，人进入符号领域越深，与现实的差距就越大，有时甚至会暂时进入一种忘却现实的状态。因此，一方面容易使人们在现实生活中的角色定位产生偏差，另一方面也容易使人们将网络当作不愉快的现实生活的避难所。

（二）网络环境下加强大学生思想政治教育的途径[1]

加强网络知识和网络安全的教育，首先是对网络硬件的认识。要让大学生

从一个静态的角度对网络设备有一个理性的认识。其次是对网络信息的认识。让他们认识到网络社会和现实社会一样，美好和丑恶是并存的。再次是对网络安全的认识，特别是网络主体的信息和人身安全。再次是对网络管理的法律法规的认识。对他们实施有关网络道德、伦理和法律的知识培训，强化他们上网的法律意识和责任。通过网络知识和网络安全的教育，可以培养大学生观察社会的能力，提高他们对现象的分辨能力，树立正确的网络法制意识和自律意识。[2]构建思想政治教育的网络平台，首先要按照"统筹规划，国家主导；统一标准，联合建设；互联互通，资源共享"的要求，构建以中央网站为枢纽，以各地高校网站为支撑的全国性的思想政治教育网络平台。这样有利于在主流意识形态的统领下加强对网络的监管，更有利于思想政治教育的资源整合与共享。其次要加强校园网站的建设和管理。自教育部印发《关于加强高等学校思想政治教育进网络工作的若干意见》，各高校纷纷建立红色网站或在校园网上建立思想政治教育相关板块，充分利用网络的交互功能，畅通学生利益诉求和意愿表达的渠道。，BBS、QQ、博客、电子邮件等。[3]改进思想政治教育教学的手段与理念，网络为我们提供了海量的信息，更主要的是为我们提供了获取信息的新途径。国际国内的时事和大学生比较关注的热点话题都可以即时在网上获悉。因此，在思想政治教学中要有选择性地利用网络所提供的有用信息来充实教学内容。另外在教学理念上渗入网络的发散性特点。网络的发散性指的是信息的传播不再是点到点的线性传播模式，而是任何一个传播节点都可以以自己为中心向四周传播，从而构成一个立体的网状传播模式。如果引入网络的发散性理念，教师与学生类似同处于网络的端口，视觉上的平等拉近了彼此之间的距离，教师并不是以道德说教家的角色出现，而是作为道德的引导者、帮助者。[4]当学生就感兴趣的某个话题，或者碰到的某个问题与教师交流时，他们之间的关系是平等的，这样可以让学生在轻松自由的心理状态下进行理性的思考。

参考文献：

[1] 毕耕. 网络传播学新论 [M]. 武汉：武汉大学出版社，2007：55.

[2] 中国互联网络应用情况 [J]. 中国新通信，2008（2）.

[3] 中国互联网现状一瞥 [N]. 中国电脑教育报，2005 - 01 - 31.

[4] 郭文剑. 开发高校互联网络道德教育资源的研究 [D]. 重庆：西南大学，2010.

论网络对高校思想政治工作的影响及对策①

一、网络给高校思想政治工作带来的机遇

高等学校是知识产生、传播、应用的重要场所，是信息化社会的动力源泉。网络文化业已成为高等学校校园文化的重要组成部分，因其信息量大，传播快捷，辐射面广以及选择的自主性，使之成为文化消费的"自助餐"，受到大学生的青睐。网络文化给高校思想政治工作带来不同以往的机遇。

（一）突破了思想政治工作的时空界限

传统的学生教育管理，集中于书本和课堂，使大学生与外部世界的联系与交往相对闭塞。网络的开放性和综合性使学生可以在网上自由地与教师探讨问题，与同学或他人进行思想交流，拓展了获取信息和与外部世界联系的渠道，突破了时间和空间的界限，这为广泛深入地开展思想政治工作提供了新的有利条件。

（二）提供了宽松和谐的民主环境

在网上没有管理者和被管理者之分，没有教师和学生之分，也没有家长与子女之分，无论你是总统或贫民、教师或学生、家长或子女，都只有一个身份"网民"，彼此之间可在相互尊重的基础上进行平等的交流。因此，思想政治工作与网络相结合，网络特有的集成性、双向性、开放性和可选择性，提供了一个民主和谐的教育环境。

（三）开辟了思想政治工作的新阵地

随着互联网的迅速发展和普及，网络日益成为一块重要的思想政治教育阵地，占领这块阵地，开辟思想政治工作的新领域成为高校思想政治工作"三进"

---

① 本文作者邓乐君、邓小英。

的重要方面。目前，一些高校已建立了自己的思想政治教育网站，由于网站信息量大，界面友好，受到越来越多师生的欢迎。

（四）拓宽了大学生实施素质教育的空间

网络给大学生提供了广阔的思维空间，使大学生有可能直接接触到世界上一些先进的思想理论、信息技术，有助于冲破传统的思维束缚，培养大学生的超前思维和创新思维。同时，它改变了整个教育过程，使听觉和视觉，形象思维和逻辑思维完美地结合，使实施真正的素质教育成为可能。

二、网络给高校思想政治工作带来的挑战

互联网是一个开放的信息传递系统，由此产生的多元性的网络文化使高校思想政治工作面临严峻的挑战。

（一）意识形态领域的入侵与文化领域的渗透

高校是网络技术发展和应用的前沿阵地，网络化程度远远高于其他行业和领域。国内外敌对势力利用网络开放性的特点和技术上的优势，大肆宣扬西方的意识形态、政治制度、文化思想，甚至打着民主、自由、人权等旗号，肆意歪曲事实真相，颠倒是非，混淆黑白，对社会主义制度进行恶毒攻击和诽谤。由于网上信息更易于打上自由、民主、开放和创新的旗号，更具有隐蔽性和欺骗性，极易使青年大学生上当受骗。

（二）垃圾文化的泛滥导致大学生价值观念多元化

网络中的垃圾文化的传播会导致大学生价值冲突，使其价值取向更加多元，价值选择更加困难，弱化了主流意识形态对大学生的教育功能，大学生的世界观、人生观和价值观还没有完全形成，没有足够牢固的精神屏障和辨别是非的能力，因此，在多种观念相互交融的网络中，大学生容易产生思想冲突，价值观念转向多元。

（三）大学生对网络依赖性的加强，影响其全面素质的发展

现在的大学生对网络的信赖度日益增强，这容易导致大学生思维方式的渐变和科技意识的片面膨胀。随着网络和信息技术的发展，实物技术越来越退居次位，受互联网全新信息技术的影响，个别大学生沉迷网络，渐渐形成用"看"而不用"想"的方式来解决问题，这不利于形象思维和逻辑思维能力的发展。依赖信息，忽视实践，妨碍大学生整体素质的提高。

（四）网络文化虚拟化特征，容易导致大学生的人际交往障碍

网络的情感交流以其特殊的方式进入人们的精神世界，弥补其他方式上的

一些不足，但网络情感交流的自由性与虚拟化往往使人不能正视现实生活，甚至对现实生活产生厌倦。有研究表明，社会背离感与对网络的依赖性存在正相关。如果大学生过分依赖虚拟化网络，会在现实中产生新的人际障碍，也可能由此产生更多的心理疾病，从而对思想政治教育工作造成困难与障碍。

三、推进高校思想政治工作进网络的措施

（一）加快思想政治教育网站建设和数据库的开发

高等学校都必须建立思想政治教育网站，主动占领网络阵地，在网上开设诸如时事政治、理论研究、校园生活、师生对话、思想交流、心理咨询等栏目，吸引、引导和组织学生开展政治、经济、文化艺术及专业学科的正面讨论，提高他们的政治觉悟和学术水平。同时，加快思想政治教育软件的开发进程，丰富网络环境下的思想政治教育的内容。当前思想政治教育软件的开发缓慢，思想政治教育网站不能很好地吸引大学生去登录浏览，大学生难以在网络环境下直接接受思想政治教育，容易造成网络思想政治教育的盲点和空白。因此，必须大力开发思想政治教育软件，使之成为思想政治教育的一个新的"生长点"。

（二）加强网络道德和法规教育

网络世界是现实社会的虚拟。大学生的好奇心理、对于身边的不满甚至少数人对社会的仇视心理，又由于网络行为本身具有平等性、互动性、脆弱性、隐蔽性，再加上因特网自身安全的弱点，所以容易导致网络犯罪行为的产生。因此，应当注重并建立网络时代的特殊道德规范和网络法规。为了保护网络的正常运行和规范网上行为，我国自 2012 年以来，先后颁布实施了一系列有关计算机及互联网的法规、部门规章或条例，内容涉及国际互联网管理、信息安全、密码管理等多个方面。共青团中央、教育部等三单位曾联合召开网上发布会，向社会正式发布了《全国青少年网络文明公约》："要善于网上学习，不浏览不良信息；要诚实友好交流，不侮辱欺诈他人；要增强自护意识，不随意约会朋友；要维护网络安全，不破坏网络秩序；要有益身心健康，不沉溺虚拟时空。"这是网络道德的基本准则，高校大学生应带头学习领会、遵守执行，从而规范自己的网上行为。

（三）积极探索网络思想政治工作的方法和途径

在高校网络思想政治工作中，教育者面对的是活生生的具有较高认知水平和丰富的个性特征的大学生，网络的开放性使教育者与受教育者完全处于一种平等的交互状态中，任何权力以及权威性的强制几乎不存在，任何生搬硬套的

说教，居高临下的姿态，以及僵硬的方法，都无济于事。要积极探索网络环境下思想政治工作的方法和途径，增强思想政治工作的实效性。例如，使用网络和媒体设备中图、文、声并茂的特点，开辟网上理论园地，回答与讨论学生关注的问题。对于重要新闻和突发事件能够马上展开讨论，提高对重大事件的关注程度。网上讨论开辟了理论学习的第二课堂，不仅可以使我们主动占领网络思想教育阵地，抓住有利时机，及时对学生正确引导，而且能帮助青年学生树立正确的世界观、人生观、价值观，抵制各种错误的不健康思想的侵蚀。又如，建立师生交流的电子信箱。电子信箱创建了师生交互环境，便于及时了解学生的思想实际，及时沟通，特别是对学生的个性化问题可"一对一"解决。同时，有条件的高校，可以开展网上心理咨询活动，加强大学生的心理健康教育。

（四）培养一支精干高效的思想政治工作队伍

做好思想政治工作的关键就是要建立一支适应新形势发展的高素质的、专兼结合的思想政治工作队伍。这支队伍要既懂业务，又懂网络技术，在学校统一领导下各负其责，齐抓共管，及时收集、分析、监控网络信息，发现学生关注的热点、难点，尤其是带倾向性、群体性的问题，采取有效措施，有针对性地做好工作，使"教书育人""管理育人""服务育人"的思想深入人心。高等院校也要采取有力措施保证思想政治教育工作队伍的地位和待遇，关心思想政治工作队伍的成长和发展，创造多渠道的较为宽松的分流发展空间，消除他们的后顾之忧，使思想政治工作队伍在动态中实现稳定，从而为思想政治教育奠定坚实的基础。

和谐社会视阈下大学生媒介素质的培养①

一、加强大学生媒介素质培养的必要性

培养信息时代高素质人才的内在需求。当前，我们所处的是一个信息高度发达的社会，培养良好的媒介素质是信息时代合格人才的内在要求。传播学大师马歇尔·麦克卢汉曾这样描述：媒介文化已经把传播和文化凝聚成一个动力学的过程，将每一个人都裹挟其中。生活在媒介文化所制造的仪式和景观中，我们必须学会生存。当我们在享受高速发展的信息时代时，人们也开始意识到"同时吸收过多信息，会陷入一种冷漠而被动的状态"。因此，如何认知媒介、解读媒介、使用媒介的矛盾日益凸现出来，受众的媒介素质培养研究，尤其是青少年媒介素养的研究也越来越重要和迫切。

提高大学生媒介能力的现实需要。信息时代也可说是媒体时代，在这个时代，媒介即信息，谁要在其中求得生存就必须学会利用信息，分享其所带来的益处。而与之并行的是媒介素质，美国 ASEN 媒体素养教育领导协会给出了一个定义，该定义侧重信息的认知过程，认为媒体素养是指获取、分析、评价和产生各种信息的能力。媒介素质是人们面对媒介各种信息时的选择能力、理解能力、质疑能力、评价能力、创造和制作能力以及思辨的反应能力。从这里不难看出，媒介素质不仅包括接受媒介产品的能力，而且包括用独立的、批判的眼光看待媒介内容和建设性地利用媒介的能力。媒介素质是一个完整的体系，是媒介并行发展的一种综合性很强的技能，是受众者综合素养的一部分。这项技能的培养需要媒介使用者在拥有宽阔视野的基础上得到不断的训练，而且这种宽阔的视野建立在完备的知识结构上。而作为媒介使用者的主流及推动者

---

① 本文作者刘建荣、张丽娟。

——大学生，他们的媒介素质不仅在自己的综合素养中占据着重要的位置，而且他们选择、使用、处理信息的能力，直接影响"软化"媒介环境的绿化过程。因此，在媒介演进、发展及使用过程中，社会、学校和家庭要督促大学生端正媒介使用态度，讲究自身的媒介素质，不断提升媒介素养水平。

二、当前大学生媒介素质教育中的不足之处

目前，我国大学生的媒介素质普遍偏低，对媒介及其传递的信息存在比较严重的误读、误用甚至被误导的现象，这给大学生媒介素质培养主体的工作带来了种种困难。

难以深入了解媒介的本质特征。大学生是现代媒介争夺的主要对象，现代媒介则是大学生学习和生活的重要方式与渠道，相互间可以达到彼此交融的地步。尽管大学生比一般大众对媒介及其信息有更加准确、清晰的认识，但还是常常因缺少深刻、理性的理解而对其产生严重的误读，这主要体现为对媒介社会功能理解的狭隘化和肤浅化。另外，大学生对媒介传递的信息也存在误读，具体表现为对新闻信息的本质、特性的曲解。新闻是对现实的描述和重构，而不只是对现实做镜子般的反映；新闻在其制作过程中势必会有新闻工作者的思维烙印。

无法准确把握媒介信息。相当一部分大学生在网络及其信息的使用方面出现严重偏差。一部分大学生整天沉迷于互联网，经常浏览不健康网站，还有个别学生在网络上欺骗、打击他人，甚至走上违法犯罪的道路；还有些大学生则在考试中使用手机等通信设备作弊。目前我国国内高校的媒介素养教育尚处在起步阶段，大学生对媒介的特性、功能及其影响的认识还比较模糊，甚至是错误的。

缺乏对媒介信息的正确判断。大学生是媒介信息很好的接受者，却不是很好的分析者、判断者和批判者。处于成长期的大学生心理成熟水平、社会经验积累和道德判断能力相对较低。在网络世界里，当他们面对复杂的道德情境时，会做出一些错误的判断和选择，甚至出现极端的网络不道德行为——网络犯罪，给他人和社会造成极大危害。

大学生作为媒介的受众，不能主宰媒介之间的竞争，但却能影响媒介自身和媒介所处的外部环境。大学生是使用媒介的主要群体，是媒介环境的主要构成部分。大学生在个人情感失控的情况下，在媒介使用过程中行为可能有失检点，出现大量道德滑坡现象，例如，网络造谣、诽谤、说脏话、进行人身攻击、

盗用私人信息、进行智能犯罪等，导致媒介环境遭受污染。这些行为一方面是大学生自身传媒行为和道德行为的失范，另一方面还会导致媒介所处的社会、文化环境的生态平衡遭到破坏，危害媒介环境的和谐、有序、健康发展。媒介、通过媒介传递的资源与媒介所处的软环境应该是一个相辅相成、密不可分的整体。大学生作为信息的传播者，不能随心所欲地传播信息，他们的传播行为要受到社会特定的政治制度、政策法规、文化示范构成的约束网的深层控制。大学生作为信息传播的一大源头，应该倡导使用和传播"绿色""无公害"的信息，从而确立媒介与环境、人与自然和谐相处的新型价值观和资源观，构建正确的信息传播模式，确保媒介生态的总体平衡和良性循环。

三、构建和谐社会新形势下大学生媒介素质的培养途径

媒介素质培养在大学文化建设中扮演着不可或缺的角色，它对大学生人格的培养和自身素质的提高起到一定的作用，并对大学生的成长构成一定的影响。大学生作为媒介接触的主流群体，他们的媒介素质状况关系到我国媒介素质的整体水平，对大学生实行媒介素质培养不仅对其个人而且对全社会都具有十分重要的意义。培养大学生与信息时代相适应的媒介素质，是改变大学生信息处理能力不足的有效方法，其意义不仅在于满足大学生的需要和社会的要求，还可以起到辐射作用，影响他们以后的工作和发展。因而，媒介素质也能得到从大学到社会的进一步延伸。

加强对大学生媒介素质的深入调查研究。随着高校对媒介素养研究的深入，以及对大学生媒介素质状况的进一步调查研究，媒介素质培养会得到普遍认可和重视，会逐步从现在零散的、不系统的教育形式走向成规模的、系统的教育模式。只有这样，大学生的媒介素质才能得到更加全面的、真正的提高。提升大学生的媒介素质，进而激发大学生媒介学习的自觉性与自主性，重新定义大学生个体与国家的关系，改写和扩大当前大学生个体的责任和义务范畴，构筑个体抵挡社会诱惑的能力。然而，人的自我约束力都是有限的，除了要不断提高大学生的媒介素质与道德修养外，政府部门应适时制定和完善相关法律，加强对网络等媒介中存在的不道德行为的监管，依法查处，从而推进和谐社会的建设。

深化大学生媒介素养教育的主要内容。大学生媒介素养教育伴随媒介产生及使用的全过程，最初提倡健康地获取媒介提供的信息。随着"物质媒介"的"软化"，提升大学生媒介素养不仅更为必要，而且其教育内容也要根据客观实

际进行重新构建，即以"三位一体"的教育模式来规范和提升大学生媒介素养。首先，加强社会和国家的宏观管理。比如，加快信息传播的立法工作，对文化产业和文化传播行为加强监督力度，充分利用技术骨干加强对计算机网络系统的监控，对不健康信息及时发现、及时删除，一有举报应加大力度予以查处。其次，高校以思政理论课教育为基地，在大学里开设媒介教育课程，灵活开展媒介素养教育活动，是提高大学生媒介素养最科学和最有效的方法。学校应加大经费投入，建设多媒体网络教室，为学生提供健康、舒适的网络学习环境。同时，充分利用互联网资源，使其成为高校思政教育的有力工具。通过思政理论课加强对学生的"三观"教育，提高大学生对各种媒介信息的影响力和判断力，积极吸纳其文明成果，自觉抵制其消极影响，从而不断提高大学生的各种应变能力，也为营造良好的媒介生态环境做出努力。最后，大学生应加强对自我的约束力，树立正确的世界观、人生观和价值观，端正自己的道德修养，杜绝在媒介使用过程中出现的种种危险社会、伤害国民情感、造成不良影响的事件。大众传播媒介的迅猛发展，在一定程度上会为大学生教育开辟新的渠道。开展大学生媒介素养教育是一项长期而庞大的工程，应该将社会、家庭等各种有效的教育途径结合起来，形成一种全面的、网络式的、立体的教育模式，以高效、合理的教育格局来提升大学生媒介素质。

积极引导大学生开展媒介素质实践。媒介素养的培养是一项长期的系统工程。大学校园作为传播科学知识和先进文化的重要阵地，有着较为丰富的媒介资源。大学生媒介素质的培养，应该具有终身教育的性质。虽然多媒体技术早已经进入了大学课堂，但是一些教学理念并没有随之更新，大学生仍停留在对固有知识被动接受的状态，媒体意识并没有真正融入课堂。媒体的本质是交流和沟通，学校应该聘请专业媒体人员给大学生讲课，同时积极与校外媒体合作，给学生搭建一个广阔的媒体实践平台。高校要重视和加强校园舆论传播媒体和文化设施的建设，发挥大众传媒得天独厚的优势，利用各种媒介形式和手段宣传现代化的媒介知识、技能和观念，着力营造媒介素养教育的氛围，对大学生媒介素质的提高起到影响、熏陶的作用。

浅析高校网络思想政治教育的
特点及其机制创新①

网络思想政治教育是思想政治教育的新领域，是为适应网络环境的出现和发展而产生的，正日益成为高校思想政治教育工作的重要组成部分，并随着思想政治教育实践活动的丰富发展而形成自身的特点。在网络条件下，思想政治教育的内容、方式、方法、手段、空间、渠道等都发生了许多变化，势必要求对思想政治教育机制进行创新，这是每一位思想政治教育工作者必须正视的时代课题。

一、网络思想政治教育的主要特点

网络思想政治教育既有传统思想政治教育（也称网下思想政治教育）的一般特点，又有自身的特点。

（一）方向性

高校思想政治教育的根本任务是用马列主义、毛泽东思想、邓小平理论、"三个代表"重要思想、科学发展观和习近平新时代中国特色社会主义思想武装大学生的头脑，培养有理想、有道德、有文化、有纪律的社会主义的建设者和接班人。作为思想政治教育的组成部分，网络思想政治教育"要使广大师生在享受因特网传播信息便利、快捷的同时，增强政治敏锐性和政治鉴别力，提高抵御错误思潮和腐朽生活方式影响的能力"。网络的开放性、自由性、虚拟性，使得西方敌对势力凭借其强大的网络科技优势，加强对我国进行思想意识形态的渗透，并具有很强的欺骗性和隐蔽性，缺乏是非鉴别能力的青年学生极易受其影响。因此，应积极主动用马克思主义指导高校网络文化建设，引导大学生

---

① 本文作者钟久辉。

牢固树立正确的世界观、人生观、价值观，防堵有害信息的传播。正确的政治方向是网络思想政治教育运行的指向，既体现思想政治教育的本质要求，又确保思想政治教育目的和手段的统一。

（二）信息技术的运用

网络既是思想政治教育的载体，又是思想政治教育现代化的手段。对于思想政治教育工作者而言，应熟悉网络特点，掌握网络技术，才能谈得上开展网络思想政治教育。对网上信息的监控和管理，防堵有害信息对大学生的侵袭，推进思想政治教育进网络等工作，也都离不开对信息技术的运用。

（三）整合性

网络思想政治教育的开展，涉及多个部门的参与，需要多个部门的通力合作，因此要优化、整合资源。如思想政治教育主题网站多设有宣传思想、校园动态、"两课"教学、党建天地、团学工作、就业信息、心理咨询等栏目，就涉及多个职能部门，应落实责任，形成制度，把各自的优势发挥出来，形成合力，取得最佳效果。同时，网络也为德育信息共享开辟了便捷渠道，有助于整合各高校德育的信息资源，提高教育的效果。

（四）网上网下互动性

"网上"功夫在"网下"，虚拟空间的问题归根结底是现实世界的折射。首先，帮助大学生树立自律意识，提高对信息的甄别选择能力，取决于平时的网下教育；其次，网络并不限于校园网，互联网对学生造成的负面影响，也主要靠网下来解决。对于一些重大的热点和难点问题，在网上难以说清说透，也需要有针对性地开展面对面教育和引导；网上反映的涉及校园学习、工作、生活中的实际问题和困难，也要靠我们在网下认真地一个一个去解决。

（五）信息传播的快捷性、多媒体、交互性

目前，互联网以极快的速度传输文字、声音、图像，可在瞬间将信息发送给用户，其信息的更新周期以分钟计算。网络传播的快捷性有利于思想政治教育工作者通过网络及时传播健康科学的思想政治教育信息，增强思想政治教育的动态性和时效性。网络的多媒体特点，为提高思想政治教育的影响力、有效性提供了新的空间，严肃的思想政治教育内容可以变得生动活泼、形象有趣。传统媒体如报纸、广播、电视一般是单向传播的方式，而网络媒体则采取的是交互性的传播方式，媒体将信息传递给网民，网民可随时随地在网上发表见解。学校通过网络能比较真实地掌握学生的思想动态，把思想引导、搞好服务与解决实际困难相结合，使思想政治教育工作更有针对性。

（六）思想信息的净化难度加大

在传统思想政治教育中，大学生主要通过电视、广播、报纸以及各项校园活动来接触和了解信息，思想政治教育工作者可以运用管理手段对这些渠道中的信息进行"过滤"，努力去掉那些不正确的观点和各种不良信息，同时直接参与信息的制作，担当信息源的角色，从而使信息工作较"纯净"。信息网络的普及打破了这一局面，在网络环境中，信息量巨大，对信息源的限制以及对信息的过滤变得很困难，防堵有害信息的传播成为网络思想政治教育的一项重要任务，这就必然要求建立相应的监控管理和引导机制。

二、建立高校网络思想政治教育新机制

在网络条件下，思想政治教育机制应立足创新，在组织领导、"两课"教学、监控管理、网站吸引、队伍建设等方面建立相应的工作机制。

（一）组织领导机制

高校要用正确、积极、健康的思想、文化、信息占领网络阵地，同时防止一些人利用网络传播错误的思想和信息，就应加强对思想政治教育进网络工作的领导和管理，构筑起网络思想政治教育的新平台。要把思想政治教育进网络工作纳入校园网络建设的总体规划，并将网络文化纳入校园文化建设的总体格局进行规划和部署。根据网络技术的特点和思想政治教育进网络工作的需要，建立相应的领导和管理体制。目前，高校各党组织从实践"三个代表"重要思想和习近平新时代中国特色社会主义思想的高度，重视思想政治教育进网络工作，专门成立了网络思想政治教育领导机构，建立了相应的管理机制，确保了网络思想政治教育的开展。

（二）"两课"教学机制

"两课"是对大学生系统进行思想政治教育的主渠道和主阵地。尝试网上"两课"教学，就是将课程内容结构由线性设计转变为网状设计，这种设计可以清晰地呈现课程的主要知识点及其有机联系，给学习者一个较完整、系统的知识框架，既便于教师对课程内容的更新，又便于学生自主地、有选择地学习。同时建立相应的德育资源信息库，上传领袖人物的著作和有关资料，学生能随时阅读和下载，拓展和升华了课程内容，有助于学生探究式学习。网上"两课"教学方式由传统课程的一对多的单向传播模式转变为多对多的互动交流模式，发挥了网络互动功能，增进了师生的思想交流。网络课程以多元载体为环境，利用多种媒体元素，制作出简洁友好、人性化的网页界面，给学习者以听觉、

视觉等多种感官的刺激，以调动具有不同感官优势的学习者的学习兴趣与热情，使单调枯燥的专业学习活动变得形象生动。要使"两课"教学内容进网络，发挥"两课"教师的主动性、积极性，使"两课"在网上有声音，也应形成一定的工作机制。

（三）网站吸引机制

网络竞争就是眼球的竞争。提高网络的吸引力应把握以下几点：一是增强辐射力。一个思想政治教育网站，如果没有人去点击、访问，那只能是徒有虚名。因此，高校思想政治教育不能为了上网而上网，而应该充分利用网络的优势，把网站建设成信息库，让更多的人乐于点击网站上的内容，从而把高校思想政治教育工作做得更好、更实、更有成效。二是提高感召力。做好网络思想政治教育工作除了运用声音、图片、动画、影视等多媒体手段，改变原来单一枯燥的形式外，还要借助于人格力量，在网上铸魂。三是提高亲和力。网络思想政治教育工作不再是高高在上的管教者，而是耐心服务的长者和朋友，必须充分发挥受教育者的主体作用，引导他们在自我教育、自我管理、自我服务中，实现个性的发展和张扬，激发他们的能动意识，变被动接受为主动参与。因此，网络思想政治教育必须坚持以人为本，体现人文关怀；变单一呆板的说教形式为柔性、交互式的教育，使思想政治教育变他助为自助，使施教者与学生建立一种新型的互动关系。四是增强渗透力。要利用多媒体技术的声、色、光、画等手段把马克思主义理论和党的路线、方针、政策融入学生喜闻乐见的校园文化活动中去，化抽象为具体、化枯燥为情趣、化不解为理解，让学生的思想和心灵得到更多的陶冶和熏陶。因此，建立该机制应围绕上述目标来进行。

（四）监控管理机制

互联网需要规范和秩序，因此加强网络立法刻不容缓。教育部《关于加强高等学校思想政治教育进网络工作的若干意见》中，也强调"各高校要进一步建立和完善有关规章制度，规范网络动作，加强对局域网、校园网的管理"。高校应充分利用现有的监控管理技术，建立信息进出校园网的"海关"，筑起信息防火墙，净化网络空间。

（五）加强队伍建设

总体来说，目前高校思想政治教育工作者队伍还不能完全适应网络思想政治教育工作的要求，甚至出现技术上的"反哺"现象。因此，加强队伍建设刻不容缓。这支队伍要了解大学生的网上意识、网上心理问题，要对网上伦理、网上文明、网上思想政治工作的特点、方式、方法、内容等进行专题研究，找出网络思想政治教育工作的正确方法和突破口，增强工作的针对性和实效性，逐步建立起网络思想政治工作的权威性。同时，还需研究网络技术应用等问题，通过配备先进的网络硬件条件和其他必要的服务设施，使他们有较强的战斗力和引导能力。要充分发挥学生骨干队伍在网络空间的作用，在网页的制作、网络信息监控、校园网络文化建设等工作中大胆培养和使用一批学生骨干队伍，充分调动他们的积极性，使他们成为学校网络思想政治教育工作的有效辅助和补充。此外，高校还要建立激励机制，调动教师的积极性和主动性，形成网络条件下全员育人的局面。

参考文献：

[1] 曾令辉. 网络思想政治教育概论 [M]. 南宁：广西民族出版社，2002.

[2] 谢海光. 互联网与思想政治工作概论 [M]. 上海：复旦大学出版社，2002.

第七篇 **07**

| 管理服务创新篇 |

加强过程管理　探索高校提升考研率有效途径①

——以赣南师范大学化学化工学院为例

引导学生考研是一个高等学校教学和学生工作的重要内容，是体现人才培养质量和素质教育水平的重要途径[1]，是推动整个学校学风建设、进一步优化学习环境的有效举措。根据本科生所处不同学习阶段，探索和创新考研"阶段性模块"引导，即考研引导与规划、专业学习与培养、复习指导与报考、复试指导与调剂、考研服务与政策，全员、全过程、全方位开展学生考研的工作，对科学提升应届本科毕业生考研的报考率和录取率具有重要意义。

一、注重考研引导与规划，夯实考研思想基础

考研首先从思想上积极引导，即通过思想动员和引导学生在考研上早打算、早安排、早准备，通过考研与新生入学教育相结合、与职业生涯规划相结合、与高质量就业相结合，与班主任和专业老师引导相结合，与营造良好的考研氛围相结合的方式加强考研意识培养。

（一）与新生入学教育相结合，考研早打算

学生要提前做好考研的准备，不要等到高年级时才来考虑[2]。入学教育是新生来到学校的重要一课，在入学教育内容上引入专题讲座。要充分利用高层次人才力量，邀请学历高、资历深、学问渊博的教学名师或科研骨干为新生做系列讲座，让学生了解办学历史、优良学风、特色优势，介绍专业历届和考研成绩，畅谈大学职业生涯规划及成长经历，对新生进行成才教育，激发考研兴趣，萌生考研想法，树立考研信心，确立考研目标，增强学习动力，加深对专业认同感、归属感和自豪感。

---

① 本文作者钟海山、黄丽、叶东箫。

（二）与职业生涯规划相结合，考研早安排

遵循大学生成长规律，开展大学生涯目标教育，尽早拟定好大学生涯规划。新生入校后要求每位同学写一份大学生涯规划，班主任与每位同学进行深入交流、谈心，对每位学生制定的大学学习规划进行指导，并随后几年的学习过程中检查每位同学的学习规划的实施落实情况。对于有志考研的学生采取的是低年级以面带点，高年级以点带面，全过程点面结合、系统推进的教育引导机制[3]。因为早安排，学生能够正确处理好正常教学计划与考研学习计划的安排关系，平常加强公共课、基础课、专业课的学习，强化外语水平提高，为考研打下坚实的基础。

（三）与提升就业平台相结合，考研早准备

引导和鼓励学生考研，为学生搭建高质量就业的阶梯，从思想上早做准备。考研本身就是就业，并且是高质量就业。对于学生来说，在考研和读研的过程中，能够夯实专业基础，拓宽专业知识，提升专业技能，提高从事相关专业技术工作的能力，为将来在更高的工作平台上找到适合自己的位置奠定坚实的基础。

（四）与教师引导学生相结合，考研早参与

班主任的倾心教育和悉心引导。班主任老师从新生入校开始就抓班级建设管理和优良学风的营造，注重对学生的教育引导，帮助学生树立信心，规划人生奋斗目标，鼓励学生立志考研，将此贯穿整个大学生活。

专业课任教师利用上课或课余时间现身说教，向学生介绍自己的考研经历以及有关考研的信息、政策，广泛宣传、动员学生树立考研意识，将考研作为学习目标的重要内容。

（五）与营造考研氛围相结合，考研早宣传

通过开展"考研表彰大会""考研经验报告会""考研动员大会""考研风采展"等，树立考研典型，营造考研良好氛围。

1. 举行考研表彰大会。每年的研究生复试录取工作结束后，举行"考研标兵"表彰大会，为"考研标兵"颁发荣誉证书，让考研同学逐一上台发表考研励志感言。通过考研表彰大会把高年级准备考研同学的激情不断推向高潮，增强考研信心，促进低年级有考研意向同学对专业知识学习的激情和动力，达到点线面全方位并进的效果。

2. 举行考研经验报告会。选取各方面具有典型代表的考研同学为全院同学做考研经验报告会，从如何确定考研目标、专业选择、学校与导师选择、报名、考试、调剂、复试等，结合亲身经历畅谈考研心得与体会。或分专业举办小型考研经验交流会，针对专业的不同特点，邀请本专业的考研学长做经验交流，分享成功经验汲取失败教训，为后续考研同学提供有效支持。

3. 进行考研风采展示。积极利用宣传专栏张贴考研光荣榜，借助微信公众平台宣传考研标兵先进事迹，使学生学有榜样，赶有目标，激励学生奋发向上。

二、强化专业学习与培养，稳固考研阵地根基

狠抓日常学习规范建设，注重班级班风学风培养，打造一流的学风建设阵地，是学生考研的有效保障，考研能否成功，其专业知识的学习和专业技能的掌握尤为重要。

（一）狠抓基础工作，打造第一课堂阵地

1. 安排高水平教师授课、选择理想教材。在教学任务安排时，选派教学水平和能力强的博士、教授承担核心课程的教学，来保证学生有扎实的专业基础知识，满足学生考研需求[4]。每年尽量选订多数考研学校指定的参考教材为授课教材，既让学生提前熟悉教材内容，又方便学生复习，为学生考研复习节省时间。

2. 进一步规范课堂考勤制度，狠抓课堂教学纪律。一是各班级要指定主要学生干部做好每堂课的考勤工作，每周至少一次进行不定期抽查，对检查结果给予张榜通报。二是任课教师要加强对课堂纪律的严格管理，对迟到、上课玩手机等不良现象，应当及时批评指正，真正做到教书育人。三是辅导员、班主任随堂听课，掌握所带班级学生的上课情况，了解教和学中存在的问题，及时汇报加以解决。四是实施课堂"人机分离"管理办法，班级准备手机分隔防潮收纳袋，上课时每位同学将手机放入其相应学号的收纳袋中，以此为据进行考勤，严抓课堂"低头族"现象。

3. 优化培养方案设置，开设"考研模块课程"。在制定培养方案时考虑考研学习内容，在完成教学任务的前提下，在专业模块中设置"考研模块课程"，让考研同学有选择的拓宽专业知识面，打牢专业基础。

（二）推进考试教育建设，打造诚信考试阵地

1. 加强诚信考试。在考试周前，向全院同学发出严格考试纪律，自觉遵守考试纪律，远离作弊行为，做诚信考生的倡议；各班级抓好诚信考试主题教育活动，签订诚信考试承诺书，营造良好的复习迎考氛围。

2. 实行监考改革。实行考试座位卡制度，随机编排座位，学生对应考试座

位卡入座；班主任担任本班期中、期末及补考等所有考试的监考工作，让想作弊的学生无处遁形，更有针对性。

3. 推进考试改革。实施教考分离，考试试题从题库出题，任课老师与出卷老师不见面，考前不划重点。把原先对学生记忆能力进行考查转变为考查学生对知识的掌握和运用能力，使学生变被动学习为主动学习。

（三）强化寝室文化建设，打造寝室文化阵地

1. 实行以"早起床、早锻炼、早自习"为主要内容"三早"的活动，组织学生干部对睡懒觉的情况进行排查通报，对班级早自习情况进行每周不定期抽查，及时将情况发送给班主任，并进行通报。以活动的形式进一步引导和规范学生养成良好的作息和自习习惯。

2. 大力推进"学习型寝室""双语寝室"和"考研寝室"的创建，培养学生的良好学习习惯，营造寝室良好学习氛围。鼓励学生在寝室里用外语交流，讲英语故事，写英语日记；要求每个班培育多个考研寝室。通过"考研寝室"的创建进一步浓厚了寝室的学风和考研的氛围。

（四）加强素质平台建设，打造第二课堂阵地

1. 搭建素质拓展平台，培育人文素养。大力推进化学科技月、校园环境文化节、营养与健康文化节等专业素质拓展平台的建设。广泛开展学习竞赛和技能拓展活动，增强学生学习兴趣，营造良好的学习氛围。同时紧密结合学院实验教学改革，举办各种学生实验技能大赛，提高学生实验基本技能与核心竞争力，提高复试通过率。

2. 搭建科技创新平台，培养科研意识和创新能力。一是依托有机药物化学、功能材料工程中心等省级重点实验室和分析测试中心等机构成立"大学生科技创新训练中心"，培养学生的科技创新意识和能力，营造良好的学生科技创新氛围。二是积极鼓励学生参加国家级、省级等各类学术和技能竞赛活动（如全国高师院校大学生实验技能大赛，江西省化学实验技能大赛、英语竞赛、大学生挑战杯竞赛、创业大赛、大学生创新创业训练项目等），提高综合素质和竞争能力；三是依托专业和学科优势，利用高校现有的教学科研平台和专业教师的科研项目，让本科生积极参与到科研活动，接受科研的熏陶[5]，培养科研兴趣，提高科研能力，发表科研论文，为考研复试奠定基础。

（五）采取有效措施，提高英语水平

在研究生入学考试中英语是其中重要一门科目，英语成绩对考研至为重要。为提高学生的英语水平，我们将采取以下措施：一是抓英语基础训练，提高过

级率；二是要求寝室学生每天轮流写英语日记；三是经常性举办英语演讲、英语话剧等活动；四是与外国语学院实行班级结对，希望得到"英语精准帮扶"。

三、科学复习指导与报考，提升考研初试效率

（一）制定科学合理的复习计划

考研是一个比拼智力、比拼耐力的战役，若有好的复习计划将事半功倍。复习计划大多在第六学期开学时完成，用来指导考研复习，计划包括每门课程复习时间安排，每章节进度安排等，每天的学习时间安排，复习几门课，每门课分配几个小时。计划制定后每天要按计划完成任务，不能拖延。在复习每门课程时，一定要先通读指定教材2—3遍，第一、二遍要做好学习笔记并做教材练习，第三遍查缺补漏，对教材内容基本掌握后再做模拟题或历年真题，检查复习效果，切忌开始就做模拟题或真题，既浪费时间，有可能误导复习思路，最终影响考试成绩。

（二）实施考研导师制"1＋X"辅导

考研导师制是具有较强适应性的新型教育模式和人才培养机制，是以教师为引导，科学地指导学生成才的制度。导师制采取的是"1＋X"运作方式，即一名导师负责指导X名学生。筛选综合素质好的教师为考研导师，导师主要负责考研学生的专业辅导、技能训练、报考指导、复习计划制定等，同时还要关注学生思想动态，当他们在复习期间遇到瓶颈时，对考研失去信心时，导师要采取有效方法及时进行心理疏导，多给学生鼓励，帮助学生度过困难期。

（三）召开报考动员与指导大会

为充分调动广大同学的报考积极性，并为他们报考提供指导，一方面每年九月研究生考试报名期间学院专门召开"考研报名誓师大会"，从思想准备、精神励志、复习冲刺、营养健康、身体锻炼、报考信息等多方位进行动员、指导和鼓励，了解掌握每位同学的报考学校和报考专业，提醒学生在报考时尽量避免撞车现象。另一方面充分发挥我院专业教研室雄厚的师资力量，组织教研室教授博士与各专业学生进行面对面个性动员和指导。通过多种方式的动员和指导，目的就是要最大限度提高考研报考率。

（四）三次"一对一"谈心制度

第五学期班主任与班级同学第一次"一对一"谈心：分析同学的优势劣势、专业爱好、学业成绩等，进行考研"一对一"动员，鼓励更多同学准备复习考研。九月研究生考试报名期间进行第二次"一对一"谈心：一方面对同学报考

学校和专业进行指导；另一方面针对考研准备不充分，可能在报考的关键时候存有畏难情绪、甚至有放弃报考想法的学生，进行面对面交谈，掌握其思想动态，为他加油鼓劲，同时动员同学之间相互鼓劲、相互激励，想尽一切办法不让任何同学中途掉队，以确保高报考率。复试调剂阶段进行第三次"一对一"谈心，主要对部分上线可能不被录取的同学做好准备调剂的思想工作，分析调剂与二战的利弊，鼓励上线学生积极调剂志愿，争取调剂成功。

四、提供考研服务与政策，做好考研后勤服务

（一）加强复试指导与调剂，打通考研录取通道

1. 做好考研上线学生的复试面试指导工作。一是召集上线同学，针对复试技巧，复试中应注意的问题，召开复试指导会。二是进行模拟面试，开展模拟复试，组织有经验的博士、硕士生导师组成模拟复试小组，对考研上线同学进行复试指导和模拟训练。

2. 做好考研调剂指导，形成考研调剂工作机制。在初试成绩和复试分数线公布后，召开调剂专门会议，落实考生调剂工作，对部分上线可能不被录取的考生，实行任务到人，专人负责指导调剂工作。

（二）建立考研信息资源库，做好数据分析

1. 建立历届考研学生信息库。建立历届考研学生信息库，搭建信息沟通桥梁，增加考生与拟报考学校之间的信息沟通，方便后续考研同学获取报考学校及专业的第一手信息，形成良好的传承机制。

2. 建立学院教师学缘信息库。了解和掌握学院教师硕士、博士就读的学校和专业，建立教师学缘信息库，为考研同学报考、复试及调剂做好信息准备。

3. 建立各学校历年考研真题库。收集每届考取研究生同学的复习资料，考取学校的历年真题等，建立考研真题库，方便后续同学对报考学校考试内容和考试题型有大概的了解。

五、赣南师范大学化学化工学院考研提升成效

赣南师范大学是一所创建于1958年的省属地方高等师范本科院校，其化学化工学院自建校以来一直以优良学风著称。该院在学生日常教育管理工作中不断探索提升学生考研率的方法和途径，通过总结发现考研"阶段性模块"引导能有效提升考研率。近三年该院考研录取率分别为32.4%、35.63%、43.2%，考研录取率稳步提升，均名列全校前茅。

六、总结

考研录取率的高低是检验办学水平的重要方面，在抓好日常本科教学工作的同时，实施"考研提升工程"，通过五个模块的建设，进一步推进考研工作，引导更多的学生参加考研，让更多的学生实现考研梦想，以考促学，从而形成学风建设优化的长效机制。

参考文献：

[1] 云长海. 考研目标对教学质量和办学水平的影响 [J]. 齐齐哈尔医学院学报，2010（08）：1287－1288.

[2] 冯冲. 关于独立学院学生考研的现状及分析 [J]. 大学教育，2013（24）：29－30.

[3] 胡兴，袁术林，刘胜贵，刘卫今等. 以考研引领学风服务学生成长成才——以怀化学院生物与食品工程学院为例 [J]. 大学教育，2016（04）：21－22.

[4] 张海洋，徐秀芳. 提高新建本科院校学生考研率的措施与实践——以湖州师范学院生物工程专业为例 [J]. 教育教学论坛，2013（02）：186－188.

[5] 朱晓闻. 引导本科生考研促进学风建设 [J]. 高教学刊，2017（17）：143－145，148.

赣南地区本科高校职业生涯教育
问题与对策研究①

随着高等教育的迅速发展，高等教育由"精英化"向"大众化"转变，高等学校办学规模的不断扩大以及就业形势越来越严峻，竞争的压力越来越大。为了更好地迎合现代社会和企业对竞争的要求、对人才的要求，为社会和企业培养和提供符合其发展需要的人才，为更好的提升社会和企业的竞争力，这样要求高校在学生的培养中，需要更加地注重学生的素质教育、职业教育和职业发展，为学生提供更好的、更有针对性、更为专业的职业生涯教育，构建高校教育中的职业生涯教育体系，为学生提供科学和有效的培养和指导。

一、职业生涯教育的发展研究

1971 年，美国教育专家 Maelen 博士，最早提出职业生涯教育的概念，倡导美国政府进行了影响深远的教育改革运动，以立法的形式引导学生由原来教育倡导的升学主义向关注自我职业发展和未来发展转变，这是职业生涯教育最早的雏形。到了 20 世纪 80 年代，《雇佣和训练法》（英国联邦政府，1982）、《生计教育法案》和《学校—就业法案》（美国联邦政府，1985）、《职业发展纲要》（澳大利亚联邦政府，1986）等法律条文的陆续颁布，进一步促进了高校职业生涯教育的发展，是西方国家职业生涯教育发展的重要阶段和重要成果。

受到西方国家的影响，中国的职业生涯教育发展较为缓慢，初期的发展主要源于西方的理论指导。20 世纪 20 年代，我国著名的教育学家陶行知先生提出了"生活教育"的教育理念，更有教育学家黄炎培先生提出"生计理论"，共同提出我国的教育应当更加重视学生生活的发展问题，从为了学习知识而学习

---

① 本文作者郭沂。

向为了生活和发展而学习转变，这就是我国职业生涯教育的萌芽阶段的发展成果。21世纪初，由8所首都高校共同发起了开展高校职业生涯规划教育的活动，其后逐步演变成了各具特色的职业生涯教育模式，诸如影响较大的"清华模式""复旦模式"，以及"分阶段指导模式"等。

二、样本高校职业生涯教育的调查分析

（一）问卷调查基本情况

本论文研究通过问卷调查的方式，以江西赣南地区本科院校在校学生为研究样本，共计发放调查问卷200份，收回调查问卷182份，问卷回收率为91%，其中有效问卷为168份，问卷有效率为92.3%。通过问卷调查进行样本数据的收集，利用SPSS19.0统计分析软件进行数据的统计与研究分析。具体见表2-1。

表2-1　样本基本描述性统计

指标		频数	有效百分比（%）
性别	男	72	42.9
	女	96	57.1
年龄	17	1	0.6
	18	12	7
	19	30	17.9
	20	68	40.5
	21	45	26.8
	22	10	6
	23	2	1.2
	24	0	0
年级	大一	21	12.5
	大二	65	38.7
	大三	69	41.1
	大四	13	7.7
专业	文科	89	52.9
	理工科	79	47.1

指标		频数	有效百分比（%）
户籍情况	城镇	52	31
	乡镇	56	33.3
	农村	60	35.7

（二）问卷调查结果分析

1. 高校职业生涯教育亟待重视

调查数据分析显示（表2-2），94.64%的大学生表示受过学校设计安排的职业生涯发展教育课程，但是仅有53%的学生表示愿意在大学阶段一直保持职业生涯教育课程的学习，由此可见，表面上职业生涯教育在高校具备较高的普及，但是却并未受到所有学生的欢迎和重视。调查数据中显示（表2-3），认为职业生涯规划课程教育"非常重要"和"比较重要"的比例达到85.7%，这表明，大部分的学生已经意识到职业生涯教育的重要性，但是仅仅是浅层次的理解，对职业生涯教育缺乏真正地深入的认识和重要性的理解。另一组调查数据（表2-4），在问到"对职业生涯规划的具体相关理论和教育方法"时，仅16.7%的大学生认为自己非常了解，大多数的学生表示对了解职业生涯规划的相关理论和方法只有一般性的了解。在对大学生的职业生涯规划的问卷调查中的数据分析显示（表2-5）受访对象中对自己的职业生涯做过清晰规划的也只有29.7%。由此表明，高校虽普遍开设了职业生涯教育课程，但在教育教学上还重视不够，未能帮助学生做出清晰的职业规划，高校还亟须开展促进学生职业生涯发展的教育活动，并让学生真正认识到职业生涯教育的重要性和对职业生涯教育理论知识的理解。

表2-2　大学生接受高校职业生涯发展教育的意愿调查

题项	选项	频数	有效百分比（%）
是否接受过该方面教育	接受过	159	94.64
	不好说	5	2.98
	未接受	4	2.38
是否愿意持续大学四年接受该方面教育	愿意	89	53
	不好说	11	6.5
	不愿意	68	40.5

表2-3　大学生对职业生涯规划重要性认识

题项	频数	有效百分比（%）
非常重要	104	61.9
比较重要	40	23.8
一般	19	11.3
比较不重要	4	2.4
非常不重要	1	0.6

表2-4　大学生对职业生涯规划相关理论和方法的了解程度

题项	频数	有效百分比（%）
非常了解	28	16.7
比较了解	42	25
一般	96	57.1
比较不了解	2	1.2
非常不了解	0	0

表2-5　大学生对自己的职业生涯规划情况

题项	频数	有效百分比（%）
有清晰而长远的规划	17	10.1
有清晰但比较短期的规划	33	19.6
有比较模糊的规划	90	53.6
没有规划过	28	16.7

2. 大学生亟待提高自我认知和践行能力

调查数据显示（表2-6），在自我认知问题方面，73.3%的学生表示对自己有了解和认识，但是对自我的了解有82.1%的学生表示来源于自我的感觉或他人的评价，而通过专业测评途径了解自己的仅有6.5%，这说明高校中的学生自我认知相对较为感性，缺乏科学、准确、全面的自我认知。同时，数据显示绝大多数的大学生没有将自己的职业生涯付诸实践，这表明高校学生对待职业生涯规划仅停留在理论学习层面，缺乏相应的实践，致使高校职业生涯教育的效果相对有限。

表 2-6　大学生自我认知情况及认知途径

题项	选项	频数	有效百分比（%）
您对自己（包括性格、兴趣、能力等方面）	非常了解	19	11.3
	比较了解	36	21.4
	一般	75	44.6
	比较不了解	29	17.3
	非常不了解	9	5.4
您对自己的了解主要来自	自我感觉	97	57.7
	他人评价	41	24.4
	专业测评	11	6.5
	非正规测试	17	10.1
	实践经验	1	0.6
	其他	1	0.6

3. 大学生亟待提高职业准备

当问及"目前的知识和能力能够胜任理想职业"时（表 2-7），55.3%的学生认为自己"有所欠缺"，15.5%的学生甚至认为"完全不能够"，这说明高校学生普遍认为自己的能力与职业存在差距。在问及"在校期间是否有实习或兼职且经验如何？"（表 2-8），80.36%的大学生表示有实习或兼职的经验，但只有8.93%的学生表示自己的在校实习或兼职经验丰富，73.21%的学生表示稍微有所欠缺。同时，据高校职业指导部门的专职工作人员反映，大学生们搜集就业信息的能偏差，自主学习的意识薄弱，许多在网站可查询的信息还是依赖咨询班主任、辅导员老师。这表明大学生认为自身的知识和能力储备不足，职业准备不够。

表 2-7　大学生的知识和能力胜任职业情况

题项	频数	有效百分比（%）
完全能胜任	9	5.36
比较能胜任	10	5.95
一般能胜任	20	11.90
有所欠缺	93	55.3
完全不能够胜任	26	15.5

表 2-8　大学生在校期间是否有实习或兼职经历

题项	频数	有效百分比（%）
有	135	80.36
无	33	19.64
经验丰富	15	8.93
经验一般	30	17.86
经验不足	123	73.21

调查数据显示（表 2-9），96% 的学生都认为自己对所学专业未来的职业发展方向具有清楚的认识，说明高校学生对自己所学专业的未来职业发展方向有过一定的了解和认识。表 2-10 数据显示，对自己未来的职业发展方向认识"比较不清楚"和"没有考虑过"的比重为 36.9%，这表明相当多的大学生缺乏对自我未来的职业发展方向规划，对未来的职业发展方向不明确，由此可能导致在未来的就业、择业过程中会产生从众、盲目选择的现象。

表 2-9　大学生对所学专业未来职业发展方向了解情况

题项	频数	有效百分比（%）
非常清楚	90	53.6
比较清楚	54	32.1
一般	18	10.7
比较不清楚	5	3
非常不清楚	1	0.6

表 2-10　大学生对自己未来职业发展方向清楚程度

题项	频数	有效百分比（%）
非常清楚	21	12.5
比较清楚	79	47
没有考虑过	45	26.8
比较不清楚	17	10.1
非常不清楚	6	3.6

4. 学校就业指导中心亟待发挥作用

书籍、报纸、杂志、网站、高校就业指导中心等作为高校学生获得职业信息和就业信息的重要来源途径，而就业指导中心作为高校中专门服务于学生就业的机构，调查数据显示（表2－11），在学生的信息来源中，仅有4.2%来源于就业指导中心，比例非常的低。这表明，高校就业指导中心远远没有发挥出它该有的就业指导作用，没有为学生提供相应的有效指导。而在实际上，学校的就业指导中心在学生就业信息发布、就业招聘方面做出了大量的工作，但是学生在实际的就业过程中很少想到获取就业指导中心的帮助，调查数据显示（表2－12），当学生在职业生涯发展方面遇到问题时，仅有1.2%的学生选择向高校就业指导中心咨询，这说明就业指导中心在相关方面的工作还没有深入到学生心中，未能引起学生的关注，就业指导中心在学生职业生涯指导上未完全发挥其主要作用。

表2－11 大学生所了解的职业或就业方面信息的来源

题项	频数	有效百分比（%）
书籍、报纸、杂志或网站等媒体	39	23.2
家人、朋友	42	25
任课教师、辅导员等院系相关负责老师	76	45.2
学校就业指导中心	7	4.2
学校内相关协会	1	0.6
校外职业生涯咨询机构	2	1.2
其他	1	0.6

表2－12 大学生遇到职业生涯发展方面问题时所采取的解决途径

题项	频数	有效百分比（%）
查阅或查询书籍、报纸、杂志、网站等	74	44
与家人、朋友商量	26	15.5
向任课教师、辅导员等院系相关负责老师请教	40	23.8
咨询学校就业指导中心	2	1.2
向校外职业生涯咨询专家请教	1	0.6
茫然不知所措	18	10.7
还未遇到	5	29.8
其他	2	1.2

5. 大学生对职业生涯教育内容和形式的需求

数据分析显示（表2-13），不同年级、不同专业的学生对于职业生涯的教育内容、职业生涯教育的阶段，具有显著的差异性。当问及"学校开设的职业生涯发展课程存在哪些问题"时，54.8%的人认为"教学方法单一"是最大的问题，其次是"教学内容脱离现实""教师缺乏专业知识、职业经历"和"课程评价以书面笔试为主"等问题。同时，调查显示（表2-14），高校学生最希望的职业生涯教育方式是进行真实的职业体验或者在学科教学中渗透职业生涯教育，其比重分别占到51.3%和43.1%，这说明大学生体验式、实践式的职业生涯教育是学生认为最需要、最有效的方式。但是在实际的职业生涯教育过程中，职业指导课程都是以大班的形式开展，体验式教育在很多高校目前都是难以实施；另外，"在学科教学中渗透职业生涯教育"这一点对于教师的要求非常高，而在当前高校职业教育师资缺乏的条件下，也是一个相当大的难题。

表2-13 各年级最迫切需要的职业生涯教育内容

类别	大一	大二	大三	大四
职业生涯规划	64.8%	46.7%	33.3%	24.7%
求职技巧、就业签约指导	29.5%	42.2%	64.4%	61.2%
职业测评	30.7%	41.1%	48.9%	23.5%
创业相关知识	30.7%	35.6%	30.0%	17.6%
有针对性的社会实践	52.3%	62.2%	54.4%	8.2%
职业礼仪培训、人际交往能力培训	45.5%	51.1%	52.2%	55.3%
职前的技能培训	30.7%	26.7%	38.9%	42.4%
职业心理辅导	30.7%	25.6%	44.4%	24.7%
其他	0.0%	1.1%	1.1%	3.5%

表2-14 大学生感兴趣的职业生涯教育方式

题项	频数	有效百分比（%）
开设职业生涯教育课程	3	1.8
在学科教学中渗透职业生涯教育	2	1.2
讲座	51	30.4

续表

题项	频数	有效百分比（%）
团体辅导	28	16.7
个体咨询辅导	9	53.6
经验交流会	40	23.8
职业体验（去企业实习等）	25	14.9
其他	10	6

三、高校职业生涯教育存在的问题

（一）职业生涯教育存在认知误区

高校对职业生涯教育的认知存在重要误区，把职业生涯教育与就业教育混为一谈，把职业生涯教育当成就业教育。于是就有了在日常的职业生涯教育课程中，给大学生讲授就业政策、面试技巧、就业解读等教育内容。实际上，就业教育只是高校职业生涯教育链条上的一个小环节，只是一小部分内容，却绝对不是全部。其次，高校在理论教育和实践教育上，都没有充分的重视职业生涯教育，在日常的教学中，始终把职业生涯教育当成是一项选修课，或是仅安排一些零散的实践活动，缺乏系统性和全面性，在认知上存在较大的误区。

（二）职业生涯教育缺乏教学标准

高校之所以开展职业生涯教育课程，仅是为了追求学生就业率的工具，认为只要为学生提供就业信息，为学生教授就业技巧，确保学生能够就业即为完成目标。在日常的教学中，将职业生涯教育相关课程以选修课的方式开展，甚至随意的安排一些讲座和报告会当成教学内容的全部。在开展职业生涯教育的过程中，片面的、无差异的、断续的进行教育，缺乏系统性、差异性、连续性，造成高校的职业生涯教育内容脱离实际、教学方式单一。最终的结果，学生接收到的是碎片式的职业生涯教育，未能有效的引起学生的重视，激发学生的积极性，未能真正地提高学生的职业生涯管理能力。

（三）职业生涯教育缺乏强力师资

高校的教育，离不开教师，教师的师资决定教育的质量。高校职业生涯教育发展缓慢，成果有限，其主要原因是我国高校职业生涯教育缺乏强有力的师资队伍。目前高校的职业生涯教育教师基本为兼职教师，而非专业教师，缺乏职业生涯教育教学所需的专业性和教学技能。因此，我国高校需要从专业教师的数量和质量上提升师资质量，进行真正的高校职业生涯教育。

（四）职业生涯教育实践环节缺失

高校职业生涯教育的目的在于帮助大学生树立职业生涯规划的意识和最终实现就业的目标，通过职业生涯教育提高大学生的就业能力，帮助大学生适应职场环境，这是实践性很强的工作，不仅需要相关指导老师结合当前的就业政策和就业形势指导学生参与就业竞争，还需要一定的社会实践。但这恰恰是当前高校职业生涯教育的"短板"。当前，高校往往通过开设相关的课程来开展职业生涯教育，对于课堂教学以外的实践环节，基本是处于缺失的状态。

四、构建"四维一体"的高校职业生涯教育体系

在高等教育大众化的背景下，在高校开展职业生涯教育需要保持教学方向和教学目标的一致性，需要发挥政府、企业、高校和学生个体的作用，系统性的进行职业生涯教育。据此，本文提出高校职业生涯教育构建国家政府支持、社会企业参与、高校主导、大学生为主体的"四维一体"的综合性、系统性的教育活动。

（一）政府：完善就业服务体系

为了更好地构建职业生涯教育体系，需要政府转变职能，完善就业服务体系：一方面，从政府立法角度保障职业生涯教育在高校中的推行，并保障其顺利实施；另一方面，从政府行政角度为职业生涯教育提供政策支持，针对高校教育的实际情况，制定和实施系列的支持政策，为高校学生提供就业、创业支持，为高校教育提供丰富和及时的职业信息和职业辅导。

（二）企业：搭建实践实训平台

为增强就业指导的针对性和实效性，提高毕业生的就业竞争能力，也为了帮助学生适应从学校到企业，从学生到员工的转变，高校应该整合社会资源，与企业加强合作，发挥企业优势，建立实践基地，搭建实践实训平台，给学生提供参观和实习机会，以适应工作环境，在实践中将知识转化成能力，将能力内化为素质。

（三）高校：改革人才培养模式

职业生涯教育的核心任务是帮助学生发现并开发自我潜能与创造力，提升学生的生存能力和综合素质，进而实现自己的个人价值和社会价值。高校应该改革人才培养模式，把职业生涯教育融合到现有的教育体系中，在课程设置上应遵循职业生涯教育具有的系统性和持续性，使职业生涯教育是一项集入学教

育、学习指导、专业教育、毕业教育、素质教育和就业指导在内系统工程，培养学生成为全面发展的、实现"人职和谐"的应用型高级人才。

（四）学生：培养职业规划意识

在整个职业生涯教育过程中，不论是初期的职业认识，中期的职业定位，还是后期的职业选择，高校学生作为主体，为更好地提升职业生涯教育，需要高校学生充分发挥自己的主观能动性，积极进行自我选择和未来的人生规划的学习和实践。梳理正确的职业态度，由被动承受转变为主动参与，由消极等待转变为积极出击，积极发展自我规划意识、增进职业机会意识、发展专业和非专业素质，真正实现从学校到工作的顺利转变。

参考文献：

［1］蒋嵘涛．大学生职业生涯规划与高等教育人才培养模式改革的思考［J］．湘潭大学学报，2004（5）：139

［2］周玲．论高校大学生生涯辅导体系的构建［J］．兰州大学学报，2004（7）：120

［3］陈军．大学生职业生涯教育研究［D］．长春：东北师范大学硕士学位论文，2006.

［4］吴秀霞．我国大学生职业生涯规划教育发展历程与趋向［J］．理工高教研究，2008（4）：86－89

［5］董丁戈，许鸣，王广义．高校职业生涯教育的理论与实践研究［J］．福建论坛，2009（4）

［6］李兵宽，刘启辉．大学生职业生涯规划体系建设刍议［J］．中国高教研究，2005（1）

试论就业意向教育在大学生职业
规划与就业指导中的重要性①

2015 年应届毕业生人数高达 749 万人次，相比去年增加了 22 万人。大学生就业形势十分严峻，大学生就业难是社会各界关注的焦点，已成为一个十分突出的社会问题。从宏观上来说，大学生就业困难是由经济、社会发展中诸多问题造成的，从微观上来说，也有毕业生择业观与现实脱节的原因。各个高校不同程度上开展大学生职业规划与就业指导。

一、职业规划的内涵

根据中国职业规划师协会的定义是：职业规划就是对职业生涯乃至人生进行持续的系统的计划的过程。职业生涯规划（careerplanning）也叫"职业规划"。在学术界人们也喜欢叫"生涯规划"，在有些地区，也有一些人喜欢用"人生规划"来称呼，其实表达的都是同样的内容。又叫职业生涯设计，是指个人与组织相结合，在对一个人职业生涯的主客观条件进行测定、分析、总结的基础上，对自己的兴趣、爱好、能力、特点进行综合分析与权衡，结合时代特点，根据自己的职业倾向，确定其最佳的职业奋斗目标，并为实现这一目标做出行之有效的安排。

职业生涯规划最早起源于 1908 年的美国。有"职业指导之父"之称的弗兰克·帕森斯（Frank Parsons）针对大量年轻人失业的情况，成立了世界上第一个职业咨询机构——波士顿地方就业局，首次提出了"职业咨询"的概念。20 世纪 60 年代末 70 年代初，随着生涯发展理论的提出，生涯规划逐步取代职业辅导的地位。70 年代，生涯规划教育在美国得到了推广和实施；80 年代，生涯规划理论又有了新的发展，职业生涯规划已经成为现代高校教育的一个重要组成

---

① 本文作者李仙。

部分。虽然职业规划与就业指导已经引起各高校的重视，但是由于起步较晚，又未能获得足够的资源和支持，我国的职业规划与就业指导的教育体系正处于探索和实践阶段。

二、职业规划与就业指导内容

职业规划是个体针对自身的就业能力以及职业环境中制约因素等相关条件，为实现就业、择业、创业等目标而确定行动方向和行动方案的实践过程。在动态的层面，职业规划是个体为未来职业发展所做的策划和准备，展现为对自我发展的现实条件、未来潜力、制约因素的预测以及制定职业规划并不断实现职业生涯目标的实践活动。在静态的层面，职业规划是由职业方向、职业目标、职业能力分析、职业实践策略等具体内容构成的职业实践方案。

我校的大学生职业规划和就业指导课程，在课程设置上被设定为必修课。分为职业生涯规划和就业指导两个部分，分别安排在大学二年级和大学三年级，共 16 个课时。职业生涯规划包括职业生涯规划基础知识、探索自我、职业探索和职业生涯规划的步骤与方法这四个方面的内容。就业指导包括就业途径、求职准备、面试技巧和职场适应这四个部分。

在职业生涯规划基础知识中，重点讲述了什么是职业生涯规划、制定职业生涯规划有何意义和如何设计职业生涯规划。探索自我这部分的教学目的是了解自己的兴趣、性格、能力和价值观，根据自己的个性特点寻找适合的职业。职业探索的教学目的则是了解职业的分类，能够利用职业分类帮助自己探索工作世界、了解职业信息的作用，能够利用多种策略和方法获取职业信息，知道如何了解一个职业，消除对就业难、工作形式和专业的刻板印象。

为做好毕业生就业工作，除了设置职业规划和就业指导为必修课程，我校还举办普及职业规划和就业指导的讲座、制定职业规划和就业指导的手册、开展与职业规划和就业指导相关的比赛，比如，职业生涯规划大赛、简历制作大赛等活动。这些形式多样、内容丰富的举措在一定程度上提高了学生的职业规划意识和就业意识，促进了毕业生就业。

三、大学生的就业意向教育的重要性

（一）就业困难

根据前程无忧发布的《2015 应届生调研报告》显示，应届毕业生到岗率低、离职率高，缺乏工作经验。如今的应届生已经普遍为 90 后一代，他们相对

于 80 后而言，生存压力并没有那么大，因此就业更加"随心所欲"。除了毕业生本身的原因，前程无忧认为应届生在大学中所学的内容仍然与实际企业的需求存在较大的差距。

前程无忧职场专家建议应届生们从以下两个方面提高自身的竞争力：一是多参加实习等社会实践活动。在实践中了解真正应该掌握的技能，并且更好地确定自己的职业方向和规划，同时也能把自己课堂所学融会贯通，更好地掌握专业技能；二是发掘自身的软性优势。除了技能是硬道理外，你自身所具备的许多软性特质也能成为你的"武器"，比如，学习能力强、性格积极活泼、有责任感、沟通能力好等也能为你的求职加分。

（二）就业意向传统

就业意向也称求职意向，是指根据个人的爱好和能力，对自己进行职业规划，明确自己所要从事的职业，从而有针对性地去寻找合适的工作。明确了求职意向，找工作的时候就能不偏方向，有的放矢，求职成功率则高。明确求职意向，是找工作的第一步。

赣南师范学院在 2013 年对该校毕业生进行了一次大规模的就业意向调查研究，根据《当前赣南地区师范院校毕业生就业意向调查分析—以赣南师范学院2013 届毕业生为例》，仅 13.1% 的毕业生对自己未来职业发展方向非常清晰。调查显示，22.7% 首选政府机关；35.9% 选择教学单位；8.5% 选择科研机构；4.8% 选择其他事业单位；9.4% 选择国有企业；5.1% 选择民营企业。最热门的就业意向为考研、考公务员、考教师，有近 70% 的毕业生的就业意向选择这"三考"，另外只有 1.2% 的毕业生首选到小城镇或西部大中城市工作，这与国家鼓励大学毕业生到西部、到基层就业的政策是有较大差距的。

（三）就业意向教育的重要性

我国进入经济发展新常态，经济增速放缓，但经济韧性好、潜力足、回旋空间大。随着国家和地方经济增速进入新常态，宏观就业压力不减。国家鼓励高校毕业生下基层就业，鼓励毕业生自主创业。教育部也在 2014 年 12 月出台了新政——"各高校建立弹性学制，允许在校生休学创业"，希望能缓解应届生的就业压力。2015 年大学生就业需求在结构性方面有变化，民营中小企业、二三线城市需求明显上升，但是社会对毕业生需求的数量，仍然低于毕业生供给的数量，劳动力供大于求仍在加剧。但大学生就业困难主要原因还在于大学生个体上。

我国的西部地区、二三线城市以及基层需要大量的人才，同时一线和沿海区域的众多民营企业和小微企业也需要大量的毕业生。根据我校的毕业生就业意向，选择到民营企业工作的毕业生不到10%。

高校开设职业规划和就业指导，引导学生知己知彼。所谓知己就是要发掘自己的性格、兴趣、能力、价值观等，所谓知彼在知己的基础上，要对自己求职的岗位、企业、行业有一定的相应了解。通过对不同个体的性格差异、职业倾向以及认知水平，指导学生做出正确的职业选择。从目前的形势来看，在职业规划和就业指导中，最重要的就是就业意向教育，转变大学生的就业观念。在我国经济进入新常态的情况下，在国家鼓励毕业生到基层和中小企业工作、鼓励大学生自主创业的政策下，毕业生就业意向传统，一定不利于毕业生就业。

参考文献：

［1］邓永超．浅论如何提高大学生就业能力［J］.教育探索，2010（10）

［2］赖雷雨．新常态下的大学生就业指导与职业生涯规划［J］.山东青年，2014（12）

［3］李强，钟彦峰．当前赣南地区师范院校毕业生就业意向调查分析—以赣南师范学院2013届毕业生为例［J］.知识经济，2013（8）

［4］李飒．新形势下职业指导对艺术类专业毕业生就业意向转变的作用和影响［J］.时代教育，2013（11）

［5］徐昶斌．浅析实践在大学生职业规划与就业指导中的应用［D］.北京：北京语言大学，2007.

［6］叶颖蕊．以本科生职业规划动态跟踪为主线的学生工作创新研究［J］.科技展望，2015（8）

［7］周明．大学生职业规划与就业指导的定位及其策略［J］.教书育人（高教论坛），2015（1）

新时代"党建＋高校学生资助"工作机制探索①

党的十九大报告指出要健全学生资助制度。结合当前实现国家即将全面建设小康社会，实现精准扶贫的战略背景下，高校学生资助工作是教育事业精准扶贫的重要方面。但当前在执行资助政策过程中，仍出现执行中育人功能不显著、资助示范价值不突出、资助对象感恩与风险引领作用不明显的情况[1]，特别是基层党委在资助系统工程中发挥作用较为粗放等现象，因此，新时期，着重解决在基层党委的统一领导下，强化学生资助教育工程的体系化建设，是高校学生资助工作的重要组成部分，是关乎培养党的建设者和可靠接班人的重要命题。

一、高校新时代学生资助面临新情况、新形势

（一）资助理念发生新变化

过去停留在经济层面的资助，一定程度上忽视了资助的延伸示范意义与价值观，包括感恩教育等宣传，特别是发展性的反哺资助政策示范带动价值。这种传统的经济救助模式，与学生多样性发展的需求之间仍有较大差距。新时期，学生资助需求，从单一性的经济需求逐步演变为以自我创造财富为主的资源需求，一方面是维护自身贫困生尊严的现实状况，另一方是进一步促进创新创业工作的推进。

（二）资助工作产生新要求

过去资助政策在于一定程度上实现结业就业论的观点，满足一部分高校贫困学生通过资助方式，减轻父母的负担，并顺利完成学业，实现就业再发展的途径。从一部分享受资助政策到全面享受资助政策的转变，对接实现全面建成

---

① 本文作者李三宝。

小康社会的国家形势来讲，是一个重要的部分。新时期资助政策更加强调与国家、社会物质与精神建设的吻合度发展[2]。

（三）资助工作运行机制发生新变化

相比过去的资助运行政策，主要集中于经济资助，缺乏系统性工程建设，当前强化了基础党组织对资助工作的有效支持与灵活运用，把党的领导与学生资助相结合，满足新要求，解决旧问题。

总的来说，新时期学生资助政策与具体要求在党的领导下，开展系列卓有成效的资助工程建设，强化资助与育人、物质与精神、现在与未来发展的充分结合。

二、高校新时代"党建＋学生资助"工作模式的必要性与重要性

（一）充分发挥基层党组织对资助工作的领导与实际融合

高校学生资助工作，是一个民生工程，更是一个政治工程。资助工作解决的是党领导的人民共同富裕的根本性问题。实现全面小康社会，关键关于发展。资助的第一步是经济的发展与增加，让因经济困难影响学业的学生首先受益；再者是实现自我创造财富能力，并促使其再生能力的产生，这是资助的延伸价值，也是最为重要的价值之一。后者是通过自我创造财富实现自我运行后帮助更多的人实现富裕，这是资助的最终价值，也是叫循环价值。党建工作在资助的三个价值中都应发挥出重要作用。从直接资助实现每个大学生不因贫困而辍学的政治底线，到高校大学生自我财富创造价值能力的再造，到帮助更多人的实现脱贫的自我艰苦奋斗到竭诚服务人民的宗旨转变，无不体现党对资助工作的领导与具体指导。有了党对基层高校学生资助工作的大力支持，才有了多元丰富的资助体系工程的建设。

（二）党的务实作风建设有助于推进资助工作精细化发展

从党的开国领袖毛泽东主席到习近平总书记，都在不同场合强调研走访这种务实工作的重要性，脱离群众的工作是危险的，我们党的最大敌人是脱离群众。党领导的高校资助工作务必遵循务实严谨的工作作风。强调走访贫困学生、开展学生生活区域的调研、更新学生的家庭经济情况台账工作都是做细做实学生资助工作的首要前提[3]，没有调查就很难精准聚焦贫困学生对象。当前，对贫困家庭及学生的精准认定存在不少问题，包括贫困认定的标准、贫困对象的确定、资助的标准、资助的需求、资助的形式都存在一定程度上的差异化认识。尤其是结合贫困地区，如革命老区赣南等地，贫困生比例较其他沿海地区偏高，

对这些地区的贫困认定标准相比于沿海地区，是有区别的。党所强调的工作要实事求是，理论联系实际，确保让不同地区的高校学生享受到应有的资助。

（三）党的资助工作更需要一支忠诚优秀的党员工作者

落实高校基层学生资助工作，离不开一直政治立场坚定，拥护党的领导的学工队伍（辅导员和班主任）。学工队伍的政治性、先进性、群众性建设将直接影响党在学生资助政策上的方向的落实，是一项生死攸关的工程。高校学生资助工作承载着国家、社会、家庭、大学生等相关属性的特殊使命，是一项综合枢纽工程，是一项利国利民的工程，需要政治性与纪律性，更需要抵御糖衣炮弹的袭击，要坚守党员的政治原则底线，捍卫学生资助工作的政治生命线。学工队伍处于学生资助工作的第一线，其素质与能力直接关乎资助工作的品牌与效果。

综上，高校学生资助工作是一项系统工程、民生工程，具有政治性与群众性特点。

三、新时代高校学生资助工作的建议

（一）进一步加强学生资助工作后续体系跟踪建设

当前的资助工作，重在在校期间的评定与考核，却一定程度上疏忽了受资助群体后续发展情况的跟踪。资助在于平时，更在于长效的资助感恩教育体系的升级与效应作用。希望进一步在巩固原有作用的前提下，扩大资助群体在自我财富创造、自我感恩反哺、自我志愿奉献方面的表现情况，让资助工作焕发出更大的生命力和活力[4-6]。

（二）进一步巩固强化党员队伍对资助工作的配备工作

在学生资助工作的前期调研、基础评定、台账更新与资助政策与感恩教育上配齐配强党员队伍。党员教师可开展"1对1"师生精准帮扶工作，除在经济层面上，还可以在职业发展、思想建设、实践服务、组织发展、专业发展与科研探索上给予帮助与指导，进一步扩宽学生资助工作的覆盖影响面。党员学生可与受助学生建立朋辈辅导，力争带动经济困难学生迈出自我发展的第一步，自信心与目标的确定与实现。

（三）进一步建立起受资助者主动感恩反馈机制和发挥示范带头作用

贫困地区的学生成长成才需要得到更多的关注，为进一步促进贫困学生形成正确的三观和自我发展，建立并更新受自助者主动感恩反馈机制建设，并对在校贫困学生开展有效励志教育，启发贫困学生开启心中的枷锁，敞开心胸，

拥抱世界,勇敢走出去。通过"资助——感恩——反哺"模式,进一步让资助工作充满爱心[7]。让受资助者站出来,用自己的声音、行为,为体观资助工作的价值与作用做生动宣传,让感恩与奉献的行为发出耀眼的光芒。

除此之外,第三方的监管制度也是必要的,让资助工作接受人民监督。强化独立且有资质的监督机关,对学生资助工程的运行与资金发放等台账进行专项核查,进一步夯实基础资助工作的法律底线与道德红线。

四、总结

资助工作涉及方方面面,但最为关键的是在党的领导下开展卓有成效的探索,让资助工作从前期准备阶段、评定公平与实事求是、后期"感恩——反哺"教育上焕发新的战斗力,让资助工作产生新的更大的引领价值。党和国家每年拿出巨额经费用于资助贫困学生,是为人民服务、为中华民族谋复兴、以人为本、坚持发展为中心的重要战略安排,因此在涉及学生资助工作的各责任方,都有责任为党和国家把好关、发好资金,并以此影响更多的群体,促进文明进步,实现共同富裕的自我创造财富的能力。

参考文献:

[1] 刘敏. 精准扶贫理念下的高校学生资助工作研究 [J]. 科教文汇(中旬刊),2017(12).

[2] 王欣. 中国高校学生资助工作的价值和实现 [J]. 淮南职业技术学院学报,2018(01).

[3] 汪敏燕. 新形势下高校学生资助工作精准化研究 [J]. 兰州教育学院学报,2018(02).

[4] 钟兴. 社会主义核心价值观下高校资助工作的探究 [J]. 西部素质教育,2018(01).

[5] 栗四海,孙颖. 高校家庭经济困难学生资助工作中的问题分析 [J]. 文化创新比较研究,2017(18).

[6] 王潘潘,王东鑫,陆敬文. 浅议高校资助工作困境及信息化建设应对策略 [J]. 当代教育实践与教学研究,2018(02).

[7] 郑胜明,邵德琴. 全方位大学生资助工作体系简论 [J]. 河北旅游职业学院学报,2018(01).

大学生社会主义核心价值观教育生活化的
内涵、功能与路径①

习近平总书记指出，"一种价值观要真正发挥作用，必须融入社会生活，让人们在实践中感知它、领悟它。"② 社会主义核心价值观是我国的主流价值理论，是在广大人民群众鲜活的生活实践中总结凝练出来的，要发挥其作用，展现其力量，也必须融入、回归和服务生活。近年来，高校核心价值观教育取得了良好成效，但仍有许多以待改进之处。从大学生平常的生活视角审视核心价值观教育，挖掘其内含的生活气息，认识其对现实生活世界的重要功能，探寻实现的可行路径成为当前的重要课题。

一、大学生社会主义核心价值观教育生活化是新型教育模式

"生活化"是教育领域的一个重要的教育理念、教育过程和目标追求，其最基本特征是教育与生活相互依托、紧密相连，两者无法脱离彼此而独立存在。核心价值观教育生活化则是将核心价值观与大学生现实生活互相融合、双向促进而形成的教育新样式。其主要内涵有以下几点：其一，将现实生活作为发展动力。社会主义核心价值观与大学生的思想观点、价值理念都不是凭空产生的，而是在所处的社会环境和实际生活中逐渐孕育的，现实生活不仅是产生源头，更是发展动力，社会主义核心价值观教育生活化便是将现实生活作为其茁壮成长的肥沃土壤和强劲发展的内在源泉。其二，将生活实际作为教育资源。挖掘生活中内含的教育资源，从而使教育内容不是晦涩呆板的价值条目，而是大学

---

① 本文作者梁洋生、李文瑞。
② 习近平总书记在中央政治局集体学习会上的讲话［EB/OL］．人民网，中国共产党新闻网，2014－02－26.

生生动活泼的日常生活；不是假大空的理论知识，而是大学生关注的热点和焦点，真正使学生感兴趣、能理解、易践行。其三，将青年学生作为价值主体。注重将现实的人作为教育的本质和核心，切实将目标定位于关照大学生的身心发展，促进其成为全面健康成长的人。其四，将美好生活作为目标追求。核心价值观教育生活化以生活为生长土壤，更以美好生活为目标追求，以先进的价值理念引领学生现实生活，彰显对大学生生活的现实关照作用，使大学生更好更快适应社会生活，并主动创造美好生活。总而言之，大学生社会主义核心价值观教育生活化是在核心价值观与大学生现实生活互相融合的基础上形成的将现实生活作为发展动力、将生活实际作为教育资源、将青年学生作为价值主体、将美好生活作为目标追求的教育模式。

二、大学生社会主义核心价值观教育生活化具有重大现实功能

（一）观照学生个体生活的功能

理论只有真正作用于实践方能体现其价值，社会主义核心价值观是具有一定抽象意义的理论体系，其价值功能必须通过推进学生的日常学习、生活往美好健康的方向发展才能得以彰显。核心价值观教育生活化的重要功能之一便是关照学生个体生活，在引领学生价值观念、尊重学生主体地位、创设学生美好生活的过程中使大学生内化价值规范。其一，指引学生奋斗方向。在社会转型加快推进、西方文化强势袭来和市场化浪潮的影响下，部分大学生出现方向迷失、彷徨失措的现象。将符合民族振兴要求、社会前进趋势和人们内心期待的价值理论融合在大学生的日常生活中，为大学生指明了奋斗的方向，坚定了大学生为中国梦的实现和现代化强国的建设而不懈奋斗的信念。其二，尊重学生主体地位。核心价值观教育的生活化一改以往学生处于被动接受地位的尴尬局面，将激发学生积极性、自主性和创造性作为重要准则一以贯之，实现了学生作为教育主体性的回归。其三，创设学生美好生活。社会主义核心价值观传播不是为传播而传播，更应关注其传播过程中的"实践智慧"，即如何让社会主义核心价值观真正嵌于人们的日常生活之中，从而促使个体能够在健康的轨道上成长。核心价值观教育的生活化秉承着人本主义，凸显了人文关怀，以核心价值观阐释和解决大学生的学业、情感、就业等现实问题，助力大学生美好生活的创设。

（二）促成教育提质增效的功能

"办好人民满意的教育"是党中央的奋斗目标，也是人民的热切期盼。社会

主义核心价值观教育生活化有助于促进教育提质增效，为实现教育的内涵式发展加油助力。其一，增强学生对核心价值观教育的满意度和获得感。目前，作为引领方向、锤炼情操、涵养品行的核心价值观教育的效果不如人意，突出的表现在满足于传授价值观知识而不是解决实际问题，停留在单向灌输而不是双向互动，沉浸在课堂讲授而不是全程育人，与学生的现实生活相脱节的问题较为严重。彰显"生活化"的价值观教育注重回归和服务学生的生活，贯穿在大学生生活的全过程，有助于提升学生对核心价值观教育的满意度和获得感。其二，适应了高校思想政治工作综合改革的时代要求。从党的十八大提出"深化教育领域综合改革"总体要求，到党的十八届三中全会对深化教育改革的攻坚方向与重点举措加以明确，再到全国高校思想政治工作会议上的谋篇布局，无不倡导思政工作应更加"接地气""生活化"，核心价值观教育生活化的推进适应了新形势下高校思政工作的改革要求，将有助于提升思政工作水平和人才培养质量。

（三）助推社会发展进步的功能

变革与发展是当今时代的主旋律，我国的经济社会体制、文化价值观念和生产生活方式的深刻变革尤为明显。社会主义核心价值观教育生活化符合时代主旋律，将有助于推动社会发展进步。其一，引导人们把目光聚焦生活世界。20世纪，在科技带动人类社会发展中衍生出了科技理性，"人成为物化的人，成为被操纵的、为工具理性所支配的丧失了生命激情的人"，教育对人的现实关怀逐渐减弱，对人们的生活现实缺乏关注。生活化的核心价值观教育更加关心关注大学生日常生活，引导人们的目光转向教育的本源——生活之上，重视发挥教育对生活的积极力量。其二，帮助人们养成健康向上的生活方式。在崇尚个性、倡导自由和深度开放的时代环境下，部分人的生活方式变得颓废、随意和浮躁。生活化的教育样式能够形成示范效应，推动核心价值观走向广大群众的平常生活，有助于传承中华民族的优良道德品质、思维观念和价值标准，弘扬当代社会的主流价值理念和基本道德人伦，引导人们养成健康向上的生活方式。其三，提升社会精神文化建设水平。核心价值观教育生活化重在让人们在真实的日常生活中感知价值准则、感悟人生目标，起到滋养人们的精神世界，提升人们的精神追求，增强人们的幸福感和满意度的积极作用，有助于提升社会精神文化建设水平。

三、实现大学生社会主义核心价值观教育生活化的可行路径

社会主义核心价值观教育生活化是对当前教育的深刻反思的结果，是对学生日常生活回归的表现，内含着源于、依托和服务生活的基本准则，实现"生活化"的社会主义核心价值观教育，需要坚持以青年学生为中心、以日常生活为导向、以隐性教育为抓手、以生活体验为关键。

（一）坚持以青年学生为中心：教育理念的生活化

教育的本质在"育人"，坚持以学生为中心的教育理念，是对学生个体生命的尊重，是实现生活化教育的内在要求。其一，要彰显学生在教育中的尊严和价值。让学生在核心价值观教育中感受到自己作为教育价值主体的尊严和地位，享受到核心价值观教育带给他们心灵上的洗涤、精神上的抚慰和人格上的教化。其二，要尊重学生的权利和自由。注重发挥学生自主权和能动性，以师生合作、生生合作的教育方式营造尊重、平等的融洽关系，释放学生自我教育、管理和服务的潜能，让学生在自我分析、探索和创造中深化对社会主义核心价值观的认知认同。其三，要实现学生的个性诉求和全面发展。每个人的身份都具有不可替代性、直接性和现实性，学生的存在意味着学生真正走进了教学生活，教学生活融入了学生的生命中，教学生活实现了意义化，充满了生命的气息。应承认学生个体的差异性，尊重不同学生的价值观培育规律。同时以学生主体发展需要为出发点，提升学生的核心素养，让学生走进教育活动，让教育充满生活气息。

（二）坚持以日常生活为导向：教育内容的生活化

社会主义核心价值观是高度凝练和总结的系统的价值理论，具备一定的理论高度、现实深度和实践广度，在学校"空洞化""知识化"的教育模式下，学生理解起来难上加难。中共中央办公厅印发的《关于培育与践行社会主义核心价值观的意见》要求"做到贴近性、对象化、接地气。"因此，社会主义核心价值观教育必须坚持以日常生活为导向，做到教育内容的"落地生根"。其一，传播优秀传统文化中对人们生活具有积极意义的内容。中华优秀传统文化凝结着先人创造的传统美德、核心思想理念、精神追求和价值规范，这些都是社会主义核心价值观的理论源泉和精神动力，对当今学生价值观的培育和为人处世的引导，起着重要的现实指导作用，理应将其纳入核心价值观教育的内容体系，使传统文化的现实价值得以彰显。其二，以学生面临的生活内容为教育素材。一方面，以核心价值观阐释、论证引起大学生关注的热点问题、焦点事件和典

型案例，探索、思考背后的价值层面的内容，引发学生的价值共鸣。另一方面，以社会主义核心价值观分析、解决大学生在专业学业、情感交流、就业择业等方面遇到的现实问题，使深奥难懂的价值理论变为简单易懂的日常生活。

（三）坚持以隐性教育为抓手：教育方式的生活化

当前社会主义核心价值观教育主要采用以理性说教为主的显性教育，这种方式虽能明确表达教育意图，却因过于直白容易招致学生反感，而通过学生接触面广、喜闻乐见的隐性教育方式，将社会主义核心价值观渗透于学生的日常生活当中，反而能达到预想不到的良好效果。其一，发挥校园榜样的示范力量。教师应率先垂范，一言一行不忘自身职责，一举一动恪守价值规范，以自身实际行动引导广大学生学习和践行主流价值理论。此外，本着实事求是的原则选出校园生活中践行社会主义核心价值观的学生榜样，以身边人感动学生，以身边事感染学生，为学生提供具体化、生动化的可学习模范的对象。其二，发挥管理服务载体的积极作用。在学生日常学习、生活、行为管理和服务中融入社会主义核心价值观的主要内容，让学生明确日常价值规范和行为准则，提升管理的柔性和服务的水平。其三，发挥校园环境的德育功能。以核心价值观引领校园环境建设，在校园自然环境建设中彰显核心价值观的内在要求，增添自然环境的人文精神，让学生得到文化熏陶。学校的制度建设应以价值引导机制、诉求表达机制和激励机制为重点，引导学生在遵守规章制度的过程中养成正确的思想品德、培育主流价值理念。学校应强化网络文化建设，探寻核心价值观与网络媒介的契合点，发挥网络媒介的"喉舌"和"耳目"功能，开设贴近生活、感染性强、受益面广的栏目，使核心价值观在学生的网络生活中得以全面渗透。

（四）坚持以生活体验为主线：教育过程的生活化

长期以来，人们习惯性地将德育视为"政治工具"，德育在多数情况下要么被异化为对道德知识的熟记和背诵，要么变为了程序化、模式化的生产线式运转，缺乏对学生个体内心体验的观照，核心价值观教育在某种程度上也陷入了这样的困境，很难使大学生养成正确的价值观。因此，要使核心价值观切实成为大学生的思想和行动自觉，不能仅靠价值知识的机械化学习，还需让学生在切身的生活体验中去领悟、去生成、去践行。所谓生活体验，通常指个人在生活中的亲身经历和实践活动。在核心价值观教育中坚持以生活体验为关键，是教育过程生活化的现实需要。其一，增加学生在实践活动中的切身体验。多层次、多样化的实践活动能够带给学生多维度、多感官的不同体验，让学生获得对价值准则、价值规范的真实感悟。这要求学校以核心价值观为主题，根据学生的学科专业特色、年级年龄结构和社会实际需要，组织引导学生参加各种实践活动，在实践活动中了解国情、世情、民情，认识自我与社会，生成道德素质和价值理念。其二，创设紧扣生活的相关教育情境。在核心价值观教育情境创设中加入生活内容、生活信息、生活场景，使学生产生深刻的情感体验，实现道德生长。教师应充分运用学生生活中出现的道德故事、思想难题和价值困惑构建教育情境，让学生述说自身经历，与学生进行平等自由的道德对话，共同探讨生活中的道德事件，引发对生活世界的深入思考，进而导引学生培育主流价值理念。

参考文献：

［1］贾凌昌，张成林. 社会主义核心价值观的大众传播——以嵌入生活世界为角度［J］. 思想政治教育研究，2016，32（5）：41－46.

［2］鲁洁. 道德教育的当代论域［M］. 北京：人民出版社，2005：12.

［3］王嘉毅，马维林. 再论"以学生为中心"的教学意蕴与实践样态［J］. 中国教育学刊，2015（8）：66－72.

第八篇 **08**

│**实践育人篇**│

高校"党建＋研究生创新创业教育"
的探索与实践研究①

　　高校"党建＋"研究生创新创业教育模式是在新时代党和国家持续推进"大众创业、万众创新"浪潮下实现研究生党建工作改革发展的积极探索，有效地寻求了高校研究生党建工作改革和加强研究生创新创业教育之间有机结合的价值意义所在，对当今时代具有深刻的实践意义。我们可以通过构建"党建＋"研究生创新创业教育领导小组与评价体系，不断规范与协调基层组织力量，优化教育内容，打造实践平台，真正实现高校研究生党建工作的创新与研究生人才培养的新发展。

　　习近平总书记指出："加强党对高校的领导，加强和改进高校党的建设，是办好中国特色社会主义大学的根本保证。"[1]这是党和国家对高校党建工作的本质要求，为我们在新时代加强和推进高校党建工作提供了行动指南。《国家中长期教育改革和发展规划纲要（2010—2020 年）》中提到，至 2020 年全国的研究生培养规模将接近 200 万人，研究生群体的不断扩增加，呈现出规模化、多元化教育新形势，研究生党建工作的地位和作用日益凸显，推进研究生党建工作的巩固和创新成为关键所在。结合我国提出的"大众创业、万众创新"的时代号召，将研究生创新创业教育融入高校研究生党建工作中去，坚持党的领导和研究生人才素质培养相结合，能有效提升研究生队伍素质与能力，积极投身实现中华民族伟大复兴中国梦的巨大热情，是研究生党建工作的创新途径，在新时代具有重要的理论意义与实践价值。

---

　　① 本文作者李晨、李坊贞。

　　基金项目：江西高校党建研究项目"创新创业教育视阈下高校研究生党建工作创新机制研究"（16DJYB052）。

一、高校"党建＋研究生创新创业教育"的内涵

中共中央十六号文件中关于"要切实加强研究生党建与思想政治教育……是党和国家的要求，是不断加强和改进高校党建工作的需要"[2]等时代话语仍然掷地有声。中国特色社会主义步入新时代，党和国家一如既往地发出"大众创业、万众创新"地号召，支持高校等科研创新平台开展"创新创业"教育，并制定了一系列的方针政策，提出了加强高等院校等教育平台开展创新创业教育的明确要求。随着当今社会改革的不断推进，研究生群体的特殊性使党建工作面临复杂的局面，研究生党建工作出现教育作用发挥难、工作机制管理难等问题，成为高校研究生基层党建工作的困惑。同样，研究生创新创业教育也存在盲目开展，教育理念和能力还很欠缺等问题。

高校"党建＋"研究生创新创业教育模式是在新时代党和国家持续推进"大众创业、万众创新"浪潮下实现研究生党建工作改革发展的积极探索，是将创新创业教育提高研究生思维、理念、素质、能力等方面的价值，与高校研究生党建工作中培养具有运用马克思主义理论武装头脑的中国特色社会主义合格建设者和可靠接班人的基本要求相结合的具体实践，是创新创业理论与能力水平同高校研究生党性修养、组织队伍、权利义务等有机结合的产物，是高校研究生素质培养过程的题中之意，具有鲜明的时代内涵。

我国拥有研究生培养资格的高等院校发展目标是立足研究生人才培养，建设成为具有创新能力和一定创业能力的社会主义大学生。研究生党员群体和积极向党靠拢的研究生群体占研究生群体总数的比例大，党的领导在该群体的成长成才过程发挥着关键作用。将党建工作推向深入、创新党建工作机制无疑是当今时代建设社会主义大学、培养合格的研究生队伍的重要环节。就目前来说，我国呈现出研究生数量不断增长的势态，研究生教育由精英化趋向大众化，强调基础研究向应用实践的转化，这就对研究生的未来发展提出了更高要求。我们在看到研究生的培养过程中理论研究水平提升的同时，也要注重研究生完成学业研究任务后会最终走向社会环节，创新思维的培养和创业能力的掌握在这之中显示出了无可替代性。更重要的是，理想信念教育不论是在研究生实现个人价值意义方面，抑或参与现代化社会建设需求方面，都能促使研究生群体充分发挥主观能动性，实现立足现实、超越自我的价值目标。因此，基于高校"立德树人"的根本任务，重视研究生党建工作中的思想、信仰、认同等价值观教育在其素质能力养成过程中的示范引领作用，在研究生党建工作结合创新创

业教育能在高校研究生队伍培养的意识形态话语基础上，是解决研究生自我价值实现与社会生存等问题的有效途径。

二、高校"党建＋研究生创新创业教育"的价值意义

高等学校集合了中高层次专业人才培养及科学研究技术创新职能为一体，归根是党领导下的社会主义现代化事业的接续所在，尤其是在当下党中央、国务院做出的建设世界一流大学和一流学科的重大战略决策背景下，基于把创新创业教育贯穿研究生培养的全过程，积极探索研究生党建工作的新途径、新方法，形成高校"党建＋"研究生创新创业教育模式，有利发挥研究生党建工作在人才的培养上引领作用，探索高校人才培养的新途径，突出特色，激发活力。

（一）以党建工作引领研究生创新创业教育新成效

一是党建工作规范引领研究生创新创业教育开展的方向。当前经济全球化形成的复杂国际国内环境，导致多元社会思潮冲击青少年群体意识，研究生阶段也出现文化选择盲从、信仰缺失等问题。高校开展创新创业教育的本质目的是育人，让学生在实践基础上创新思维、提升能力，但在近年来高校创新创业教育现状来看，本科生创新创业教育得到基本普及，但在创新创业教育的开展方面出现了"无特色模仿"其他高校做法，为应付检查建立无内涵、无体系、无成效的"三无空壳"，学生作为此类"创新创业教育"的参与者，容易盲目接受各式各样所谓的"创新创业"思维，但实际内容是将"创新创业"等同于"唯利是图""金钱至上"等危害社会主义大学育人本质的价值观念，从而影响学生摒弃"艰苦奋斗""清正廉洁"等社会主义核心价值观念。在这个过程中，办好研究生创新创业教育更应把目光放在价值培育方面，这就需要党的坚强领导。随着我国高校研究生规模不断扩大，创新创业教育需求也从起步阶段发展到了普及阶段，高校实施的本科创新创业教育为研究生创新创业教育提供了参考模式，同时也为研究生创新创业教育敲响了警钟。如何引领高校研究生创新创业教育正规化、体系化，符合社会主义现代化建设价值观念要求，这就需要党建工作指引研究生创新创业教育方向。

二是党建工作有效培育研究生创新创业人才队伍。我国高校研究生群体中党员比例大大高于本科生，即使是还没有入党的研究生，也具有一定的知识能力水平和思想政治素养。人才培养一直是我国教育的基本诉求，创新创业教育因能促进研究生人才培养的实现而成为新时代热门，但从研究生群体单一注重提升自我专业知识水平和科研能力、以满足于毕业所需的理论和科研成果的现

状来看，忽视党建在研究生创新创业教育过程中的作用将导致众多研究生党员群体和积极向党靠拢的研究生群体理想信念教育环节薄弱，"事不关己高高挂起"的价值观念容易引发对党的怀疑与信心不足，受到不良信息误导，这对人才队伍的培养过程提出了更加严格的要求。将党建工作贯穿研究生创新创业教育的全过程，突显理论与实践相结合的科学品质，能够在培育研究生作为新时代人才所需能力素质的同时，通过思想政治教育"补足精神之钙"，真正实现思想成长、本领成才，"又红又专"地为新时代全面建成小康社会贡献智慧和力量。

三是党建工作凝聚力量，形成研究生创新创业教育综合实施体系。研究生创新创业的主要内容不仅仅包含科研创新和实践创业，参与学校事业发展也在其创新创业过程中具有很高的价值，许多高校通过研究生"三助一扶"等方式选派具有相关意向的研究生参与到学校党政群部门工作协助中，通过实际参与学校党建工作来拓宽研究生工作视野，凝聚研究生群体加入学校改革创新建设事业中去。将学校党建工作与研究生创新创业教育实践有机结合，联合高校党委组织部、宣传部、学生工作部（处）等党委部门、研究生院等行政部门、团委等群团部门力量，发挥学校思想引领的职能，能整合各类有助于带动研究生健康发展的优势资源，创新人才教育方法，延伸人才教育手臂，搭起学校与研究生紧密联系的桥梁纽带，相互协调，优势促进。同时，立足于党的领导，学校创新创业教育领导小组对研究生创新创业教育的内容与方式进行"顶层设计"，既能符合研究生对科研水平和创新创业能力的综合提升诉求，更能实现贯穿研究生生涯的合理体系的建设，达到国家和社会综合性人才需求和不同研究生个体个性化成长成才需求的统一，推动研究生创新创业教育体系化，更具有时代性与针对性。

（二）以研究生创新创业教育助推高校党建工作新发展

一是研究生创新创业教育为思想政治教育工作提供新思维新路径。高校党建工作与思想政治教育工作始终紧密联系在一起，是高校党的建设和人才培养的基本路径。切实加强研究生思想政治建设，提高研究生的思想政治素质和理论水平，不仅仅是研究生规模扩大的培养需要，更是研究生作为中高层次人才参与中国特色社会主义建设事业的需要。"加强和改进高校思想政治工作，目的是为了培养又红又专、德才兼备、全面发展的中国特色社会主义合格建设者和可靠接班人"。[3]在此目的基础上，高校思想政治教育工作，尤其是研究生思想政治教育工作在面对当今时代的复杂变化中应如何加强和改进，值得深刻思考与探索。研究生思想政治教育工作应当来源于研究生而作用于研究生，不能高谈阔论，实应接地气、符合研究生群体话语特点进行教育。创新创业教育关乎研究生群体的实际需求，在研究生教育阶段普遍能够满足研究生的个性展示与能力提升，因此，在研究生思想政治教育"又红又专"人才培养模式与研究生创新创业教育"大众呼声"人才培养模式的中间，将研究生创新创业教育合理内核融入加强和改进思想政治教育工作中去，能行之有效地为新时代研究生思想政治教育工作提供新思维、新路径。

二是研究生创新创业教育为高校研究生党建工作注入新活力。党的十九大报告中指出："创新是引领发展的第一动力，是建设现代化经济体系的战略支撑"，新时代高校教育取得新发展不可忽视创新带来的彻底变革与攻坚克难的特性，尤其是对高校党建工作而言。目前，随着研究生规模不断扩大以及网络新媒体的高速发展，我国高校研究生党建工作面临着巨大的挑战，党组织战斗堡垒作用和党员先锋模范骨干力量的价值本位遭到冲击，实现研究生党建工作的深化改革为高校研究生教育发展的迫切需要。高校研究生群体具有较强的自控自律和独立思考能力，思想活跃，自我获取知识与信息的能力强、速度快、途径广，容易接受新思想新事物，创新创业教育在此过程中能体现出研究生主体特质。将创新创业教育融入研究生党建工作，用研究生认可的新鲜话语与方式推进党建工作改革，便于解决研究生党组织制度体系和组织生活形式创新问题，培养"勇当时代弄潮儿"的先锋模范品质，使研究生群体在两年至三年的短暂研究生涯中坚定"不忘初心、紧跟党走"的信念，获取创新创业思维与能力，彰显新时代研究生党建工作的魅力与活力。

三是研究生创新创业教育提升党的向心力、凝聚力与战斗力。研究生党建工作的困境，主要来源于三个方面。第一，研究生党员发展阶段。可以说，目前我国高校研究生党员人数比例非常大，但依然存在研究生非党员群体，想要加入中国共产党的研究生规模也不可小觑。在研究生党员发展阶段，入党动机和党员质量方面存在严重问题，为了毕业找个好工作而迫切想加入党组织等"实用主义"者观念大有人在。第二，研究生党员教育阶段。研究生党员参与日常党性和能力教育过程中因为繁重的科研压力往往以应付姿态对待，学校党员教育形式也多以"大时量"讲座授课为主，教育内容老式枯燥无新意，使得研究生党员参与教育积极性不高，严重可导致对党的误解，对党的忠诚度与认可度下降。第三，在研究生党组织建设方面。研究生基层党组织的设置不合理和日常组织生活的不规范也或多或少造成研究生党员的"游离"状态，即研究生正式党员"空有党员之名，毫无党员之实"，没有党员义务与权利意识，认为入党和做一名普通学生无差别。以上是目前研究生党建工作面临的困境，将研究生创新创业教育融入党建工作中，目的也就在于实现党建工作的推陈出新，满足不断变化的现实基础，运用创新创业意识与党性修养的结合，端正研究生发展党员的入党动机与责任使命，正确规范高校党组织对研究生的吸引力所在，创新党的教育内容与形式，鼓励研究生在接受教育和参与组织生活的过程中举一反三，凝聚研究生党员紧紧围绕在党组织的周围，提升研究生党组织的号召力与战斗力。

三、高校"党建+研究生创新创业教育"的实践路径

将创新创业教育融入高校研究生党建工作之中形成高校"党建+"研究生创新创业教育培养模式，不仅仅可以通过课堂讲座授课教育等路径进行实践，在机制体系、组织规范、网络新媒体、课外平台等方面进行有益探索与实践。

一是构建"党建+研究生创新创业教育"领导小组与评价体系。创新创业教育融入研究生党建工作的关键内核在于把握党的领导核心地位，拥有研究生培养资格的高等院校开展研究生创新创业教育过程中，要建立好以学校党委书记为组长，负责研究生教育教学的党委委员（副校长）任副组长，党委研工部等研究生管理部门部（处）长、各教学学院院长为成员的"党建+"研究生创新创业教育工作领导小组，"顶层设计"制定研究生创新创业教育工作机制。同时，在原有的研究生培养过程中的科研质量评价体系基础上，将研究生创新创业教育评价体系与研究生党建工作评价相结合，创新和改进研究生党员发展和评议标准，通过创新创业教育助推研究生党员党性修养。在高校创业创新吸引了全社会目光的条件下，中国高校层面建立了"中国高校创新创业教育联盟"，具体规划了相关高校学生创新创业培养体系与评价体系：始终在党的领导下，以开放包容的态度创造全国高校学生创新创业优势环境。在此基础上，也为各高校制定符合本校实际的相关制度提供了借鉴。

二是把握开展"党建+研究生创新创业教育"的基层组织力量。高校"党建"研究生创新创业教育的实施要点在于把创新创业教育融入研究生基层党组织建设中，打造专业化研究生党建工作队伍，创新研究生党组织模式，结合学校特色与实际建设特色创新示范党支部，完善研究生党员接受创新创业教育的组织力量。研究生生涯时间在三至五年范围内，要在这么短的时间内真正实现教育成才，不仅要在教师主体教育上下功夫，更要发挥研究生党组织中"老党

员带新党员"的作用，甚至可以实现老党员"1+X"研究生的组织建设模式，树立先进研究生党员典型形象，发挥先锋模范作用，展现研究生党员的示范作用和可靠的战斗力。组织建设创新要深入内涵创新，创新创业教育的开展要深入基层，组织生活会等形式突出科学化、个性化的党性教育方式，在党的大政方针政策方向指引基础上展示研究生党员的创新风采。

三是优化"党建+研究生创新创业教育"教育内容。将创新创业教育融入"两学一做"学习教育中去，在日常学习党章党规和习近平新时代中国特色社会主义思想的党课中，加入研究生创新创业与国家话语相结合的内容，科学设置党课课程分布及考评机制，重点放在思维与能力的养成之上。教育者在此之中将面临更加严格的要求，第一要处理好创新创业话语的"逐利性"与社会主义现代化建设集体主义思想之间的关系，把握好正确的思想价值标准；第二在教育过程中要探索研究生乐意接受并喜闻乐见的教学话语和方式，针对研究生的特性抓住群体关注点，打造品牌课程或教育方式。在积极向党组织靠拢的研究生党性教育中也要融入创新创业教育内容，在日常"三会一课"中也可加入以"创新创业"为主题的民主生活会、民主评议会、理论探讨等。许多大学在优化学生创新创业教育内容上有许多探索，如清华大学颁发的学生创新力提升证书等，但并没有针对研究生群体的方式方法，因此，在研究生群体中通过相关方式开展试点显得尤为必要。

四是打造"党建+研究生创新创业教育"实践平台。第一是网络新媒体平台。在互联网时代背景下，研究生群体思想政治教育工作显现出更加紧迫的态势。在"党建+"研究生创新创业教育模式中也要突出网络新媒体的重要性。首先是要明确网络新媒体平台对教育开展的优势所在，研究生及开展教育工作者可以通过网络新媒体平台便捷联系、获取信息、开展党员管理与线上教育。当然，网络上不当言论也要求高校党建工作者时刻做好宣传抓手，营造清风正气的舆论氛围，通过创新创业文化教育打造党建工作品牌网络平台，以期在新时代培养研究生"不忘初心、紧跟党走"的价值诉求，发出综合与个性发展的时代先声。第二是社会实践平台。高校要秉承着研究生教育与地方经济、政治、文化等紧密结合的宗旨，建设大学、地方科研机构、创新创业工厂等"三位一体"的实践平台。例如，东北师范大学研究生院党支部立足学校自身区域优势，与吉林省九所省属高校开展联合培养研究生工作，形成联合培养、协同创新的研究生培养新格局，在研究生层次上更好地为吉林省区域经济和社会发展服务。同时，在建设研究生创新创业教育师资队伍方面，可以组建以"1 名专职党建

教师 +2 名专职创新创业教育人员"的研究生创新创业成长导师团，邀请已经毕业的相关领域研究生校友加入成长经历分享活动中。在校内，利用社团力量，发挥研究生自我参与创新创业过程中的主观能动性，组建研究生创新创业教育理论研究、研究生科研创新等与研究生自身专业紧密结合的社团，社团由研究生院党委负责，并吸纳社会力量，以期融合多方力量实现高校科研创新和研究生个人发展。

参考文献：

[1] 习近平在全国高校思想政治工作会议上强调把思想政治工作贯穿教育教学全过程开创我国高等教育事业发展新局面 [N]. 人民日报，2016 - 12 - 09 (01).

[2] 中共中央、国务院关于进一步加强和改进大学生思想政治教育的意见 [N]. 人民日报，2004 - 10 - 15 (01).

[3] 中央宣传部、中央组织部、教育部负责人就《关于加强和改进新形势下高校思想政治工作的意见》答记者问 [EB/OL]. 新华网，2017 - 02 - 27.

传承红色基因　打造育人品牌①

——坚持以苏区精神和红色文化育人的探索与实践

习近平总书记指出，"井冈山精神和苏区精神是我们党的宝贵精神财富，要永远铭记、世代传承，教育引导广大党员、干部在思想上正本清源、固根守魂，始终保持共产党人政治本色。"这一重要论断，深刻揭示了井冈山精神和苏区精神的历史地位和时代价值，为我们开展中国共产党革命精神研究和红色文化育人工作提供了重要启迪和教益。

赣南师范大学作为一所扎根赣南苏区办学的省属高等师范院校，长期以来高度重视并大力推进苏区精神研究和红色文化育人工作，紧紧围绕立德树人这个根本任务，通过理念引领、课堂教学、文化熏陶、实践养成、研究咨询、开发利用"六位一体"的工作模式，把苏区精神和红色文化融入到学校人才培养全过程，落实到管理服务各环节，覆盖到所有受教育者，使之内化为全体赣师人的精神品质、外化于办学育人的价值追求，形成了鲜明的办学特色和育人品牌，为传承红色基因、服务国家战略和江西经济社会发展提供了智力支持。我们的经验做法可以概括为"六个融入、六个着力"。

一、坚持把苏区精神融入办学理念，着力增强红色文化育人的感召力。

发展靠拼搏，成事靠精神。我校地处经济欠发达的赣南革命老区，办学条件异常艰苦。建校60多年来，几代赣师人发扬"苏区干部好作风"，艰苦奋斗，勤俭办学，在拓荒肇基、复办师专、升格本科中走过了一段艰难坎坷的办学历程，在开建新区、申硕增点、两轮评估中实现了诸多历史性跨越，形成了"立足红土地办学，以苏区精神育人，为苏区振兴服务，做苏区精神传人"的办学

---

① 本文作者肖池平。

传统，培育了"崇德、尚学、求实、创新"的优良校风，凝练了以"多谋思变、同心创业，自强不息、艰苦奋斗，勇于开拓、追求卓越"为主要内涵的赣师人特有的"精气神"文化。近年来，在优良的办学传统和"精气神"文化的引领下，学校坚持一手抓更名大学各项指标的达标创优、一手抓内涵发展提升办学实力，各项事业得到了蓬勃发展，特别是学校相继取得了国家级科研平台、国家级教学成果奖等核心指标的重大突破，成功更名为赣南师范大学，极大地提振了赣师人的"精气神"，为学校建设有特色高水平综合性师范大学开辟了广阔的发展空间。学校坚持以苏区精神办学育人的做法成效得到了教育部专家组和时任省委书记强卫、省长鹿心社等领导的肯定与批示。

二、坚持把苏区精神融入课堂教学，着力增强红色文化育人的吸引力。

学校始终坚持人才培养的中心地位，坚持把苏区精神和红色文化融入人才培养全过程，组织编写了《中央苏区研究丛书》《红色记忆》《中央苏区史大讲坛》等教材和专著，把红色文化教育列入"中国近现代史纲要""形势与政策"等课程教学计划，并作为学生党课教育培训、职业生涯规划设计、心理健康教育、毕业生就业指导中的"必修课"，同时面向全校学生常年开设了"中央苏区史""红色资源与思想政治教育"等课程和"明湖讲坛"，邀请校内外专家学者作红色文化专题学术讲座，与大学生共话成长，播撒红色文化种子，取得了突出的育人成效。近年来，我校"中央苏区史"被评为国家级精品课程，历史学被评为国家级特色专业和国家"本科教学工程"综合改革试点专业，"地方高校文化育人体系的构建与实践——以苏区精神和客家文化培养扎根基层人才"等两个项目分别荣获 2014 年度高等教育、基础教育国家级教学成果奖二等奖，"基于地域优势文化和双主体协同的扎根基层教育硕士培养体系的构建与实践"荣获 2015 年首届全国教育硕士专业学位教学成果奖一等奖。毕业生赢得了"下得去、用得上、留得住、干得好"的美誉，涌现了一大批全国劳动模范、全国"五一劳动奖章"获得者、全国优秀教师、全国优秀县委书记等优秀人才，为江西尤其是赣南的教育事业和经济社会发展做出了突出贡献。

三、坚持把苏区精神融入校园文化，着力增强红色文化育人的凝聚力。

学校深入挖掘苏区精神的内涵及其育人功能，坚持把苏区精神有机融入校园文化活动，以教育有形化和项目化建设为重点，扎实推进苏区精神进校园工作，使之成为青年学生砥砺品格、励志成才的重要精神营养和内在动力。以赣南苏区地名为载体，坚持在新生班级中开展"红色班级"命名与建设活动，建有"瑞金班""兴国班""于都班"等一大批红色班级，加强对青年学生的革命传统教育和思想引领，促进班风学风建设。成立了"大学生红色文化研究会""大学生思源协会""大学生映山红合唱团"等"红"字号学生社团，开设了"红井水"等红色主题网站和"青春赣师"等新媒体平台，创办了《红色青春》等校园刊物，面向大学生广泛宣传和传播苏区精神和红色文化。通过校园景点建设、道路场馆命名等方式，突出苏区特色，营造以苏区精神育人的良好环境。利用"五四""国庆""一二·九"以及中央苏区成立纪念日等契机，深入开展"大学生红歌会""红色故事会""红色经典诵读""红色题材优秀影片展播"等活动。组织师生创作了一大批反映红色题材和客家题材的艺术作品，并屡获大奖，其中《千层底》《长征从这里出发》《血沃红土》《十送红军》《打簸箕》《客家记忆》《社戏》等艺术作品荣获全国一等奖；多次参加中央电视台"心连心"慰问演出，连续五年应邀参演"五月的鲜花"全国大学生校园文艺会演，受到中央领导和社会各界的好评；参编的赣南采茶戏《快乐标兵》荣获中宣部"五个一工程"奖；在校研究生主演的原创民族歌剧《回家》荣膺第27届中国戏剧"梅花奖"，填补了江西省男演员没有获得该奖的空白。

四、坚持把苏区精神融入社会实践，着力增强红色文化育人的渗透力。

学校以大学生社会实践为主要形式，以学习践行苏区精神为主要目标，以共和国摇篮瑞金、苏区模范县兴国、长征出发地于都等原中央苏区核心区域为重点，建设了一批爱国主义教育基地和校外苏区精神学习实践基地，以班级为单位，利用节假日组织学生赴各教育基地参观学习，引导大学生在节假日和暑期社会实践中进行红色考察和体验，从中开阔眼界、提高境界，增强学习践行苏区精神的自觉性和创新性。从大一开始到毕业班，每个学生班级基本上都到过爱国主义教育基地接受革命传统教育。选拔部分学生骨干成立了"红色宣讲团"，每年举办一期"百名学生党员骨干培训班"，在学生中普及宣讲苏区精神和红色文化，同时在赣南建立了十余个"红色文化教育基地"，组织学生深入基层汲取地方优秀传统文化营养。组织广大学生利用寒暑期社会实践，深入当年中央苏区革命根据地，寻访革命前辈和革命烈士后代，瞻仰革命旧居旧址，查阅地方党史文献，收集整理中央苏区红色故事，在此基础上出版了一套红色教育故事丛书《红色记忆》。通过与校外联合的方式，建设了"中央苏区红色文化育人探索与实践成果展馆"，展示苏区精神的历史文物和学术研究成果，使广大青年学生在红色文化实践体验活动中受教育、受熏陶、受锻炼，在浓郁的红色文化氛围中健康成长成才。学校多次被评为"全国大学生暑期三下乡社会实践活动优秀单位"等称号。

五、坚持把苏区精神融入研究咨询，着力增强红色文化育人的影响力。

学校本着"研究苏区历史、传承革命精神、激活红色基因"的理念，以建设苏区研究高地、苏区精神宣传教育阵地和苏区文化开发利用智库为宗旨，长期致力于开展中央苏区史、苏区精神和红色文化方面的研究，形成了学术性与教育性相结合、前沿性与可读性相结合、长期性与系列化相结合的研究特色。早在20世纪80年代末期，我校就成立了"中央苏区研究所"，而后改为"中央苏区研究中心"并被确定为"江西省高校人文社科重点研究基地"。以此为基础于2013年组建的中国共产党革命精神与文化资源研究中心获批为"教育部人文社会科学重点研究基地"。基地的成立极大地促进了研究工作的蓬勃发展，在中共革命精神和中央苏区研究领域取得了具有原创性和国内较高水平的研究成果。近年来，中心研究人员申报获批国家社科基金项目和教育部人文社科重大项目等省部级以上课题50余项；在《光明日报》《中共党史研究》《党史研究与教学》《近代史研究》等权威刊物发表20余篇有关苏区研究和中共革命精神方面的研究论文，其中多篇被《新华文摘》、人大复印资料《中国共产党》《思想政治教育》等全文转载；在国内党史理论界提出了"中共革命精神史"的学科概念，得到有关领导和学界专家的关注；搜集整理了大量第一手文献资料，编撰出版了《中央苏区研究丛书》《苏区研究与红色文化传承文库》《苏区与红色文化研究博士书系》《苏区精神研究》等论著20余部；参与编写了《中国共产党革命精神史读本》等重要研究成果，组织编撰的《资政育人——红色文化研究报告》和多个咨询报告，得到了教育部和省市有关领导及专家的肯定与批示。举办了全国高校党史教育论坛等多个与中央苏区有关的全国学术研讨会，牵头组建的"苏区研究协同创新中心"获批为江西省"2011协同创新中心"，荣获高等教育国家教学成果二等奖、江西省优秀社会科学成果一等奖等省部级优秀成果奖近10项，还有部分科研成果入选了国家哲学社会科学成果文库。

六、坚持把苏区精神融入宣传教育，着力增强红色文化育人的辐射力。

在致力开展苏区研究的同时，学校依托赣南等原中央苏区得天独厚的红色资源优势，深入挖掘红色文化的育人功能，探索出了"课程＋社团＋博物馆"

三位一体的宣传教育模式，出台了《关于把苏区精神融入大学生思想政治教育的实施意见》《推进"苏区精神进校园"工作方案》等文件，在人财物等方面给予大力扶持，创办了全国高校唯一的"中央苏区历史博物馆"（被确定为"江西省大学生爱国主义教育基地和青少年革命传统教育基地"）和"中央苏区红色文化育人探索与实践成果展馆"两个主题展馆，形成了以出版一部高质量的苏区精神教育教材、编撰一套红色教育故事丛书、建好一个红色网站、办好一本学习践行苏区精神的校园刊物、成立一个大学生学习研究苏区精神的学生社团、编排一台反映中央苏区题材的音乐舞蹈剧、重点打造一系列红色主题校园文化精品项目、建好一座中央苏区历史博物馆、建设一批红色班级、拓展一批校外苏区精神学习实践基地等为主要内容"十个一"的红色文化育人体系。近年来，学校"中央苏区历史博物馆"等展馆充分发挥了在对外交流中的"名片"和"窗口"作用，接待校内外参观人员10余万人次，学校成为全国高校博物馆育人联盟首批会员单位。我校应邀在第二十次全国高校党建工作会议上介绍红色文化育人的经验做法，《新华社内参》曾以《赣南师院"用苏区精神滋润每一位大学生心田"》为题进行了专题专文介绍。在教育部思想政治工作司第八届全国高校校园文化建设优秀成果评选中，我校《传承红色基因　培育红色传人——赣南师范学院利用"十个一"推进红色文化育人的探索与实践》荣获二等奖。《用红色文化引领大学生思想政治教育》一书入选教育部"高校德育成果文库"。江西教育电视台对我校建设"红色班级"、打造大学生党建品牌的做法进行了专题报道。在优良校风和红色文化的熏陶引领下，学校先后两次通过中央文明委复查并获准保留"全国文明单位"称号。

　　理论之树长青，实践之路常新。传承红色基因，贵在增强自觉，重在落地生根，难在持久深入。作为一所老区高校，学校将秉承历史荣光，肩负时代使命，按照习近平总书记提出的"在落细、落小、落实上下功夫"的要求，立足革命老区，扎根赣南红土，大力推进以苏区精神和红色文化育人工作的常态化、制度化、长效化建设，更好地担负起人才培养、科学研究、社会服务、文化传承创新、国际交流合作的时代重任。

大学生认同社会主义核心价值观的路径研究[①]

——以赣南师范大学为例

党的十八大提出社会主义核心观，即"倡导富强、民主、文明、和谐，倡导自由、平等、公正、法治，倡导爱国、敬业、诚信、友善。"这是凝聚全党全社会价值共识所得出的重要论断。习近平总书记在中央政治局集体学习上多次强调："把培育和弘扬社会主义核心价值观作为凝魂聚气、强基固本的基础工程，继承和发扬中华优秀传统文化和传统美德，广泛开展社会主义核心价值观宣传教育，积极引导人们讲道德、尊道德、守道德，追求高尚的道德理想，不断夯实中国特色社会主义的思想道德基础。"

一、大学生认同社会主义核心价值观的现状

笔者采取随机抽样调查方法，在赣南师范大学内抽取各年级学生进行问卷调查，共发放调查问卷396份，收回有效问卷376份，有效率达94%。

（一）倡导富强、民主、文明、和谐

据统计，对"您认为中国的现代化建设走向富强了解吗？"这一问项上，回答"了解的"占88.3%；回答"你对民主社会的构建有设想吗"时选择"一般"的占35.6%；有41.3%的大学生觉得和谐文明社会对自身的日常学习生活影响有"很大影响"；表明和谐社会建设深入人心。

（二）倡导自由、平等、公正、法治

在回答"我国社会是否为自由平等"这一问题时，有61.5%的大学生持"基本赞同"态度，还有22.7%的同学选择"非常赞同"；在选择"法治社会是否已经在我国全面建设，你的体会是？"问题时，有48.2%的大学生表示国家对

---

① 本文作者曾献辉。

待公正和法治是十分重视的；对选择"您对中国特色社会主义是全国各族人民的共同富裕认同吗"这一题，共有78.1%的大学生表示"认同"，说明这一设想是高度一致认同的，体现出中国特色社会主义道路和政策的正确性；

（三）倡导爱国、敬业、诚信、友善

以爱国主义为核心的民族精神是其精髓，调查表明，在被问到"您觉得对大学生爱国精神和艰苦奋斗精神的培养是否有必要"时，88.9%的大学生认为"有必要"或"很有必要"，在回答"您认为中华民族最该遵循的道德是什么"时，有92.2%的大学生选了爱国主义；对于"认为下列属于道德规范是?"，有72%的同学勾选"友善"，说明当代大学生有强烈的爱国主义意识、浓厚的传统精神氛围。

二、影响大学生对社会主义核心价值观认同的原因探析

（一）价值观多样化的影响

大学生价值认同是一个动态的过程，价值观隶属于文化，任何社会的转型都是社会主体文化和社会的现实状况所作用的结果。简单说可分为传统价值观和西方价值观，从传统角度而言，传统是大学生价值形成的文化基础，通过各种文化成果显现出来。诸如拜金主义、极端个人主义，这些都使传统价值观受到冲击，原本传统的价值观，如安贫乐道、以人为本、重义轻利淡化，削弱了大学生对社会主义核心价值观的认同。西方功利主义、实用主义和个人主义等价值观的渗透和社会思潮的涌入，无不冲击着我国的意识形态建设，易对还处于分辨能力不强、各方面待成熟的大学生容易受到影响。

（二）高校固有教育机制的缘由

高校固有教育模式已经无法适应当代大学生社会主义核心价值观认同的需要。主要体现在：高校传统教育的失位和政治理论研究的乏力现象日益显现，有的高校教师因自身专业的不相关和综合素养水平的欠缺，对于国家所规定的"两课"教学普遍以强制灌输、单向说教为主，这种方式严重影响大学生对政治理论课学习的兴趣和自身素养的提高；高校舆论宣传引导力度也不强，在宣传的同时脱离大学生实际思想，最终导致大学生对其理解深度不够，受益甚少；这些忽视了对学生的价值观引导和自我教育作用的发挥，一定程度上阻碍了大学生对社会主义核心价值观的认同。

（三）非理性因素的影响

非理性因素是指不完全受主体的目的和意识所支配的某种精神属性与精神

活动，主要包括存在于人的心理结构（人的欲望、动机、习俗、情感、意志、无意识等心理现象）。大学生是在思想上尚未定型，对情感、动机等非理性因素的外界事物更为敏感。大部分群体"对当今社会物质的飞速发展抱有积极的态度，但对当今存在的社会矛盾等问题却缺乏应有的心理准备，自身社会经验又不足，当在生活及学习中遇到困难时，就会对社会产生怀疑，影响了他们自身的人生价值观，这些情况都降低了大学生对社会主义核心价值观的认同效度。

三、大学生认同社会主义核心价值观的路径

（一）加强校园文化建设

"校园文化是学校师生在长期的教育实践过程中所创造的，具有校园特色的文化活动、规章制度和文化环境以及反映师生共同信念和追求的校园精神的总和。"大学生初入象牙塔，学校教育对他们成长影响至深，加强校园文化建设，通过科学管理、完善制度、健康集体活动来营造一种健康有序的文化氛围，是反映社会主义办学方向、走产学研相结合文化，求真务实文化，是形成具有强大感召力、向心力和凝聚力的"大学精神"。此外，校团委、学生会、社团等组织，加上学生党员和学生干部骨干等为载体对大学生的社会主义核心价值观教育有推动作用。

（二）完善思想政治理论课的主渠道作用，创新教学模式

2004 年教育部出台《关于进一步加强和改进大学生思想政治教育的意见》文件指出："高等学校思想政治理论课是大学生思想政治教育的主渠道。"但研究发现，思想政治理论课学习在高校整个教育的环境还不够理想。实践也表明，高校领导干部的重视有利于思想政治教育相关工作更加顺利的开展，对于思想政治理论课的主渠道方式也有推动作用。教学模式上则是在内容上将社会主义核心价值观与专业课下的社会科学和其他学科广泛的综合起来，在方法上采用启发式教学、互动式教学等现代教学方法，密切联系实际，让大学生成为课堂教学活动的主体，使社会主义核心价值观教育更贴近学生。

（三）改革教学制度，建立完善机制

加强大学生对社会主义核心价值观认同，应用制度来保障。首先要建立科学有效的领导机制，由学校党委统一领导，就是学校主要领导亲自负责，宣传、思想政治理论课，教学部门、学工处、教务处、学生所在院（系）、团委等部门相互配合的领导体制与工作机制，制定开展社会主义核心价值观教育的实施规划；其次，要充分的发挥引导机制及激励机制的合力，根据社会主义核心价值

观的内容，调动社会各种资源，完善社会主义核心价值观引导机制的成型；第三，要积极争取社会宣传等部门对高校社会主义核心价值观教育的关心与支持，使得积极向上的价值观占据着核心地位，逐步建立一套完整的社会保障机制。

参考文献：

［1］中共中央关于构建社会主义和谐社会的若干重大问题的决定［N］．人民日报，2006 - 10 - 18（01）．

［2］胡锦涛在中国共产党第十八次全国代表大会上的报告［N］．人民日报，2012 - 11 - 12（01）．

［3］曾献辉．大学生对社会主义核心价值体系认同度的研究［D］．南昌：江西农业大学，2012.

［4］中共中央国务院发出《关于进一步加强和改进大学生思想政治教育的意见》［N］．光明日报，2004 - 10 - 15.

"党建＋"工作模式引领青年大学生成长[①]

——赣南师范大学思想政治教育典型案例

【案例综述】

2016 年 12 月 8 日，习近平总书记在全国高校思想政治工作会议上指出：办好我国高等教育，必须坚持党的领导，牢牢掌握党对高校工作的领导权，使高校成为坚持党的领导的坚强阵地。高校思想政治工作关系高校培养什么样的人、如何培养人以及为谁培养人这个根本问题。要坚持把立德树人作为中心环节，把思想政治工作贯穿教育教学全过程，实现全程育人、全方位育人，努力开创我国高等教育事业发展新局面。

2016 年 3 月，赣南师范大学党委印发《关于全面推进"党建＋"工作的实施方案》（以下简称《方案》），要求全校上下牢牢把握社会主义办学方向、维护巩固学校党委对学校工作的领导权，按照简便易行、务实管用的要求，围绕"党建＋""加什么、怎么加"，采取"1＋3＋X"的模式推进"党建＋"落地见效。"1"就是党的建设；"3"是指共性选项，即加中心工作、加重点任务、加日常工作；"X"是指特色选项，加本单位本部门的其他特色工作。

学校学生工作部门按照《方案》要求，大力实施"党建＋红色文化育人""党建＋创新创业教育""党建＋校园文化建设"三大工作项目，坚持以党建工作引擎人才培养，引领青年大学生成长成才。学校重点通过构建苏区精神进校园"十个一"育人体系，推进大学生思想政治教育；通过成立创业学院，推进大学生创新创业教育改革；通过开展"一院一品"评选，推进高雅校园文化建设。以多维度、全方位满足青年大学生成长发展需求，破解了思想政治教育内

---

① 本文作者魏美春、张小青。

容泛化、创新创业教育根基不稳、校园文化建设涵养不深等人才培养的普遍性问题，取得了良好的工作成效。

【案例解析】

（一）案例思路与理念

1. 主要思路：全面贯彻党的十八大和十八届三中、四中、五中、六中全会精神，深入学习贯彻习近平总书记系列重要讲话精神，以强化基层党组织政治功能和服务功能为核心，以突出学生的思想建设、道德建设、能力建设、文化建设为重点，通过推动党建工作与学生成长需求的有机统筹、深度融合、始终贯穿，实现学校人才培养目标任务。

2. 基本理念：以"党建＋"引擎工作，以苏区精神锤炼品格，以创新精神激发活力，以高雅文化涵养气质。

（二）案例设计与实施

1. "党建＋红色文化育人"：一是编著出版一套苏区精神教育校本教材——《中央苏区历史大讲坛》，将苏区精神的学习纳入了日常教学安排，推进苏区精神进主课堂、进学生头脑；二是培育一批红色班级，以赣南原中央苏区具有光荣传统的地域或具有优秀品质、做出突出贡献的著名历史人物对红色班级进行命名，将红色班级建成学习、传播、践行苏区文化的示范典型；三是建设一个红色网站——红井水网，主动以红色文化占领网络阵地；四是编撰出版一套红色教育故事丛书——《红色记忆》，为大学生提供研究苏区历史、弘扬苏区文化的重要资料；五是办好一本学习践行苏区精神的校园刊物——《红色青春》，动态介绍学校开展苏区精神教育的进展情况；六是成立一个大学生学习研究苏区精神的学生社团——"大学生思源协会"，为大学生提供一个自主学习、弘扬苏区文化的平台；七是编排一台反映中央苏区题材的音乐舞蹈剧——《这一片红土地》，把观看音乐舞蹈史诗《这一片红土地》作为新生的"必修课"，使之成为大学生接受爱国主义教育和革命传统教育的生动课堂；八是打造一项红色主题校园文化精品项目——"唱红歌·诵经典"主题校园文化活动，使广大青年学生在该项活动的参与中受教育、受熏陶、受锻炼，在浓郁的红色文化氛围中健康成长成才；九是建好一组苏区红色文化主题展馆，通过有形化建设增强苏区文化在校园的厚度；十是建设好一批校外苏区精神学习实践基地，使青年学生在红色考察、红色体验和文化科技卫生三下乡服务中提高境界，开阔眼界，增强学习实践苏区精神的自觉性和创新性。

2. "党建 + 创新创业教育"：一是成立大学生创业学院，以强有力的组织领导、课程化建设，开展大学生创业培训；二是组建大学生创业导师团，以社会创业精英"1 + X"指导模式，帮助在校学生实现创业项目落地实践；三是开放大学生创新创业课题，提供 100 万经费用于资助、扶持立项大学生的创新创业项目运行；四是建设大学生创业园，为大学生提供创业项目孵化平台；五是开展大学生创新创业竞赛，激发大学生的创造精神和创业热情；六是校企共建实训、实习基地，培养学生的社会意识和实践动手能力。

3. "党建 + 校园文化建设"：一是开展"一院一品"项目申报和建设工作。各教学学院结合自身专业特点，着重在第二课堂建设一个富有育人意义、覆盖面广、吸引力强，具有可持续性的校园文化精品项目，学校进行评估立项，给予一定经费扶持。二是开展学生手机文化导读项目，从学校学生工作部门（团委、学生会、学生社团）二级教学学院、班级等三个层面建立微信公众号、微信群 500 余个，主动占领学生的网络空间，使校园文化育人的触角通过手机网络平台延伸到学生学习、生活的各个角度。三是实施校园文化"SP"模式，即主题（S）＋项目（P），按照一个年级一个主题（例如，一年级为适应主题，二年级为成长主题，三年级为发展主题，四年级为就业主题）、一个阶段一个主题（例如，三月份学雷锋主题、四月份心理健康主题、五月份青年主题、六月份安全主题、七八月份实践主题、九月份入学教育主题、十月份爱国主题、十一月份爱校主题、十二月份考风考纪主题、一二月份感恩主题）的方式将社会主义核心价值观教育贯穿全过程。

三、工作实效与经验

1. 培养了一大批具有苏区精神特质的红色传人：通过构建苏区文化进校园"十个一"育人体系，学校的育人载体、育人环境等进一步打上了苏区精神的文化符号。广大青年学生在苏区文化的浸润下，将苏区精神逐渐内化为自觉追求，外显为自觉行为。在校学生信仰坚定，思想上进，乐学好学，明辨笃实。一大批毕业生在苏区精神的感召下主动扎根基层、走向祖国最需要的地方，艰苦奋斗，服务社会，报效国家，赢得了"下得去、用得上、留得住、干得好"的社会美誉。这其中就有中宣部"五个一工程奖"《回家》的主演杜欢、"不爱都市爱山村"的优秀特岗教师曾且茹、全国首届"最美青年科技工作者"的易龙、第十届中国优秀志愿者个人奖获得者曹永祺等代表。

2. 培育了一大批具有创新精神和实践能力的校园创业者：通过创新创业教育工作的引领，校园各类创新创业教育培训的开展和各类创新创业实践平台的建设，一大批学生在"大众创业，万众创新"的时代洪流中加入青年创业者团队。学生的创业梦想得到激发，创业精神得到提倡，创业知识得到巩固，创业项目得以实施。据统计，一年间，学生创业项目在政府部门立项、进驻各类创业空间、注册成立公司的数量达 30 余个，实际带动参与学生创业体验和实践人数达 2300 余人。

3. 形成了一系列契合时代主流的校园文化品牌：学校的校园文化建设工作先后受到了中央领导刘云山、刘延东、孟建柱和团中央书记秦宜智的赞许，并在新华社《国内动态清样》《教育部加强和改进大学生思想政治教育工作简报》、第二十次全国高校党建工作会议、江西省高校第十九次党建工作会议等重要媒体、会议上多次进行介绍和交流，受到社会各界的广泛好评。近年来，在校园文化的涵育下，学校先后获得全国文明单位、全国模范职工之家、全国"五四"红旗团委、全省大学生思想政治教育先进高校等多项荣誉。

【案例点评】

一、案例典型特征

1. 充分发挥了党建的龙头引领作用：一是坚持统筹融合，把党建工作同中心工作、重点任务、日常工作同谋划、同部署、同推进、同督查、同考核，统筹党建一起抓、统筹资源一起用、统筹工作一起推，在推动各项工作过程中充分发挥了党组织的组织优势；二是坚持分类施策，从实际出发，根据学生特点，分类调研、分类推进、分类指导，因时制宜、因地制宜拓展和探索"党建＋"的内容和方法，做到了加一项实一项，抓一项成一项；三是坚持改革创新，做到了有形覆盖和有效覆盖相结合，做好了巩固已有成功做法与总结新鲜经验相结合，促进了工作传承创新、持续发展。

2. 紧密结合了学生的成长发展需求：一是"党建＋，加什么"的内容定位精准。三个项目契合了大学生思想、道德、能力、文化建设重点，紧紧抓住了当前的时代背景，紧密贴近了当代大学生的发展需求，找准了引领学生成长成才的关键抓手和着力点。二是"党建＋，怎么加"的方式方法多样。三个项目均构建了从指导层面到实践层面，从学习领域到生活领域，从传统模式到新兴模式，从共性群体到个性针对的多维度设计，形成了全程化、全方位育人的良好秩序、立体格局和综合体系。

二、案例推广价值

1. "党建＋"的工作模式可广泛借鉴：案例中三个项目取得成功的关键因

素是党组织的有力保障和党建工作的引领导向。"党建＋"工作模式和运行机制，在高校育人工作，尤其是大学生思想政治教育、社会主义核心价值观教育方面，值得高校同行乃至社会各行各业结合自身实际和工作规律广泛借鉴。

2. 案例为高校学生工作提供了示范：红色文化育人、创新创业教育、校园文化建设是高校当前普遍要应对的工作挑战。案例中的三个项目为高校开展类似工作提供了设计范式和实践经验，有利于其他高校在学生工作内容选材、体系构建、实施方法等方面得到启发。

三、思考与反思

大学生思想政治教育和社会主义核心价值观教育需要从顶层设计层面高位推进，形成多部门联动、全程化推进、全方位设施、全员参与的育人体系；需要立足学生成长发展需求，结合学生成长发展的规律，把握学生成长发展的特点，找准切入点，顺势而为。

以志愿服务为依托培育和践行
社会主义核心价值观①

——以赣南师范大学化学化工学院为例

赣南师范大学化学化工学院以理想信念教育为核心，以学习习总书记系列重要讲话精神为统领，以志愿服务为依托，培育和践行社会主义核心价值观，加强青年学生思想政治引领和价值引领。

【案例综述】

紧紧围绕社会主义核心价值体系建设，大力弘扬学雷锋志愿服务精神，认真组织广大青年团员深入乡村和社区，深入广泛开展以尊老助老、关爱留守儿童、环境保护等为主题的"涌泉敬老院社区援助""保护母亲河""环保走进小学""寒暑期'三下乡'社会实践"等多项志愿活动，大力倡导文明和谐、诚信友善、助人为乐、无私奉献的社会价值观，取得了良好的成效和广泛的社会影响。

尤其是该院长期坚持在社区援助基地赣州市湖边镇涌泉敬老院开展敬老助老、爱心温暖等志愿服务活动。据不完全统计，24年来该院先后在"涌泉敬老院"开展了300余次志愿活动，平均每月一次，参与的志愿者累计达5000余人次，捐赠的慰问金、衣被、水果等累积价值几万元。"二十四年如一日"，用青春的朝气和火一般的热情温暖老人们寂寞的心灵，24年风雨兼程，24年斗转星移，是爱的传承，更是精神的洗礼，受到了社会的广泛关注。

广泛开展以保护母亲河为主题的环保志愿活动。该院与社会各界组织联系，积极开展"保护母亲河、珍惜水资源'主题宣教系列活动""保护母亲河——

---

① 本文作者黄丽。

义务植树活动""环保进小学"等活动。充分利用寒暑假，认真组织我院大学生青年志愿者深入农村社区，扎实开展关爱留守儿童等为主要内容的"三下乡"社会实践服务活动。

该院先后被共青团江西省委评为全省"学习雷锋、志愿服务先进集体""全省青年志愿者先进集体"、第七届江西省"青年志愿服务优秀组织"、2016年"青春辉映夕阳红"项目获得江西省首届青年志愿服务项目大赛二等奖、赣州市"十大杰出青年志愿者服务集体奖""学雷锋先进集体"及赣南师范大学"学雷锋先进集体"等荣誉称号，先后有千余人次被评为优秀青年志愿者。

【案例解析】

一、思路与理念

根据（中办发〔2013〕24号）落实《关于培育和践行社会主义核心价值观的意见》要求，坚持不懈地用社会主义核心价值观凝聚人心，广泛进行宣传教育，广泛进行探索实践，在贯穿结合融入上下功夫，在落细落小落实上下功夫，在坚持不懈、久久为功上下功夫，推进社会主义核心价值观学习实践具体化、系统化，努力在全社会形成共同的价值追求，为实现"两个一百年"奋斗目标、实现中华民族伟大复兴的中国梦，提供强大价值引导力、文化凝聚力和精神推动力。

立足爱老敬老、助人为乐的中华优秀传统文化，坚守中华文化立场，把学雷锋与志愿服务结合起来，大力弘扬奉献、友爱、互助、进步的志愿精神，广泛深入开展"关爱他人、关爱社会、关爱自然"等主题志愿服务活动，以社区援助基地及志愿服务基地为依托，以孤寡老人、留守儿童、残疾人为重点服务对象，把志愿服务做到基层、进社区、进家庭。加强志愿服务队队伍建设，大力推进志愿服务制度化，建立健全志愿者注册培训、活动运行、服务记录、回馈激励等工作机制，规范管理制度，推动志愿服务常态化良性化发展。

二、设计与实施

1. 突出主题，扎实深入广泛开展"学雷锋"志愿活动。

一是长期坚持在我院社区援助基地，赣州市湖边镇涌泉敬老院开展敬老助老、爱心温暖等服务活动。"二十四年如一日"，用青春的朝气和火一般的热情温暖老人们寂寞的心灵，24年风雨兼程，24年斗转星移，是爱的传承，更是精神的洗礼。

学院"学雷锋"志愿者服务队与赣州涌泉敬老院结成"学雷锋"志愿服务

对子以来，始终坚持以日常"学雷锋"志愿服务活动和大型的援助活动相结合的方式开展，一是坚持每月至少进行一次义务劳动，帮助老人们打柴挑水、清理卫生、洗衣叠被，与他们谈心；二是以三月份的"雷锋活动月"及九月份的"重阳节"或"国庆""元旦"为契机，每学期至少举行一次以文艺汇演、爱心捐赠、政策宣传、营养与食品卫生知识宣讲等为主要形式的大型援助活动。近年来先后开展了"青春辉映夕阳红"——尊老敬老爱老系列主题活动、"春蕾绽放"——新年社区送温暖活动、"同在一片蓝天下"赣师学子在行动活动、"团旗飘扬在社区"——雷锋精神伴我行社区援助活动、"生命·音符·爱心"赣师青年在行动等大型的"学雷锋"志愿活动。

二是广泛开展以保护母亲河为主题的环保志愿活动。近些年来，我院与社会各界组织联系，积极开展以保护母亲河为主题的环保活动。其中"保护母亲河、珍惜水资源'主题宣教系列活动""保护母亲河——义务植树活动"受到了社会各界的关注，得到了当地政府的肯定，多家新闻媒体对此活动进行了报道。

三是坚持每年开展环保走进小学教育活动。每年志愿者们都要到小学开展以环保为主体的教育活动，积极引导小学生们环保从小做起，并在大坪明德小学建立了环境教育基地。教育活动丰富多彩，有生动形象的环保海报展示，有环保小知识竞答，有环保问题现场分析，还有环保互动小游戏，等等。活动井然有序，课堂精彩纷呈，小朋友们欢乐不断，笑声相连，在一片片欢声笑语中，孩子们明白了环保的重要性。

四是充分利用寒暑假，认真组织我院大学生青年志愿者深入农村社区，扎实开展文化、科技、卫生"三下乡"为主要内容的社会实践活动。每年寒暑期，我院集中组织大学生青年志愿者服务队，发挥自身的知识优势，结合当地实际情况，围绕当地政府中心工作，开展支教助学、科技扶贫、文艺下乡、环保卫生宣讲、政策宣传、新农村建设等内容丰富、形式多样的服务活动，推动了当地农村经济发展和两个文明建设，传播了现代科技文明，倡导了时代新风。

2. 加强"学雷锋"志愿服务队队伍建设，健全工作机制，规范管理制度，加强组织领导。

"学雷锋"志愿者队伍建设是长久有效的学雷锋志愿服务工作的前提与基础。这些年来，我系非常注重"学雷锋"志愿服务队的规范化、制度化建设。只有严格的保障制度，才能带动"学雷锋"志愿服务活动得到良性、规范化的发展。首先，我们在"学雷锋"志愿者服务中，始终贯彻遵循"奉献、友爱、互助、进步"的服务宗旨，要求每位志愿者严格恪守这一准则。每位成员都配有注册卡，明确标明志愿者的姓名、电话等项目，便于服务对象与他们之间的联系。服务队对每位志愿者进行登记造册，随时跟踪服务对象对志愿者服务情况的反馈信息，根据志愿者的工作表现进行奖罚。其次，我们还注意几个"结合"，即"学雷锋"志愿者服务与学校的德育工作有机结合起来，与师德建设结合起来，通过这几个结合，使我们的活动更有层次、更有深度。在队伍管理上我们采用"三定"方针和"优定"方针。"三定"是指定服务时间、定服务队伍、定服务对象。"优定"是优先确定优秀的"学雷锋"志愿者，选出综合素质好的青年大学生优先进入服务队伍。这两个方针的实施使我们拥有了一支稳定优秀的"学雷锋"志愿者队伍，使我们的"学雷锋"志愿者队伍建设向着规范化的方向良性发展。

此外，该院还建章立制，先后出台了《化学化工学院"学雷锋"志愿者章程》《化学化工社区援助活动方案》《化学化工学院"学雷锋"志愿者考核考评奖励办法》《化学化工学院"学雷锋"志愿者"社区援助"注册卡》《化学化工学院"学雷锋"志愿者招聘选拔办法》等规章制度，为"学雷锋"志愿者服务活动形成了良好的活动运行机制，使"学雷锋"志愿者服务活动进一步得到规范化、制度化、经常化。同时，也有效地做好了"学雷锋"志愿者的接力组织工作，使"学雷锋"志愿者活动能长期的、广泛的开展。

三、工作实效与经验

持之以恒，常抓不懈，青年志愿者活动显成效。二十多年来，我院立足援助基地，找准活动着力点，长期持续开展"学雷锋"志愿服务，努力使"学雷锋"志愿活动经常化、规模化、有效化，取得了显著的成效，主要体现在：

1. 为该镇营造了一个良好的爱老尊老敬老助老的社会环境，增强了广大农民尊敬老人、关心老人、爱护老人、帮助老人的意识，积极推动了乡村老年工作的顺利开展。在社会各界人士的关注下，老人们感受到社会的关爱，全国的青年志愿者定能积极行动起，为美好的夕阳增添一份亮色。

2. 通过"学雷锋"志愿者服务活动的开展，树立了赣师青年的良好形象，扩大了我院的社会影响。我院的青年志愿者事迹曾在《江西日报》《江西高教网》《赣南日报》《信息日报》《赣州晚报》等新闻媒体上发表登载。赣州电视台、赣州电视新闻中心、赣州人民广播电台等新闻单位也曾多次对此项活动做过专题报道。同时，收到赣州市湖边镇党委、政府，涌泉村委，涌泉敬老院寄来的感谢信数百份。

3. 立足援助基地，以点带面，开展如交通志愿协管、环境卫生清理、爱心支教、关爱留守儿童、"学雷锋"大型征文活动等活动，吸引更多的团员青年加入"学雷锋"志愿活动的队伍中来，努力使"学雷锋"志愿活动经常化、规模化、有效化、多样化。

4. 通过实践，让志愿者进一步深入社会，加强了对青年大学生的德育教育，提高了青年大学生的奉献意识，培养了良好的思想道德情操，增强大学生的公益意识与社会责任感，在特殊的社会环境中更好的培育和践行社会主义核心价值观。

【案例点评】

一、案例典型特征

立足爱老敬老、助人为乐的中华优秀传统文化，坚守中华文化立场，把学雷锋与志愿服务结合起来，大力弘扬奉献、友爱、互助、进步的志愿精神，在贯穿结合融入上下功夫，在落细落小落实上下功夫，在坚持不懈、久久为功上下功夫，在特殊的社会环境中更好的培育和践行社会主义核心价值观。

1. 该志愿服务活动我们始终做好"三个结合"，即青年志愿者服务与"学雷锋、树新风"活动结合起来，与大学生思想政治教育有机结合起来，与大学生社会实践结合起来，通过这几个结合，使我们的活动更有层次、更有深度。

2. 在队伍管理上，我们采用"三定二优"的做法。"三定"是指定服务时间、定服务队伍、定服务对象。"二优"是确定优秀的青年志愿者，优先进入服务队伍。这一做法使我们拥有了一支稳定优秀的志愿者队伍，使我们的志愿者队伍建设向着规范化的方向良性发展。

二、案例推广价值

该院志愿服务受到团中央网站、中国大学生在线、《江西日报》《信息日报》《赣南日报》《赣州晚报》、赣州电视台、江西高教网、江西青年网等新闻媒体给予近百次报道。收到了近百封感谢信、表扬信等材料，"涌泉敬老院"社区援助点也连续多年被评为赣南师范大学"优秀社区援助点""优秀社区援助示范点"。学院先后被江西省团省委评为全省"学习雷锋、志愿服务先进集体""全省青年志愿者先进集体""青年志愿服务优秀组织"、赣州市"十大杰出青年志愿者服务集体奖""学雷锋先进集体"及赣南师范大学"学雷锋先进集体"荣誉称号，先后有千余人次被评为优秀青年志愿者。

三、思考与建议

1. 加强宣传

培育和践行社会主义核心价值观是一项长期工作，志愿服务活动也是一项长期。应加大力度宣传时代楷模、最美人物和身边好人，加强典型示范作用。宣传善行义举，评议凡人善举，形成不以善小而不为，把社会正能量进行广泛传播，引导人们从身边做起、从小事做起，常为义善之举、常做有益之事。

2. 加强组织领导

培育和践行社会主义核心价值观，是强基固本的灵魂工程，是必须始终抓好的国家战略。要保持久久为功的韧劲和耐心，保持工作的连续性和稳定性，从具体事情抓起，从领导干部、公众人物、青少年等重点人群抓起，面向全民抓落实，推动社会主义核心价值观建设不断取得新的进展和成效。

该案例入选江西省高校社会主义核心价值观教育典型案例。